웨슬리 이야기 ③

찰스 웨슬리의 생애와 찬송

더욱 더 사랑해
Still More Love

김진두 지음

kmc

찰스 웨슬리의
생애와 찬송

더욱 더 사랑해 Still More Love

초판 1쇄 2015년 9월 10일
초판 2쇄 2016년 4월 1일

김진두 지음

발 행 인   전용재
편 집 인   한만철

펴 낸 곳   도서출판 kmc
등록번호   제2-1607호
등록일자   1993년 9월 4일

03186 서울특별시 종로구 세종대로 149 감리회관 16층
(재)기독교대한감리회 출판국
TEL. 02-399-2008 FAX. 02-399-4365
http://www.kmcmall.co.kr

인   쇄   리더스커뮤니케이션

ISBN 978-89-8430-693-6 04230
     978-89-8430-536-6 (세트)

값 16,000원

이 도서의 국립중앙도서관 출판시도서목록(CIP)은 서지정보유통지원시스템 홈페이지(http://seoji.nl.go.kr)와
국가자료공동목록시스템(http://www.nl.go.kr/kolisnet)에서 이용하실 수 있습니다.(CIP제어번호 : CIP2015022379)

찰스 웨슬리(1707~1788)

■ 머리말

찰스가 없었다면

대부분의 사람들은 찰스 웨슬리를 단순히 감리교회의 창시자인 존 웨슬리의 동생이며, '만 입이 내게 있으면'이란 찬송을 지은 찬송작가 정도로만 알고 있다. 그리고 존 웨슬리 한 사람을 메도디즘과 감리교회의 창시자로 존경하며 추앙하고 있다. 그러나 역사적 사실은 아주 다르다. 결코 존 웨슬리만이 감리교회의 창시자가 아니다. 두 형제가 모두 창시자이며 메도디즘의 탄생과 발전에는 찰스의 공헌도 존의 공헌만큼이나 크다. 18세기 부흥운동은 조지 휫필드와 찰스 웨슬리와 존 웨슬리의 합작품이며, 특별히 메도디즘과 감리교회는 60년 동안 같은 길을 함께 걸어간 두 형제의 아름다운 사랑의 연합과 협력이 이루어낸 거룩한 열매요 공동작품이다. 그러나 그동안 휫필드와 찰스의 역할과 공로는 정당하게 평가되지 않았고 알려지지 않았다. 두 사람의 역할도 존의 역할만큼이나 결정적이고 위대하였다.

특히 휫필드보다도 찰스가 더 소홀하게 취급되어 왔다. 가장 큰 이유는 찰스가 네 살 위인 형 존의 그늘에 가리어졌기 때문이다. 메도디즘 운동의 출발이 되었던 옥스퍼드의 신성회(holy club)도 찰스가 시작하였고, 메도디스트라는 이름을 최초로 얻은 사람도 찰스였다. 휫필드를 비롯하여 신성회의 중요한 회원은 모두 다 찰스가 데리고 온 사람들이었다. 존은 누구보다도 독선적이고 엄격하며 이성적인 사람이었지만 찰스는 성품이 활달하고 따뜻하고 친절하며 감성적인 사람이어서 많은 사람들을 존에게 데려와 오랫동안 붙어 있어 충성하도록 만들었다. 아름답고 매력적인 사람 찰스의 도움이 없었다면 존은 신성회도, 메도디스트 부흥운동도 결코 잘 이끌어 갈 수 없었을 것이다. 메도디스트 신도회에서도 가장 좋은 설교자는 존이 아니라 찰스였다. 특별히 휫필드가 아메리카에 가고 없을 때에 그랬다. 찰스는 메도디스트 설교자들의 가장 좋은 멘토였고, 런던과 브리스톨의 신도회 발전에 가장 큰 공헌을 하였다. 찰스의 절친한 친구들인 휫필드, 잉함, 하리스, 그림쇼우, 존 플레쳐를 비롯하여 찰스의 많은 친구들이 없었다면 존은 결코 성공할 수 없었을 것이다. 찰스는 일평생 존의 가장 큰 지원자, 조력자, 동역자, 친구, 멘토, 위로자, 그리고 세상에서 제일 좋은 동생이었다. 하나님은 존에게 세상에서 제일 좋은 동생을 주셨다. 동시에 하나님은 찰스에게도 세상에서 제일 좋은 형을 주셨다. 그렇게 위대한 형이 없었다면 찰스도 그만큼 큰 사람이 되지 못했을 것이다.

찰스의 아름답고 감미로운 찬송은 매우 논리적이고 때로는 이해하기 어려운 존의 설교를 은혜롭게 하는 필수품이었다. 사람들은 존의 설교보다 찰스의 찬송을 더 좋아하였고, 찰스의 찬송을 통해서 더 큰 은혜를 받았다. 찰스의 찬송이 없었다면 메도디스트 부흥운동도 일어날 수 없었다. 찰스는 메도디스트 신도회가 영국교회로부터 일찍 분리되는 것을 막아주었다. 더욱이 존은 결혼과 가정생활에서 결정적인 약점을 드러내었으나, 찰스는 행복한 결혼과 가정생활을 보여주었으며 좋은 남편과 아버지의 본이 되었다.

찰스의 교회사적 공헌은 다양하지만 무엇보다 그가 남긴 가장 크고 자랑스러운 유산은 그의 찬송이다. 그가 지은 '마음의 찬송'은 '마음의 신앙'의 부흥을 일으켰고, '노래하는 신앙', '노래하는 교회'를 탄생시켰다. 역사적으로 감리교회가 잘하는 것들이 여러 가지가 있지만 그중의 최고는 찬송이다. 이것은 하나님이 메도디스트들에게만 주신 특유한 은사이고 축복이다. 칼빈주의 신학자 버나드 매닝(Bernard Manning)은 찰스의 찬송의 가치에 대하여 극찬을 아끼지 않았다.

"세계 교회 역사에 끼친 당신들의, 그 누구도 따를 수 없는 가장 큰 공헌은 웨슬리의 찬송입니다. 찬송 외에 당신들이 하는 다른 것들은 다른 교회들도 했고, 할 수 있고, 또 다소 잘 할 수도 있습니다. 그러나 찬송은 당신들 특유의 은사입니다. 아무도 당신들과 같이 한 적이 없고, 아무도 당신들을 능가할 수 없을 것입니다. 당신들이 모든 신자들을 위하여 그것을 보존하지 않는다면 우리는 하나님의 가장 좋은 은사를 잃어버릴 것입니다."1)

존은 찰스보다 훨씬 논리적이고 이성적이고 강하고 단호한 목적지향적인 인물이었다. 반면에 찰스는 존보다 훨씬 감성적이고 인정적이어서 모든 인간관계에서 '휴먼 터치'(human touch)를 풀어냈다. 더욱이 찰스는 존의 설교보다 더 쉽고 단순하고 정감 있는 설교와 심정을 울리는 시와 찬송을 통하여 그의 '휴먼 터치'를 발휘하였다. 이것은 존의 부족함을 보충하면서 메도디즘의 형성과 발전에 실로 결정적 역할을 하였다.

찰스는 사랑하는 아내 사라가 천연두를 앓아 얼굴이 많이 상해서 슬퍼하고 있을 때에 "그래도 나는 당신을 더 많이 사랑해요."(I love you still more.)라는 말로 위로하였다. 찰스의 이 말은 아내에게 주는 사랑의 고백만이 아니라, '영혼의 구주 예수님'을 향한 사랑의 고백이요 많은 동역자들과 친구들에 대한 사랑의 고백이라고 나는 생각했다. 특별히 찰스는 일평생 형 존과 아름다운 형제애로 연합하고 동역하면서 나이가 들수록 형을 더욱 사랑하였다. 그리고 늙어서까지도 불쌍한 영혼들과 가난한 사람들과 감옥의 죄수들을 더욱 사랑하며 살았던 복음적 사랑의 사도였다. 세월이 흐르고 고난의 풍파가 더욱 거세져도 찰스는 하나님과 가족과 이웃을 '더욱 더 사랑하며' 살았다.

나는 본래 이 책의 제목을 "찰스 웨슬리의 생애와 찬송"이라고 정해 놓았었다. 그러나 이 책을 쓰며 묵상하는 중에 '더욱 더 사랑해'(still more love)라는 한글과 영어 문장이 계속 내 마음을 감동시켰다. 나는 이 말이 찰스의 영원한 신앙의 고백이며 사랑의 고백일 뿐 아니라, 동시에 그의 영성, 신학, 찬송의 주제라는 생각이 들었다. 그래서 이 말을 제목의 부제로 적어 놓았다. 나는 이 책을 쓰면서 '예수, 내 영혼의 사랑'(Jesu, Lover of My Soul)이라는 찰스의 찬송시 한 구절을 마음속에 깊이 품고 묵상하게 되었으며 또한 주님을, 교회를, 내 곁에 있는 사람들을, 가난하고 약하고 불쌍한 영혼들을 '더욱 더 사랑하며' 살아야겠다고 마음을 다졌다. 그리고 찰스처럼 평생토록 일마다 때마다 찬송을 부르면서 살게 해 주시기를 기도하였다.

이 책의 내용 중에는 이전에 나온 필자의 책들, 특히 「존 웨슬리의 생애」와 겹치는 부분이 더러 있다. 이것은 찰스가 형 존과 함께 일평생 같은 길을 걸었고 같은 일을 하였기 때문에 피할 수 없는 일이며, 또 자연스런 일이라고 생각한다. 그러나 찰스를 중심으로 이야기를 풀었으며 지금까지 알려지지 않은 이야기를 많이 실었으므로 독자들은 읽는 동안 새로운 맛을 보게 될 것이다. '웨슬리 이야기 시리즈'로 나온 필자의 책 「웨슬리의 뿌리」와 「존 웨슬리의 생애」를 먼저 읽고 이 책을 읽는다면 훨씬 재미있고 유익할 것이다.

이 책을 쓰면서 제일 어려웠던 것은 찰스의 찬송시를 한글로 번역하는 일이었다. 아름답고 오묘한 영어 시문학을 직역하는 것은 절대 불가능하기 때문에 과감하게 의역하였으니 독자들의 이해를 바란다. 더욱이 찬송가 곡에 가사를 맞추어 넣을 때에는 의역을 넘어 창작이라고 할 만한 의역을 할 수밖에 없었다. 찰스의 영어 찬송시에 들어 있는 신학과 영성 그리고 의미와 정감을 충분히 전달할 수 없는 것이 매우 아쉽다.

이 책은 전체 내용을 3부로 나누었다. 제1부는 찰스의 생애를, 제2부는 찰스의 시와 찬송을, 그리고 제3부에는 애송되는 찰스의 찬송가 곡을 모아보았다. 찰스의 생애는 찬송을 짓고 부르는, 실로 찬송으로 엮어진 생애였다. 찰스의 생애도 감동적이지만 그의 찬송의 신령한 맛과 감미로움과 가치를 맛보는 것은 누구에게나 특별한 은혜가 될 것이다. 찰스의 신학과 영성은 그의 찬송에 들어 있다. 찰스 웨슬리를 아는 제일 좋은 길은 실제로 그의 찬송을 부르는 것인데, 이 책에 애송되는 찰스의 찬송가를 실었으니 독자들은 꼭 불러보고 찰스처럼 '행복한 가수'(sweet singer)가 되어 보기 바란다. 교회사적으로 보면 때때로 교리는 분리를 낳았지만 찬송은 언제나 일치를 낳았다. 감리교회의 신자만이 아니라 모든 교회의 신자들이 이 책을 읽음으로써 찬송을 통해서 일치하고 연합하며 선교하는 데 조금이라도 도움이 되기를 바란다.

존 웨슬리에 대해서는 지금까지도 많은 연구가 이루어지고 있지만 아직까지 찰스 웨슬리에 관한 연구는 별로 없다. 이 책이 앞으로 더욱 훌륭한 찰스 웨슬리 연구의 작은 동기가 되기를 바란다. 나는 약 5년 전에 이 책 쓰기를 시작하였으나 목회와 강의에 많은 시간을 쏟다 보니 중단할 수밖에 없었다. 그러다 교회로부터 안식년 휴가를 허락받아 이번에 책 쓰기를 완성하게 되었다. 모든 것이 하나님의 은혜다. 이 책은 내가 쓰는 마지막 책이 될 것 같다. 힘이 되면 「영국 영성사 이야기」 한 권을 더 쓰고 싶지만 그것을 하나님께서 나에게 허락하실지 모르겠다.

이미 필자의 저서 「웨슬리의 뿌리」가 중국어로 출판되었으며 금년 3월에는 「존 웨슬리의 생애」가 중국어로 출판되었다. 지난해, 대만의 성광신학원에서는 두 번에 걸쳐 출판기념 세미나가 열렸고 필자가 기념 강의를 하였다. 필자는 그때 온 회중이 기쁨으로 충만하여 찰스의 찬송을 부르는 것을 보고 큰 감동을 받았다. 이 책도 곧 중국어로 출판되기를 바란다. 필자의 책들이 예수 그리스도의 복음을 전파하는 데 작은 도움이라도 되기를, 하나님의 영광을 나타내는 도구가 되기를 바란다.

'오직 하나님께 영광!'(*Soli Deo Gloria*)

주후 2015년 9월
웨슬리수도원에서

김진두

감사의 글

　이 책의 원고 교정을 위해서 수고한 원영만 목사와 이성재 목사, 김정민 목사에게 감사하며 찬송가 악보를 만들어준 연세대학교 이범석 교수님과 김형태 교수님, 김상언 전도사와 김한나 선생께 감사한다. 또한 교정과 원고 정리를 위해 헌신적으로 수고한 노현정 전도사에게 감사한다. 무엇보다 찰스 웨슬리의 찬송가 곡을 이 책에 사용할 수 있도록 허락해준 영국 감리교 출판사에 감사한다.
　제30회 감리회 총회에서 필자에게 '감리교 저작상'을 주신 전용재 감독회장님과 계속해서 나의 책들을 정성껏 출판해 주는 감리회 본부 출판국(도서출판 kmc) 모든 직원들께 감사한다.

차례

머리말 4
감사의 글 9

제1부 노래하는 전도자 – 생애

1 엡웟에서 웨스트민스터로 – 명문가에서 명문학교로 ········· 16
1) 태어나서 울지도 못한 성탄절 아기 16
2) 어머니의 가르침은 크나큰 보물창고 19
3) 웨스트민스터 스쿨의 왕실 장학생 23
4) 부잣집 양자 제의를 사양하다 25

2 지성과 경건과 사랑의 옥스퍼드 – 신성회 ········· 27
1) 우울하고 가난한 옥스퍼드 행 27
2) 아라스페스의 낭만으로부터 거룩한 생활로 31
3) 경건의 훈련에 정진하라 34
4) 가난한 사람들을 찾아서 37
5) 매주 수·금은 금식 – 엄격한 자기성찰과 철저한 금욕 39
6) 웨슬리가 내 아들을 죽였다 – 조롱과 핍박 42
7) 사람들을 모으는 찰스 – 찰스의 매력적 인간미 46

3 실망과 시련은 왜? – 조지아 선교 ········· 49
1) 왜 아메리카로 가는가? 49
2) 죽음의 공포에 벌벌 떠는 선교사 52
3) 죽음의 위기에서 찬송을 부르는 천사들 53
4) 지나치게 권위주의적이고 딱딱한 목회 54
5) 두 여인의 음모에 휘말리는 찰스 55
6) 시련과 실패는 왜? 57

4 리틀 브리튼에서 씨름하는 야곱 - 회심 ····· 58
1) 갈 곳 없이 불쌍한 찰스 - 피터 뵐러를 만나다   58
2) 무식한 노동자 브레이에게서 은혜를 받다   61
3) 1738년 5월 21일 - 찰스의 오순절   64
4) 형과 함께 회심을 축하하다   69
5) 회심 후에 더욱 힘쓴 성결과 선행   70

5 복음전도는 내 삶의 전부 - 열정적인 전도자 ····· 72
1) 열정적인 개인전도와 가족전도   72
2) 사형수들과 마지막 밤을   74
3) 명상적 시인이 부흥운동의 중심에 뛰어들다   78
4) 가련한 영혼들에게 복음의 트럼펫을   81
5) 형과 손을 잡고 부흥운동을 일으키다   83

6 한마음 한입으로 - 형을 지원하는 피스 메이커 ····· 87
1) '조용한 형제들'(still brethren)과 갈라서다 - 정적주의 논쟁   87
2) 신비 현상은 다 잘못된 것인가? - 열광주의 논쟁   91
3) 한이 없고 차별 없는 하나님의 은혜 - 예정론 논쟁   94
4) 어서 와서 손을 잡읍시다 - 피스 메이커 찰스   97
5) 교리는 달라도 사랑과 존경을 - 찰스의 에큐메니즘   101

7 죽으면 죽으리라 - 방랑 전도자의 고난과 영광 ····· 105
1) 부지런하고 사랑 많은 목사 - 선한 목자 찰스   105
2) 사별의 슬픔 - 신비한 섭리   109
3) 돌멩이와 칼에 맞서서 - 용감한 전도자   114
4) 땅 끝을 달리는 전도자 찰스 - 땅 끝까지 하나님 나라   119
5) 행복한 가수 - 로맨틱 찰스   121
6) 감옥소가 텅 비다 - 메도디스트 공화국   125
7) 가지 마시오 또 오시오 - 눈물의 아일랜드   127

8 더욱 더 사랑해 - 찰스의 사랑과 인생 ········· 132
1) 첫 눈에 반한 사랑 - 사라 권　　　　　　　　　　132
2) 천국 같은 결혼, 지옥 같은 결혼　　　　　　　　　135
3) 여전히 더욱 더 사랑해 - Still More Love　　　　　138
4) 내 아들의 연주회에 초대합니다 - 자녀들의 음악교육　142
5) 매일 걸어라 - 너는 나보다 오래 살아야　　　　　147
6) 나의 사랑 예수여! - 내 영혼을 받으소서!　　　　149

제2부 | 만인의 가슴속으로 - 찰스의 시와 찬송

1 노래 속에 탄생한 메도디즘 ········· 156
1) 존의 설교에 날개를 달아주다　　　　　　　　　　156
2) 만일 성경을 잃어버린다면　　　　　　　　　　　　159
3) 내 동생의 찬송이 최고 - 1780년 메도디스트 선언　161
4) 찰스가 람페와 헨델을 만나다 - 곡은 어디서 왔나?　163

2 온 천지에 울리는 복음의 트럼펫 - 찬송의 주제들 ········· 166
1) 주여, 나를 불쌍히 여기소서!　　　　　　　　　　166
2) 주여, 죽음을 이기게 하소서!　　　　　　　　　　177
3) 주여, 내 마음 해방되었나이다!　　　　　　　　　189
4) 주여, 나를 완전하게 하소서!　　　　　　　　　　201
5) 주여, 당신을 사랑합니다　　　　　　　　　　　　212
6) 주여, 당신을 찬양합니다　　　　　　　　　　　　228
7) 주여, 온 세상에 복음 전하게 하소서!　　　　　　244
8) 주여, 행복한 그리스도인으로 살게 하소서　　　　249

제3부 | 만인이 애송하는 찰스의 찬송

1 찰스 웨슬리 찬송의 20가지 장점 ………………………………… 262

2 애송되는 찰스 웨슬리의 찬송 24곡 ……………………………… 263
  1) 감당 못할 내 주 은혜(And can it be) 264
  2) 그리스도의 군사들아(Soldiers of Christ, Arise) 266
  3) 내 마음 주를 찬양해(O for a heart to praise my God) 267
  4) 내 영혼의 사랑 예수여(Jesu, Lover of my soul) 268
  5) 내 정성 다해(What shall I do my God to love) 269
  6) 내 주는 살아 계시어(I Know that my redeemer lives) 270
  7) 만 입이 내게 있으면 I (O for a thousand tongues I) 271
  8) 만 입이 내게 있으면 II (O for a thousand tongues II) 272
  9) 만 입이 내게 있으면 III (O for a thousand tongues III) 273
  10) 사랑의 주님 내 모든 두려움(Away with our fears) 274
  11) 영원한 은혜 하나님(Father of everlasting grace) 275
  12) 예수의 이름(Jesus! the Name high over all) 276
  13) 온유하신 예수님(Gentle Jesus) 277
  14) 온 천지 울리고(Let earth and heaven agree) 278
  15) 왕 되신 우리 주(Rejoice, the Lord is King) 279
  16) 우주의 가장 큰 이름(Lo, He comes with clouds descending) 280
  17) 원합니다(I want a principle within) 281
  18) 위로부터 오신 주님(O Thou who camest from above) 282
  19) 이름 모를 순례자여(Come, O Thou traveler unknown) ; 씨름하는 야곱(Wrestling Jacob) 283
  20) 주의 백성아 주를 전하라(Ye servants of God) 284
  21) 진리와 사랑의 하나님(Thou God of truth and love) 285
  22) 태산을 옮겨 평지를(Give me the faith which can remove) 286
  23) 하나님의 초월한 사랑(Love divine, all loves excelling) 287
  24) 하늘 가득 주 영광(Christ, whose glory fills the skies) 288

찰스 웨슬리 생애의 주요 사건 290　참고도서 292　약어표 295　주 296

제1부

노래하는 전도자
- 생애

찰스 웨슬리(1707~1788)

1. 엡웟에서 웨스트민스터로 – 명문가에서 명문학교로

1) 태어나서 울지도 못한 성탄절 아기

찰스 웨슬리는 1707년 12월 18일 영국 북부의 링컨(Lincoln) 주의 한 시골 마을 엡웟(Epworth)에서 아버지 사무엘 웨슬리와 어머니 수산나 웨슬리 사이에서 열여덟 번째 아이로 태어났다. 부친은 영국 국교회 목사로서 당시 엡웟 교구의 담임목사였다. 이때 사무엘 목사의 장남 사무엘은 만 17세였고 열다섯 번째 아이 존 웨슬리는 겨우 네 살이었는데, 바로 2년 후에 막내 케지아가 출생하였다. 사무엘과 수산나 사이에는 모두 열아홉 명의 자녀가 있었는데, 그중에 아홉은 이미 어려서 세상을 떠났고 열 자녀만 장성하였다.

찰스가 태어나던 해에 사무엘 목사 가정은 비교적 평온하였다. 두 해 전만 해도 사무엘 목사가 빚을 갚지 못해서 3개월 동안이나 감옥살이를 해야 했지만, 친구들과 샤프 대주교의 도움으로 감옥에서 나와 점차 안정된 생활을 하게 되었고 거친 교구민들도 많이 부드러워진 편이었다. 게다가 그해 장남 사무엘이 영국 최고 명문인 웨스트민스터 스쿨에 왕실 장학생으로 입학하여 온 가족이 무척 기뻐했다. 이러한 때에 성탄절을 한 주간 앞두고 찰스가 태어났기 때문에 온 가족에게 더 큰 기쁨이 되었다. 부모는 하나님께서 찰스를 성탄절 선물로 주신 아이라 생각하여 '크리스마스 아기'(the Christmas baby)라고 불렀다. 당시 엡웟 목사관에는 사무엘 목사와 부인 수산나, 그리고 여섯 딸과 두 아들이 있었는데, 장남 사무엘은 이미 웨스트민스터 스쿨 학생으로 런던에 가 있었고, 사실상 열 자녀들이 장성하기까지는 함께 살았다. 유난히 자녀를 많이 둔 대가족이었고 새로 태어난 아이는 열여덟 번째이지만 그래도 찰스의 탄생은 사무엘 목사 가정에 큰 기쁨이었다.

그러나 기쁨도 잠시였다. 찰스는 출산 예정일보다 한 달이나 빨리 미숙아로 태어났다. 아기는 출생하여 울지도 못하고 눈을 뜨지도 못한 채 연약한 숨만 겨우 쉴 뿐 거의 죽은 것처럼 보였다. 이미 아홉 명의 자녀를 잃은 부모는 마음을 놓을 수 없어 불안하였다. 부모는 간절히 기도하면서 아기를 부드러운 양털 담요에 싸두었는데, 이상하게도 출산예정일인 한 달이 지난 다음에야 눈을 뜨고 울음을 터뜨렸다. 찰스는 이렇게 출생부터 너무나 연약하였으며, 평생 건강이 좋지 않아서 많은 고생을 하였다. 이렇게 연약하게 태어난 아이가 교회사에 위대한 찬송작가요 메도디즘의 창시자가 된 것이다.

1709년 6월 찰스가 태어난 지 일 년 반이 되었을 때에 엡윗 목사관에 화재가 났다. 불은 자정쯤 나기 시작하여 순식간에 온 집이 불길에 휩싸였다. 식구들은 잠을 자다가 놀라서 잠옷 바람으로 급히 뛰쳐나왔다. 수산나는 막내 케지아를 낳기 두 달 전이었는데, 아이들을 구하려고 세 번씩이나 불속으로 들어갔다 나오면서 다리와 얼굴에 화상을 입고 말았다.

불이 났을 때 찰스는 유모의 품에 안겨 화염으로부터 기적적으로 탈출할 수 있었지만, 형 존은 화염에 휩싸인 집에서 잠을 자고 있다가 깨어 불길에 갇힌 채 이층 창문에 기대어 울면서 구조를 요청하였다. 다행히 한 용감한 청년에 의하여 지붕이 무너지기 직전 기적적으로 구출되었다. 찰스는 이 화재를 기억하기엔 너무 어렸지만 이 이야기를 자주 들으며 성장하였다. 찰스는 형 존만이 아니라 자신도 하나님의 은혜로 불속에서 구출된 생명이라고 생각하였고, 불속에서의 구출은 자신을 향한 하나님의 특별한 섭리라고 믿었다. 그래서 그는 자신과 형 존의 회심을 기념하는 찬송 '놀라움에 가득 찬 내 영혼'에서 이 화재 사건과 하나님의 구원 사건을 다음과 같이 비유하였다.

> 나는 죽음과 죄악에서 구원받은 종
> 불속에서 건짐받은 타다 남은 나무토막2)

또한 찰스는 두 형제의 회심 사건에 연속하여 일어난 부흥운동을 표현하는 찬송에서 다음과 같이 엡윗의 화재를 연상하는 은유를 사용하였으며, 이 찬송은 메도디스트들의 애창곡이 되었다.

    위대한 불길이 솟아오르는 것을 보라
    은혜의 불이 붙어 타오르도다.3)

이때 아버지 사무엘 웨슬리는 다 타버린 잿더미에 무릎을 꿇고 다음과 같은 말로서 위대한 신앙을 가족과 교인들 앞에 보여주었다.

    집은 가버려도 좋습니다. 나는 아직 부자입니다.
    모든 것을 잃었지만 또 모든 것을 주시는 하나님을 찬양합시다.4)

이 화재로 목사관은 완전히 타버려 잿더미가 되었다. 사무엘 목사의 책을 비롯하여 살림살이나 가재도구 중 아무것도 건지지 못하고 온 가족은 불구덩이에서 가까스로 몸만 빠져나와 거처할 곳도 없는 거지 신세가 되었다. 살 곳을 잃은 가족은 모두 친척집과 교인들 집으로 뿔뿔이 흩어져 남의 집에서 약 1년 동안 살면서 많은 고생을 해야만 했다. 사무엘 목사는 평생 빚을 지고 살았다고 해도 과언이 아니다. 빚은 많은 식구들의 생활비와 1702년 화재로 인해 파괴된 목사관 재건 비용과 자신의 런던 여행과 큰아들 사무엘의 학비 때문에 계속 쌓였다. 그는 빚을 갚지 못해서 석 달 동안 링컨 카슬에 갇혀 감옥살이를 하기도 하였고, 목사관을 다시 짓기 위해서 더 많은 돈을 빌리다 보니 빚이 4백 파운드(약 4억 원)까지 늘어났다. 식구들은 남의집살이를 끝내고 새집으로 돌아왔지만 늘어난 빚 때문에 더욱 가난해졌다. 때로는 먹을 빵이 없어서 굶기도 하였다. 그런데도 사무엘 목사는 영국교회 교단 회의에 참여하기 위하여 엡윗과 런던을 자주 오가곤 하였다. 사무엘의 잦은 런던 여행은 가족에게 재정적인 부담이 되었고, 교구 목사가 자주 교회를 비우게 되어 교회에도 어려움이 발생하였다. 이러한 가난과 목회의 어려움은 모두 수산나가 감당해야 할 몫이었다.

수산나는 사무엘이 교구를 비우고 떠나 있는 동안 교구민들을 목사관에 모이게 하여 성경을 가르치고 설교를 하였다. 당시에는 평신도, 특히 여자가 회중 앞에 나서는 것과 예배당 밖에서 설교하는 행위를 금하는 교회의 엄한 관례가 있었지만 수산나는 그런 관례를 깨고 엡윗교구에 모여든 가련한 영혼들의 영적 유익을 위해서 담대하게 이 일을 행하였다. 사무엘은 이 사실을 알게 되었을 때 몹시 당황하고 분노하여 수산나에게 편지를 보내 즉각 중단할 것을 촉구하였다. 그렇지만 수산나는 자신은 이 일을 중단할 수 없으며 더욱 더 열심히 할 것이라고 다음과 같이 남편에게 답장하였다.

"당신이 교구를 떠나 있는 동안 하나님이 교구의 영혼들을 나에게 맡겨 돌보게 하셨습니다. 비록 나는 남자도 아니고 목사도 아니어서 교회의 성직에 종사할 수 없지만… 나의 마음을 신실하게 하나님께 바치고 성령의 감화를 받아 그의 영광을 위한 열심을 품고 있으며 가련한 영혼들의 구원을 진정으로 원하기 때문에 이 일을 중단할 수도 없으며 이보다 더 많은 일도 할 수 있을 것입니다."5)

훗날 두 아들 존과 찰스 역시 부흥운동에서 그들의 야외설교와 평신도 설교운동이 극렬한 반대에 부딪혔을 때, 설교를 포기하지 않는 어머니의 열정을 기억하고 그것을 선구자적인 본보기로 삼았던 것이다. 수산나에게 그랬던 것처럼 찰스와 존에게도 영혼을 구원하는 일은 세상의 어떤 일보다도 중요하였다.

2) 어머니의 가르침은 크나큰 보물창고

찰스는 다섯 살이 되면서부터 어머니 수산나의 정규 교육을 받기 시작하였다.

당시에는 초등교육을 하는 학교가 아주 드문 시대여서 교양 있는 가정에서는 부모가 직접 가르치거나 가정교사를 두어 가르쳤다. 찰스는 다른 형제들처럼 어머니로부터 초등교육을 마쳤다. 찰스는 그 시대에 가장 좋은 교사라고 할 수 있는 어머니 수산나의 수준 높은 교육을 받았다. 엡웟 목사관의 부엌은 그 시대 최고의 명문 가정 학교(home school)였다.

수산나는 당대의 교육철학자 존 로크의 교육사상과 방법을 통달하였으며, 여기에 자신의 신앙과 경험, 그리고 자신이 연구하여 만들어낸 특별한 교육방법을 적용하여 자녀들을 가르쳤다. 그녀는 자녀 교육이 하나님께서 자신에게 맡기신 인생 최대의 의무라고 믿고 자녀들의 교육을 위하여 평생을 헌신하기로 결심하였다. 수산나는 존 로크의 교육이론인 아이의 의지를 정복하는 것(conquering of the will)을 전적으로 지지하였다. 그러나 아이의 의지를 정복하기 위해서 존 로크의 교육이론 '의지 꺾기'(bending of the will)로는 부족하다고 생각하고 '의지 파괴'(breaking of the will)라는 더 철저한 교육이론을 적용하여 아이들을 가르쳤다. 즉 아이들은 아담의 원죄를 물려받아 타락한 본성을 가지고 태어나기 때문에 가능한 한 일찍이 어릴 때부터 악한 의지를 파괴하고 뿌리째 뽑아 악한 본성이 제멋대로 자라나 아이의 성품이나 행동을 지배하여 불행하게 되지 않도록 해야 한다고 믿었다. 그래서 수산나는 아주 단호하고 엄격하고 치밀한 교육을 실천하였다.

자녀들에 대한 수산나의 정규교육은 다섯 살부터 시작되었지만 사실상 아이가 태어나면서부터 실시되었다. 1712년 12월 찰스가 다섯 번째 생일을 맞이한 때부터 수산나는 영어 알파벳을 가르치기 시작했다. 수산나는, 다섯 살은 어린아이가 공식적인 교육을 받기에 적합한 나이라고 여겼다. 하루에 여섯 시간의 수업이 엄격하게 진행되었다. 학습은 일체의 게으름이나 이탈이 용납되지 않으며 어떤 종류의 놀이도 허락되지 않는 규칙과 시간표에 따라 정확하고 엄격하게 이루어졌다. 아이들은 먹는 것과 잠자는 것을 비롯하여 기도와 성경읽기와 공부 등 모든 생활이 정해진 규칙에 따라서 시간표대로 훈련되었다. 그리고 태어난 지 1년이 되면 회초리를 두려워하도록 가르쳤다. 자신이 맺은 약속은 반드시 지켜야 하며, 모든 말과 행동이 정직해야 하며, 다른 사람에 대하여 심지어 하인에게도 항상 예의를 지켜야 하며, 특히 다른 사람의 소유물은 아무리 하찮은 것이라도 절대 손대지 말아야 하며, 다른 사람의 물건은 그 주인의 확실한 동의 없이는 결코 빌리지 말아야 했다. 집안에서는 언제나 큰 소리를 내어서도 안 되었고 뛰어다녀서도 안 되었다. 잘못을 저지르고 벌을 받을 때에 소리를 내어 울거나 또는 의도적으로 약속을 어기고 거짓말을 하였을 때에는 밥을 주지 않았다. 정해진 규칙을 지키지 못하고 잘못하였을 때에는 반드시 약속한 대로 벌을 받았지만 만일 잘못을 스스로 고백하면 용서를 받았고, 잘했을 때에는 합당한 칭찬과 상급을 받았다.

수산나는 아이들을 매주 한 번씩 개인적으로 상담하였다. 즉 매주 한 번 약 1시간 이상 아이들은 엄마와 단 둘이 만나 지난 한 주간의 생활에 대하여 이야기하였다. 아이들은 잘한 일과 잘못한 일, 즐거웠던 일과 어려운 일, 그리고 마음속에 있는 모든 것을 어머니에게 고백할 뿐 아니라, 무엇에 관해서든지 어머니에게 묻고 가르침을 받았다. 어머니는 이 시간에 사랑과 정성을 다하여 아이의 말을 들어주고 가르치고 따뜻하게 품어주었다. 이러한 개인상담은 아이의 인격과 성품과 신앙을 형성해 주었고 말할 수 없이 유익하였다. 찰스가 엄마와 단 둘이 데이트하는 시간은 토요일 저녁이었다. 훗날 찰스는 매주 토요일 엄마와 단둘이 만나던 시간은 자기 생애에서 가장 아름답고 복된 시간이어서 자신의 마음과 삶의 형성에 가장 유익하였다고 추억하였다.

찰스도 태어나면서부터 규칙에 따라 훈련하는 생활을 하면서 성장하였다. 수산나는 분명히 카리스마가 강한 교사였다. 그럼에도 불구하고 훗날 수산나의 자녀들은 어머니의 가르침은 풍부한 지식과 따스한 애정이 조화된 것이었고 또 특별한 축복이었다고 추억하곤 하였다.

"어머니의 가르침은 크나큰 보물창고가 열리는 것 같았고,

사랑의 날개를 달고, 즐거운 시간이 시원한 바람처럼 날아가는데…"6)

　찰스는 하루 만에 알파벳 글자를 다 배우고 창세기 첫 장을 정확하게 읽어냈다고 한다. 수산나는 찰스가 여덟 살이 되어 엡윗을 떠나기 전부터 시를 지었으며, 천재적인 시인의 소질을 타고났다고 생각했다. 수산나는 아이들이 생각하고 이해하도록 노력할 것을 격려하였다. 그래서 아이들이 마음속에 의문이 생기면 무엇이든지 부끄러워하지 않고 서슴없이 질문하도록 용기를 주었으며, 제대로 이해하지도 못한 채 참새가 지저귀듯이 입으로만 따라하는 것을 허락하지 않았다.

　수산나의 교육의 성공은 어느 누구도 갖기 어려운 그녀의 인내심에서 나왔다고 할 수 있다. 그녀는 자녀들이 이해가 느리고 학습의 효과가 자신의 기대만큼 나타나지 않는다고 해서 조급해 하거나 화를 내거나 포기하지 않았다. 그녀는 인내심과 믿음을 갖고 아이들이 충분이 이해하고 기뻐할 때까지 수십 번이라도 반복하여 설명하였다. 수산나는 아이들을 가르칠 때 결코 자신을 만족시키는 것이 목적이 아니라 아이들을 기쁘게 하는 것이 목적이었고, 또한 조급하고 쉽게 포기한다면 자신의 모든 노력을 한순간에 잃어버릴 수 있다는 사실을 항상 명심하였다.

　찰스는 태어나면서부터 매일 아침과 저녁으로 시편송을 부르고 기도하며 성경을 읽는 경건한 가정에서 성장하였다. 수산나는 자녀들과 함께 매일 가족기도회를 가졌다. 그녀는 어려서 자신의 부모가 하던 대로 가정은 하나의 거룩한 신도회요 교회이며, 지상에 세워지는 작은 천국 또는 작은 천국의 모형이며, 하나의 가정은 하나님의 거룩한 행복 공화국(holy commonwealth)이어야 한다고 믿고 실천하였다. 수산나는 딸들에게 이렇게 말하였다.

　"아침과 저녁에 주의 말씀을 배우고 기도하는 것은 너희들을 천국으로 가게 해 주는 것으로만 생각하지 않기를 바란다. 너희들은 너희가 말하는 것을 이해해야 하며, 너희들이 알고 있는 것을 실행해야 한다. 그렇게 하면 그것은 너희 안에 천국의 마음과 천국의 삶을 형성하도록 도울 것이다."7)

3) 웨스트민스터 스쿨의 왕실 장학생

찰스의 어린 시절에 관하여는 별로 알려진 것이 없지만 그가 대단히 총명하여 하루 만에 알파벳을 배웠으며, 일 년 만에 말과 글로 자기 의사를 정확하고도 아름답게 표현하였다고 전해진다. 더욱이 찰스는 이미 여덟 살 이전에 깊고 풍부한 감수성과 시적인 감각을 보여 시를 쓰기 시작하였다. 그는 어려서부터 천부적인 시문학적 재능을 갖고 있었다. 일찍이 찰스의 총명함을 발견하고 있던 부모는 찰스를 영국의 최고 명문학교인 웨스트민스터 스쿨(Westminster School)에 입학시키려는 결심을 하였다.

1714년 1월 둘째 형 존이 런던의 명문 차터하우스 스쿨로 유학을 떠났고, 같은 때에 맏형 사무엘은 웨스트민스터 스쿨에 교사로 재직하고 있었다. 그래서 이 당시 찰스는 어머니와 누이들, 즉 여자들만 가득한 환경에서 살게 되었다. 그 후 꼭 2년이 지나서 아홉 살이 되는 해에 찰스 역시 웨스트민스터 스쿨로 유학을 떠나게 되었다. 사무엘과 수산나는 빚을 못 갚아 감옥에 갈 만큼 가난하였지만 총명하고 재능 많은 자녀들의 교육을 위해 헌신하였고 세 아들 모두를 최고의 학교에 보냈다. 맏형 사무엘은 찰스가 웨스트민스터에 있는 동안 동생 찰스를 자기 집에 데리고 살면서 그의 학비를 지불하고 양육을 담당하는 실질적인 부모 역할을 하였다. 이것은 부모에게 크나큰 위로와 힘이 되었다. 이후부터 맏형 사무엘은 언제나 찰스에게 아버지와 같은 존재였으며, 부모에게는 집안의 대들보같이 든든한 맏아들이었다.

맏형 사무엘은 힘을 다해서 동생의 공부를 지도해 주었다. 특별히 어학과 고전을 잘 지도해 주었다. 그런 관계로 찰스는 학문과 영성에 있어서 형 사무엘의 영향을 깊이 받았다. 찰스는 맏형 사무엘로부터 고전에 대한 깊은 연구, 시문학에 대한 열정, 그리고 고교회(High Church) 경건주의를 그대로 배웠다. 훗날 찰스는 자기가 웨스트민스터 스쿨에 있는 동안 형 사무엘이 자기를 영국 국교회의 원칙을 따르도록 엄격하게 지도하였다고 회고하였다. 이 당시 삼형제는 모두 런던에서 살게 되어 서로 만나고 도우며 지낼 수 있음에 부모는 적지 않은 위로를 받았다.

웨스트민스터 스쿨은 주후 616년경에 베네딕트 수도원으로 설립된 웨스트민스터 사원(Westminster Abbey)의 부속학교로서 영국 최고의 명문학교이며, 교육방식과 경건훈련이 엄격하였다. 찰스는 웨스트민스터의 생활이 어머니의 엡윗 학교보다도 더 엄격하였다고 회고하였다. 약 4백 명의 소년들은 매일 아침 5시 15분에 기상하여 무릎을 꿇고 아침기도문을 외우고 냉수로 몸을 씻은 후 6시에 라틴어로 하는 아침기도회에 참석하는 것으로 하루 일과를 시작하였다. 학생들은 라틴어와 그리스어 문법을 두 시간 공부하고 8시에 아침밥을 먹었다. 아침식사 후의 수업은 점심시간을 빼놓고 6시 저녁밥을 먹을 때까지 계속되었다. 저녁식사 후에 라틴어로 저녁기도를 드리고 또 찬물로 목욕을 하고 8시에 잠을 잤다.

웨스트민스터는 어린 찰스에게 엡윗과 너무나 다른 환경이었다. 우선 조용하고 한적한 시골에서 살다가 시끄럽고 사람 많고 분주한 런던거리로 옮겨 사는 것과 여자들만 있는 집에서 살다가 힘이 넘치고 장난기 많은 사춘기 소년 4백 명과 함께 생활하는 것은 당혹스런 문화 충격이었다. 거의 모든 소년들은 부유한 집안에서 왔고, 주로 귀족들과 영국교회 주교들과 장성들과 제독들과 유력한 정치인들과 대학 교수들의 아들들이었다. 그곳에서 찰스는 아주 드문 시골 출신이며 가장 가난한 아이였다. 그러나 찰스는 맏형과 함께 있다는 것만으로도 큰 위로를 받으며 새로운 환경에 잘 적응하였다.

학교 교실 안에서는 규율이 엄격하였지만 교실 밖에서는 종종 무법자와 같이 방탕한 소년들이 꽤 많았다. 많은 소년들이 세속에 오염되어 더러운 말을 하고 패싸움을 하며 동료에게 폭력을 휘두르기도 하였다. 심지어 귀족 집안의 아들들 중에는 술에 취하여 여자들과 부도덕한 관계를 가지는 아이들도 있었다. 찰스는 훗날 방종하는 아이들의 유혹을 어떻게 물리쳤는지에 대하여 이렇게 썼다.

"오 놀랍도다! 기적 같은 은혜가 지옥의 입, 살인자의 길, 악한의 학교로부터 나의 영혼을 지켜주었네. 방탕자들의 사악함과 오만과 저주에서 나를 구했네."[8]

웨스트민스터 스쿨은 수학과 과학보다는 어학과 고전과 문학 연구로 유럽의 최고라 할 만하였다. 모든 수업은 라틴어로 이루어졌고 학생들도 수업시간에는 라틴어로만 말해야 했다. 찰스는 아버지와 형 사무엘에게서 라틴어와 헬라어를 잘 배웠기 때문에 고전어로 공부하는 것이 즐거웠고, 이 때부터 라틴 시문학을 좋아하여 훗날 그의 시에 라틴 고전시를 많이 인용하였다. 실로 웨스트민스터 스쿨은 찰스에게 위대한 시인이 될 수 있는 소양과 능력을 길러준 곳이었다. 이 학교는 조지 허버트, 존 로크, 존 드라이던, 크리스토퍼 우렌 등 유명한 문학가들을 많이 배출하였다. 찰스 웨슬리 역시 이 학교에서 역사상 최고의 찬송시 작가로 태어나고 있었다. 찰스는 신앙과 학문의 명문가에서 태어나 명문학교에서 교육을 받고 자랐다.

4) 부잣집 양자 제의를 사양하다

찰스의 웨스트민스터 생활에 관하여는 별로 알려진 것이 없다. 다만 이 시기에 찰스에게 있었던 일 두 가지 이야기가 전해질 뿐이다. 당시 웨스트민스터 스쿨에는 약 4백 명 이상의 학생들이 있었다. 학생들은 대단히 장난이 심했고 때로는 행동이 난폭하였다. 힘센 아이들은 약한 아이들을 괴롭히기 일쑤였고 이처럼 비열한 행동은 주먹싸움으로 비화되는 경우가 많았다. 찰스는 비교적 키가 작은 아이였지만 힘이 세고 싸움에서 지는 적이 없었다. 정의감이 강한 찰스는 힘이 약한 아이들을 보호해 주는 역할을 잘 하였다.

스코틀랜드 출신의 제임스 머레이(James Murray)라는 아이는 그의 아버지가 제임스 왕을 지지한다는 이유 때문에 다른 아이들에게 늘 괴롭힘을 당하며 지내는 가엾은 아이였다. 이 일을 보다 못한 찰스는 제임스 머레이를 괴롭히는 아이들과 주먹싸움을 해서 그들을 물리치고 그를 보호해 주곤 하였다. 이러한 인연으로 찰스와 제임스는 평생 동안 절친한 친구로 지냈다. 제임스는 훗날 영국의 대법관이 되었고 '맨스필드 경'으로 불리었다. 두 사람은 평생 친형제와 같은 사랑을 나누었고, 노년에도 자주 만나서 어린 시절의 아름다운 추억을 이야기하곤 하였다.

한번은 찰스의 먼 친척이 되는 아일랜드의 부유한 신사 개럿 웨슬리라는 사람이 자녀가 없어서 찰스를 양자로 삼겠다고 제안해 왔다. 부모는 이 제안에 대하여 전적으로 찰스에게 결정을 맡겼다. 이 제안은 찰스에게 세속적인 부와 명예와 권력을 얻을 수 있는 절호의 기회였다. 어려서부터 가난을 깊이 경험하였지만 이미 신앙적인 고상한 가치관을 품고 있었던 찰스는 이 제안을 받자 즉시 사양하였다. 찰스 대신 리처드 콜리가 양자로 들어갔는데 그의 손자가 워털루 전투의 영웅 웰링턴 장군이었다. 존 웨슬리는 세속적인 부와 명성을 버리고 신앙의 길을 선택한 동생의 결정을 '훌륭한 탈출'(a fair escape)이라고 칭찬하였다.

찰스는 1720년 13세 되는 해 왕실 장학생(King's scholar)이 될 수 있는 기회를 얻었다. 왕실 장학생이 되면 옥스퍼드나 케임브리지에서 학비를 내지 않고 공부할 수 있었다. 왕실 장학생 시험은 영국에서 가장 치열한 경쟁을 통과해야 하는 시험이었다. 후보자는 아침 6시에 기상하여 혹독한 훈련을 받으며 시험 준비를 하였다. 시험은 주로 에세이를 제출하는 것과 토론하는 것이었다. 찰스는 이 격렬한 시험에서 최고 점수로 합격하였다. 찰스는 학비 전액 면제와 기숙사에 사는 혜택을 얻었고, 학급의 반장(captain of school)이 되어 교사들과 학생들 사이를 중재하며 학생들을 통솔하였다.

1716년부터 1726년까지 웨스트민스터에서 지내는 동안 찰스는 맏형 사무엘과 형수의 정성어린 사랑의 돌봄을 받았다. 아무리 형이라지만 그들은 부모 이상의 사랑을 쏟으며 찰스를 키워주었다. 찰스보다 열일곱 살 위인 맏형 사무엘은 찰스에게 아버지와 같았고 거의 우상과 같은 존재여서 찰스의 인생에 어머니 다음으로 큰 영향을 끼쳤고 찰스의 신앙과 학문과 인격의 형성에 결정적인 역할을 하였다. 사실상 맏형은 찰스가 위대한 성직자와 찬송작가가 될 수 있도록 모든 준비를 시켜준 사람이었다. 1720년 둘째 형 존이 차터하우스에서 옥스퍼드 크라이스트처치 대학으로 옮겼고 여섯 해 후에 찰스는 존의 뒤를 따랐다.

2. 지성과 경건과 사랑의 옥스퍼드 - 신성회

1) 우울하고 가난한 옥스퍼드 행

찰스의 웨스트민스터 학업은 대단히 성공적이었지만 후반기에 들어서면서부터 그의 가족들에게 불행한 일들이 연속적으로 일어나 그의 마음은 어둡고 우울했다. 예기치 못한 힘든 일들 때문에 찰스만 아니라 온 가족이 한동안 깊은 혼돈 속에서 슬픔과 고통을 겪어야 했다. 맏형 사무엘이 치명적인 정치적 시련을 당하여 웨스트민스터를 떠나야만 했다. 사무엘은 자신의 친구요 정치적 후견인인 로체스터의 주교 프란시스 아터베리에게 상당히 의존하고 있었다. 그런데 아터베리 주교가 1715년 자코바이트 반란(Jacobites: 자코바이트의 반란은 1688년에서 1746년에 걸쳐 브리튼 제도에서 일어난 폭동이자 반란이었다. 여러 차례에 걸쳐 일어난 자코바이트 반란의 동일한 목표는 스튜어트 왕가를 잉글랜드와 스코틀랜드의 왕좌에 앉히는 것이었다.)이 일어났을 때 왕에게 충성을 서약하기를 거부했다는 정치적인 죄목으로 인하여 1722년 런던타워에 투옥되었다가 사형당하고 말았다. 사무엘은 자신의 후견인을 졸지에 잃어버리고 휘그당 정권에게 미움을 받아 웨스트민스터에서 설 자리를 잃어버리고 말았다. 사무엘은 웨스트민스터 스쿨의 교장이 되는 것을 인생의 꿈과 사명으로 알고 그날을 위해 기도하며 모든 노력을 다하고 있었기 때문에 모든 희망이 사라지는 것 같아 깊이 낙심하였다. 사무엘은 정치적으로 큰 타격을 입은 채 평범한 교사로 지내야만 했다. 이후 사무엘은 힘든 세월 동안 모든 고난을 잘 극복하고 1732년 남서부의 데븐(Devon) 주에 있는 티버튼(Tiverton) 스쿨의 교장으로 부임하여 거기서 탁월한 실력과 경건을 갖춘 덕망 높고 존경받는 교육가로서 일하다가 53세의 나이에 갑작스런 병으로 세상을 떠났다. 맏형의 정치적인 시련으로 인하여 찰스도 정서적으로 불안했고 흔들렸지만 부모님의 끊임없는 기도와 격려를 받으면서 신앙으로 고난을 잘 극복하였다.

같은 시기에 어머니 수산나에게도 슬픔과 시련이 닥쳐왔다. 수산나의 오라버니 사무엘 아네슬리는 수산나의 가족 중에서 가장 부유한 사업가로서 국내와 인도에서 상당한 재력을 가지고 있는 존경받는 부자였다. 런던의 성공적인 사업가로서 그는 누이 수산나와 그의 조카들의 학비를 도와주었다. 오라버니가 인도에서 돌아온다는 소식을 듣고 수산나는 그를 만나러 런던을 여행하게 되었는데, 이것은 수산나가 엡웟을 벗어나는 최초의 외출이었다. 수산나는 설레는 마음으로 오라버니의 상선이 항구에 들어오기를 기다렸는데, 배가 들어왔지만 오라버니는 보이지 않았다. 수산나는 오라버니를 만나면 재정적인 도움을 받을 큰 기대를 갖고 있었지만, 오라버니도 돈도 나타나지 않자 크게 실망하였다. 그러던 중에 수산나는 그녀의 오라버니가 살해당했고 모든 돈을 도난당했을 것이라는 슬픈 소식을 듣게 되었다. 그녀는 그만 심한 충격을 받아 비통한 심정으로 눈물을 흘리며 항구를 떠나야만 했다.

한편 찰스는 엡웟을 떠난 후 실로 몇 년 만에 처음으로 어머니를 뵈올 꿈같은 희망을 품고 그날을 기다렸다. 그러나 어머니를 만난 기쁨보다 더 큰 슬픔을 느껴야만 했다. 외삼촌의 수수께끼 같은 실종은 수산나와 찰스, 특별히 찰스의 누이들에게 큰 불행이었다. 왜냐하면 외삼촌이 오면 조카딸들의 결혼지참금을 줄 것으로 기대하고 있었기 때문이었다. 찰스의 누이들은 상당한 결혼지참금을 얻어 훌륭한 남편을 맞을 모든 희망을 버려야만 했다. 수산나는 아버지가 돌아가셨을 때 남긴 유산 중에 상당 부분을 자신이 상속하리라는 기대를 했다가 아무것도 얻지 못했던 것을 기억하면서 이번에도 재물이 자기를 피해갔다고 생각했다. 수산나는 하나밖에 없는 오라버니를 지상에서 더 이상 볼 수 없게 되었고, 바라던 재물도 사라져 버렸지만 하나님께서 자기 가족을 더욱 좋은 길로 인도하시리라는 신앙으로 이 슬픔을 극복했다.9)

이때 찰스의 가정에는 또 하나의 비극적인 사건이 발생하였다. 찰스가 많은 누이들 중에도 가장 좋아하는 헤티가 나쁜 남자를 만나 불행한 일을 당한 것이었다. 헤티는 당대의 여자로서는 가장 높은 수준의 교육을 받았다. 그녀는 아홉 살에 라틴어와 그리스어에 능통했다고 한다. 헤티는 어려서부터 시문학에 천부적인 재능을 보인 천재적인 시인이었다. 그녀는 많은 시를 썼고 여러 잡지에 자신의 시를 발표했지만 불행한 환경 때문에 자신의 시집을 출판하지는 못했다. 만약 헤티가 여성 차별이 없는 시대에 태어났고 불행한 일을 당하지 않았다면 영문학사에 빛나는 위대한 시인이 되었을 것이 분명하다. 헤티는 엡웟을 싫어했다. 엡웟은 너무나 고립되고 어둡다고 생각했기 때문이다. 더욱이 그녀는 엡웟에서 꿈을 펴지도 못하고 시골처녀로서 좋은 남자도 만나지 못하고 인생이 끝날지도 모른다는 두려움을 갖고 있었다. 그러나 헤티는 1724년 존 롬리라는 옥스퍼드를 졸업한 미남이자 지성적인 남자와 사랑에 빠졌다. 롬리는 아버지가 엡웟교구의 부목사로 임명한 사람이었다. 그런데 불행하게도 사무엘 목사는 롬리가 세속적인 노래를 부르는 것을 듣고서 그를 해고하고 교구로부터 추방해 버리고 헤티에게 접근도 못하게 만들어 버렸다. 헤티가 비밀리에 롬리와 교제하는 것을 안 사무엘 목사는 헤티를 켈스턴 읍내 부유한 집의 가사 도우미로 보내버렸다. 헤티는 그 집에서 사는 것이 마치 감옥생활을 하는 것처럼 괴로워 동생 존에게 도움을 요청하기도 하였다. 그러다가 헤티는 윌 알킨스라는 읍내 변호사와 눈이 맞아 함께 집을 나가기로 약속하였다. 절망적인 상황에 처한 헤티는 최악의 남자를 선택하고 말았던 것이다. 헤티는 그 남자와 하룻밤을 함께 지냈는데 그것이 비극적인 재앙을 가져온 사고가 되었다. 알킨스가 헤티와 교제한 목적은 사랑도 결혼도 아닌 성관계였다. 헤티는 그날 밤의 사고로 인해 아기를 갖게 되었고 아버지는 이러한 헤티를 죽을 때까지도 용서하지 않았으며 헤티의 불행은 끝을 모르고 커져 갔다. 아버지는 헤티를 이웃 마을에 사는 무식한 배관공과 결혼시키려고 급히 서둘렀다. 사무엘은 이렇게 하는 것만이 아무도 모르게 문제를 해결하는 최선의 방법이라고 판단했던 것이다. 이때 다리를 저는 딸 메어리는 용기를 내어 아버지에게 "아버지는 사랑하는 딸에게 세상에 둘도 없이 무자비한 독재자이며 서슴없이 악을 행하고 있습니다."라고 말하였다. 그러나 사무엘은 단호하게 강제 결혼을 추진하였고, 미모와 지성과 문학적 재능으로 빼어난 헤티는 무식한 술주정뱅이 배관공 라이트와 1725년 10월에 결혼하고 말았다. 아기는 태어났지만 너무나 병약해서 두 달밖에 못 살고 죽었다. 헤티의 불행은 엡윗 온 가족에게 오랜 시간 동안 너무나 쓰라린 아픔이고 슬픔이었다.

이것이 열아홉 살 찰스가 웨스트민스터에서 마지막 학기를 마칠 때쯤 처한 상황이었다. 찰스는 일련의 불행한 사건들 때문에 큰 충격에 휩싸였으며 정서적으로 흔들렸다. 그럼에도 불구하고 찰스는 졸업시험에서 일등을 차지하였으며, 학급의 반장이 되었고 영국에서 가장 치열한 왕실 장학생 시험에 합격하여 옥스퍼드 대학에 갈 수 있는 특권을 얻어냈다. 그러나 찰스의 마음은 어둡고 불안했다. 가족에게서 떨어진 불행 때문에 우울했고, 맏형 사무엘이 웨스트민스터에서 교장이 되지 못하고 멀리 시골로 이동하여 보지 못하게 된 것이 찰스에게 가장 마음 아픈 일이었다.

그런데 한두 가지 어려운 일이 더 발생하였다. 찰스는 자신이 받은 왕실 장학금이 옥스퍼드 학비를 지불하기에는 많이 모자라는 것을 알게 되었고 아버지도 모자라는 학비를 보충해줄 능력이 없다는 생각에 걱정이 더해졌다. 엎친 데 덮친 격으로 이때 아버지가 뇌졸중으로 건강이 나빠져 더 이상 교구 목회를 할 수 없게 될지도 모른다는 불안감이 생겼다. 찰스는 엡윗 가족의 연이은 불행과 전통적인 유산인 가난을 안은 채 옥스퍼드 생활을 시작할 형편에 처해졌고 미래에 대한 어두운 마음을 갖고 둘째 형 존과 함께 고향 엡윗을 방문하게 되었다. 심지어 돈이 없어서

끼니도 거른 채 마차도 타지 못하고 런던에서 엡윗까지 170마일을 한 주간 동안 걸어서 갈 수밖에 없었다. 찰스는 형과 함께 헤티의 상처로 인해서 슬픔에 젖은 고향 가족을 재회하였는데, 여덟 살에 집을 떠난 후 10여 년 만에 처음으로 고향집에 온 셈이었다. 찰스와 존은 오랜 세월 만에 가족을 만났지만 집안은 헤티 사고에 대한 의견 충돌과 불화로 인하여 여전히 우울한 분위기에 휩싸여 있었고, 아버지와 어머니, 그리고 아버지와 자녀들 사이는 서로 마음이 상한 불편한 관계에 있었다.

이때 존은 마침 엡윗 교구의 루트(Wroot) 교회를 맡아 부목사로 부임하였다. 존은 온 가족을 루트 교회로 초청하여 자기의 설교를 듣게 하였는데, 그날 존의 설교 주제는 용서에 관한 것이었다. 어머니와 찰스는 존의 주장을 적극 지지하여 아버지를 설득하려고 시도했으나 그것이 불가능하다는 사실을 확인할 수밖에 없었다. 아버지는 찰스에게 자기편을 들어달라고 거듭 부탁하였지만 찰스는 헤티 누이를 위로하고 돕기 위해서 또한 아버지와 헤티, 그리고 아버지와 형들 사이의 화해를 위해서 고심하며 모든 노력을 다할 뿐이었다. 그렇지만 아무런 좋은 결과도 없이 상황만 점점 악화되었다. 바로 이때 맏형 사무엘이 좋은 소식을 전해왔다. 찰스가 런던에서 모든 일을 마치고 옥스퍼드로 올라갈 수 있도록 필요한 자금을 준비해 놓았다는 것이었다. 또한 맏형은 동생의 학업을 충분히 돕기 위하여 온갖 노력을 다하였다. 맏아들은 아버지의 부탁을 듣고 헤티가 남편 라이트와 함께 런던에 와서 작은 집을 마련하고 일을 하며 살 수 있도록 재정 지원을 했고, 부유한 외과 의사인 작은 아버지 마튜 웨슬리가 헤티를 도와 조그만 사업을 시작하게 하였다. 헤티가 떠난 다음 1726년 10월 찰스는 엡윗을 떠나 옥스퍼드로 들어가 정착하여 새로운 삶을 시작하였다.

2) 아라스페스의 낭만으로부터 거룩한 생활로

열아홉 살의 나이에 찰스는 왕실 장학생으로 옥스퍼드의 크라이스트처치 대학

(Christ Church College)에 입학하였다. 크라이스트처치 대학은 주후 700년에 세워진 옥스퍼드 수도원의 발전에 따라서 주후 1000년경에 세워진 최초의 대학으로서 이 대학의 학생이 되는 것만으로도 대단한 명예를 얻는 것이었다. 옥스퍼드 대학은 사실상 웨슬리 가문의 대학이었다. 왜냐하면 찰스의 증조부, 조부, 외조부, 그리고 부친이 옥스퍼드를 졸업하였고, 맏형 사무엘과 둘째 형 존에 이어 찰스도 옥스퍼드의 크라이스트처치 대학을 졸업하였기 때문이다. 찰스가 옥스퍼드에 입학한 시기에 형 존은 옥스퍼드 링컨 대학에 펠로우(fellow)로 임명되었다. 펠로우는 정교수는 아니지만 전임교수로서 일종의 연구 교수직이며 미혼자에게만 주어졌고 대학을 떠나 있더라도 평생 유지될 수 있었다. 존이 옥스퍼드 대학의 교수로 임명된 것은 사실상 맏형 사무엘의 도움이 컸다. 맏형 사무엘의 가족에 대한 애정과 충성은 단지 찰스에게만 국한된 게 아니었다. 짧은 생애를 살았던 그가 부모님을 책임지고 도운 것은 분명히 자신에게 보람이 되었지만 동시에 고통이 되었을 것이 분명하다. 사무엘은 가난한 목사의 맏아들로서 정성을 다해 부모님을 도와드렸고, 또한 찰스와 존의 학비를 담당하고 누이동생들을 재정적으로 도울 뿐 아니라 모든 동생들을 책임 있게 돌보아 주었다. 사무엘은 세상에서 가장 훌륭한 맏아들이요 맏형이요 오빠였다.

옥스퍼드 대학생이 된 찰스는 맏형 사무엘의 엄격한 지도에서 벗어나 상당한 해방감을 느꼈다. 활발한 성격을 가진 찰스는 새로운 환경에 능동적으로 적응하면서 옥스퍼드의 대학 생활을 좋아하게 되었다. 찰스는 막 옥스퍼드에 돌아온 형 존과 자주 어울리기를 좋아하였는데, 특히 옥스퍼드 가까운 지역에 사는 고상한 영국 교회 성직자인 커크함(Kirkham) 가족과 특별한 관계를 가졌다. 웨슬리 형제는 커크함 목사의 아름답고 세련된 딸들과 친밀한 교제를 즐겼다. 본래 낭만적이고 시적인 감성이 풍부한 찰스는 옥스퍼드와 인접한 마을들의 아름다운 자연경관, 고풍스럽고 빼어난 석조건물들, 고딕양식의 예배당들, 그리고 화려한 주택들과 예쁘게 가꾸어진 정원들을 무척 좋아하였다. 그뿐만 아니라 고상하고 매혹적인 숙녀들에게 푹 빠져들었다. 웨슬리 형제는 이러한 가족들을 종종 방문하였으며, 세련된 숙녀들과 노래와 춤과 카드놀이 등의 오락을 즐기면서 많은 시간을 보냈다. 이때 웨슬리 형제는 또 다른 옥스퍼드 친구들과 함께 그 숙녀들과 어울려 일종의 친교 그룹을 이루었다. 그들은 서로 가명이나 애명을 지어 불렀다. 존은 사이루스, 찰스는 아라스페스, 살리 커크함은 바라네즈, 젊은 미망인 펜다르브스와 안 그란빌은 각각 아스파시아와 셀리마로 불리었으며, 다른 친구들도 사포와 세레나와 같은 애명을 갖고 있었다. 그러한 숙녀들과의 교제가 결코 도덕적으로 잘못된 것은 아니었지만 웨슬리 형제의 부모는 이 시기에 아들들에게 '반 플라토닉 러브'(anti-platonic love)를 경계하라는 충고를 계속하면서 젊은 날에 육체의 정욕에 빠지면 결코 좋은 인생을 살지 못하고 파멸할 수도 있다고 엄하게 경고하였다. 그러나 그 시기에 웨슬리 형제는 세련된 숙녀들과 사랑에 빠진 것이 사실이었다. 웨슬리 형제는 한창 젊은 날에 매혹적인 여자들과 재미있게 놀았고 사랑했으며 이를 통해 여자들과 세상을 경험하였다. 동시에 웨슬리 형제는 그 숙녀들에게 서로 경건의 책들을 빌려주면서 독서를 통하여 종교적이고 문학적인 대화를 많이 하면서 편지도 주고받았다. 웨슬리 형제의 이성교제는 종교적인 것과 남녀 간의 애정이 혼합된 것이었으며, 웨슬리 형제는 넘쳐나고 끓어오르는 청춘의 감정을 이처럼 고상하고 아름다운 교제를 통하여 발산하였다. 훗날 찰스는 옥스퍼드에서 처음 한 해 동안 공부보다 이성교제와 오락에 몰두하면서 세속적인 생활에 빠져 잘못된 길로 가고 있었다고 고백하였다. 존이 찰스에게 신앙적인 대화를 깊이 하고자 하면 찰스는 "형은 나를 단번에 성자로 만들려고 하십니까?"라고 반문하였다. 이 말은 찰스가 마음속으로는 거룩한 생활을 원하고 있었지만 아직 거룩한 생활에 전념하기에는 이르며 그것이 그렇게 짧은 시간 안에 쉽게 이루어지는 것이 아님을 뜻하는 것이었다.

옥스퍼드 대학에서 두 번째 해를 맞이하면서 찰스의 생활에 변화가 찾아왔다. 그는 존의 영향을 깊이 받으면서 제레미 테일러의 「거룩한 삶과 거룩한 죽음」, 토마스 아 켐피스의 「그리스도를 본받아」 등 영적 독서를 통하여 오락을 포기하고 학업과 경건생활에 열심을 내면서 영적 일기를 쓰기 시작하였다. 찰스에게 찾아온 이러한 변화는 존이 루트 교회를 맡아서 엡윗으로 떠난 직후였다. 찰스는 자신이 다시 이전의 상태로 돌아가지 않을 것이라고 결심하였다. 찰스는 그때의 변화에 대하여 이렇게 기록했다.

"내가 이렇게 변화되고 거룩한 생활을 좋아하게 된 것은 누군가의 기도, 즉 어머니의 기도의 힘이 작용했기 때문입니다. 왜냐하면 나는 내가 언제 세속적인 쾌락의 잠에서 깨어났는지 알 수 없을 정도로 신비하게 하나님의 은혜가 나에게 나타나서 나를 움직였기 때문입니다."10)

존도 이러한 변화를 1725년에 경험하고 결코 절반의 그리스도인이나 거의 된 그리스도인이 아닌 100% 그리스도인이 되어 그리스도인의 완전(Christian perfection)을 이루기로 거룩한 결심을 하였다. 존의 뒤를 이어 찰스도 완전한 성화를 유일한 인생의 목표로 삼고 그리스도가 품으셨던 마음을 품고 그리스도가 걸으셨던 길을 걸어가는 것을 평생의 기도제목, 즉 신앙의 비전으로 세우고 거룩한 길을 출발했다. 어떤 웨슬리 연구가들은 이러한 변화가 웨슬리 형제의 진정한 회심이요 제 일차적 회심이라고 주장하였다. 그러나 그들은 아직도 오직 믿음으로만 구원받는 칭의의 은혜를 경험하지 않은 단계에 있었다. 하지만 완전한 성화의 결심을 하면서 하나님께 자신의 생애 전체를 완전한 사랑으로 드리고 순결한 제물로 바치는 것은 가장 거룩하고 진지한 신앙적 결단이요 헌신이라는 의미에서 이것은 분명히 그리스도인의 회심이라고 할 수 있다.

3) 경건의 훈련에 정진하라

찰스는 옥스퍼드 신성회의 창시자요 사실상 최초의 메도디스트이다. 대학교 2

학년에 들어서면서부터 찰스는 경건생활과 학업에 더욱 진지하고 부지런하기로 결심하고 자주 성만찬을 받으며 스스로 자신을 훈련하는 규칙적이고 엄격한 생활을 시작하였다. 그러다가 머튼 대학의 로버트 커크함과 크라이스트처치 대학의 윌리엄 몰간이라는 두 명의 학생들을 설득하여 함께 성만찬 예식에 나아가기 시작하였으며, 그들과 함께 대학의 모든 학문 규정을 정확하게 지키며 생활하기로 다짐하였다. 그들은 매주 두세 번씩 규칙적으로 만나 그리스어 신약성경과 경건서적을 읽으며 기도와 대화를 통하여 서로의 경건과 학문을 돕는 새로운 생활을 시작하였다. 이 모임은 서로에게 영적 생활의 훈련과 학문연구를 돕기 위해 모이는 지원 그룹이었다. 마음의 성결과 삶의 성결을 통하여 자신의 구원을 이루는 것을 목적으로 삼고 이것을 위하여 모든 노력을 다하는 동시에 서로를 돕는 구체적인 방법을 만들어 실천하였다. 이 모임은 1729년 12월부터 시작하여 "매주 두 세 번씩 규칙적으로 모여 열심으로 자세히 성경을 읽고 경건의 증진을 위해 유익한 서적을 읽으며 일정한 규칙에 따라 거룩한 생활을 훈련하며 정통의 신앙을 배우고 지키기 위하여 전력을 다하였다."11)

    1729년 11월 존 웨슬리는 아버지의 교구 엡웟에서 부목사로 일하다가 링컨 대학의 급한 부름을 받고 다시 옥스퍼드에 돌아와 교수생활을 시작하였다. 존은 곧장 찰스와 다른 두 학생에게 고전과 영적 독서와 경건생활을 지도하였고, 자연적으로 이 모임의 지도자가 되었다. 초기에 이 모임은 한 주간에 네 번씩 모였는데, 화요일 저녁에는 찰스의 방에서, 목요일에는 로버트의 방에서, 토요일에는 존의 방에서, 그리고 주일에는 윌리엄의 방에서 모였다. 이들 네 사람은 매주일 대학 채플에 반드시 참석하였고, 특별한 우정을 쌓으면서 모임을 발전시켰다. 종종 그들은 함께 대학 주변의 공원길과 강가를 걸었고 강에서 배를 타고 놀기도 하였고 대학 음악연주회에도 갔다. 또한 종종 런던 여행도 함께 하였다. 맏형 사무엘 웨슬리를 방문하기도 하고, 국회의사당과 궁전과 대성당과 사원에도 갔으며, 다른 일을 보기도 하였다. 이 모임 초기에 찰스는 문학사 학위를 마치고 크라이스트처치 대학의 튜터12)(tutor)가 되었는데, 이 소식이 엡윗 가족에게는 존이 링컨 칼리지의 펠로우가 되었을 때처럼 큰 기쁨이 되었다. 아버지 사무엘이 제일 크게 감격하여 곧장 찰스에게 다음과 같이 편지하였다.

"사랑하는 찰스야, 학생들의 정신을 학문과 경건으로 형성해 주기 위하여 너의 전력을 다하여야 한다. 너의 인생은 지금 아주 멋진 출항을 하였다. 너의 머리를 들고 어른답게 헤엄쳐 전진하라. 그러면 하나님께서 너에게 인생의 바다에 험난한 파도를 헤쳐 나갈 수 있도록 도우시어 언제나 좋은 항해를 만들어 주실 것이다."13)

1730년 3월 찰스는 프란시스 고어라는 학생을 인도하여 '우리의 신도회'에 회원이 되게 하였다. 6월에는 찰스가 열 명의 크라이스트처치 대학교 학생들의 튜터가 되었는데, 이들에게 이 모임에 들어올 수 있는 기회를 허락하였다. 이렇게 하여 이 모임은 '성경이 요구하는 방법에 따라서 생활하는 경건회'(religious society)가 되었다. 경건회의 뿌리는 50년 전 독일에서 루터교 목사 존 아른트(John Arndt)와 필립 스페너(Philip Spener)가 창립한 '신자들이 함께 모여서 연구와 기도와 상호 영적 지원을 하도록 격려하는 운동'이었다. 이들의 추종자들은 경건주의자(pietist)라는 이름으로 불렸는데, 이들의 방법은 내적인 경건과 외적인 선행을 증진하기 위한 방편으로 상호지원그룹을 조직하여 운영하는 것이었다. 당시 독일 출신의 영국 국교회 목사인 안토니 호넥크(Anthony Horneck)가 이러한 독일 전통의 경건주의 운동을 영국교회의 젊은 지성인들 가운데 일으키고 있었다. 이들의 모임은 경건회(religious society)라고 불리었다. 경건회는 대학과 도시에서 점점 그 수가 늘어나고 있었는데, 이미 1702년 찰스의 아버지는 엡윗 교구에 경건회를 세워 이 운동을 적극적으로 실천하였다. 찰스와 존은 아버지를 통해서 경건회를 배웠고 영국교회에서도 경험하였기 때문에 경건회의 마음과 생활의 성결을 증진하기 위한 방법과 규칙에 익숙해 있었다. 이 모임은 찰스가 시작하여 옥스퍼드에 새로이 세워진 일종의 경건회였고 곧이어 신성회(Holy Club)라고 불리었다.

4) 가난한 사람들을 찾아서

이 모임의 주요한 가이드는 옥스퍼드 대학교 교수로서 당대 최고의 신학자로 알려진 윌리엄 로우(W. Law)의 두 가지 저서 「그리스도인의 완전」과 「경건하고 거룩한 삶에로의 진지한 부름」이었다. 로우는 금욕주의자 내지는 금욕적 신비주의자였는데, 신성회 회원의 가장 위대한 영적 스승이었다. 찰스는 자신이 아는 모든 종교는 로우에게서 배운 것이라고 말할 정도였다. 로우는 '기독교란 세속에 대한 전적인 포기요 세속적인 쾌락을 추구하는 것을 버리고 그리스도의 마음과 생활에 대한 완전한 모방을 추구하는 것'이라고 가르쳤다.

로우의 영성에 심취하면서부터 신성회는 고전 연구와 더불어 영혼 구원과 사람들을 섬기는 일에 많은 시간을 사용하게 되었다. 같은 해 8월에 윌리엄 몰간이 옥스퍼드 감옥에 있는 사형수들을 방문하기 시작하였고 세상에서 버림받은 죄수들을 돌아보는 것은 진정한 그리스도인의 의무라고 믿게 되었다. 두 달 후에는 웨슬리 형제도 죄수 방문에 동참하였고 짐승보다도 더 비참한 감옥 죄수들의 모습을 보고 심한 충격을 받았다. 이들은 옥스퍼드를 넘어서 다른 지방의 감옥 죄수들까지 방문하여 헌신적으로 돌보았다.

당시 영국에는 죄수들이 넘쳐나고 감옥소가 증가하여 국가적으로나 사회적으로 심각한 문제였다. 감옥의 환경은 짐승의 우리를 넘어 지옥을 방불케 할 정도였다. 위생 상태는 최악이었고 많은 죄수들이 폭력과 고문과 학대로 죽고, 병들어 죽고, 또 굶어죽었다. 귀족들은 가난한 사람들뿐 아니라 아주 작은 범죄나 실수를 한 사람들도 자신의 권력을 이용하여 마음대로 감옥에 넣었다. 실질적인 범죄자들도 많았지만 적은 금액의 빚을 약속기한 내에 갚지 못한 경우에도 무조건 감옥살이를 해야만 했다. 처음에 존과 찰스는 험상궂은 죄수들을 보고 두렵기도 하고 어떻게 다가가야 할지 몰라 주저하였지만 아버지의 격려를 통해서 용기를 얻었으며, 시간이 갈수록 사명감이 커졌고 적극적으로 변화되었다.

웨슬리 형제의 조부도 비국교도 목회자로서 박해를 받아 여러 번 감옥살이를 하다가 결국은 감옥에서 죽었으며, 부친도 빚을 갚지 못해 감옥에서 살면서 죄수에게 전도하고 교도소 목회를 한 적이 있었다. 존과 찰스는 이러한 선조들의 역사를 기억하고 죄수들에게 더 깊은 연민을 느꼈다. 찰스와 존은 우선 그들에게 성경을 읽어주고, 함께 기도하고, 글을 읽지 못하는 사람들에게 글을 가르치고, 돈이 필요한 사람에게는 돈을 주고, 적은 빚은 대신 갚아주거나 법률적인 도움을 주어 억울한 죄수들의 석방을 도와주었다. 그 후 웨슬리 형제는 약 50년 동안 규칙적으로 감옥 죄수들을 위한 전도와 목회에 헌신하였으며, 이것은 부흥운동 초기부터 메도디스트들의 가장 중요한 선교사업 중 하나로 계승되어 왔다.

이어서 윌리엄 몰간은 가난한 지역의 어린이들을 모아 옥스퍼드 대학 안으로 데리고 왔고 존과 찰스는 어린이들을 위한 간이학교를 설립하여 가르쳤는데, 이러한 일에 대하여 비난하는 사람들도 있었고 칭찬하는 사람들도 있었다. 몰간은 웨슬리 형제를 가난한 노인들과 병자들에게 데리고 갔고, 곧 정기적으로 그들을 방문하여 돕는 일을 하게 하였다. 이와 같이 여러 가지 자선사업이 발전하여 이 모임의 활동이 세상에 알려지게 되었다.

찰스와 존은 이러한 활동에 대하여 아버지에게 자세히 알렸고, 아버지는 옥스퍼드에서 공부하는 자랑스러운 두 아들 때문에 하나님께 감사하였고, 세속적 유혹을 피하고 사탄을 대적하여 경건하게 살면서 온갖 선을 행하는 두 아들을 격려하면서, 두 아들의 귀중한 친구 윌리엄을 양자로 삼고 싶다고 할 정도로 기뻐하였다. 존은 옥스퍼드의 주교에게 신성회의 자선활동을 보고하고 승인을 받았다. 존은 주교에게 보낸 보고서에서 이 모임의 활동은 '그리스도를 본받아 배고픈 자를 먹이고 헐벗은 자를 입히고 불쌍한 어린이들을 가르치고 병자들을 치료하고 갇힌 자를 돌보고 죽음으로 가는 모든 영혼을 구원하는 일'이라고 설명하였다. 이 모임의 자선활동은 다른 칼리지로부터 더 많은 학생들을 끌어들였고 링컨 칼리지에 있는 존의 방에서 모이게 되었으며 존의 지도력은 더욱 확고하게 되었다.

5) 매주 수·금은 금식 – 엄격한 자기성찰과 철저한 금욕

옥스퍼드 대학 재학 시절의 찰스 웨슬리

윌리엄 몰간이 제안하여 시작된 사회적 자선활동(charity works)이 발전하여 이 모임의 특징으로 정착되는 사이에 존은 영성생활에 대한 자신의 이상과 방법을 엄격히 적용하여 지도하였다.

존은 자기성찰(self-examination)이 영성생활에 가장 핵심적인 요소라고 여기고 각자의 생각하는 것과 말하는 것과 행동하는 것을 더욱 철저히 다스리기 위한 목적으로 열다섯 가지의 자기성찰 질문표를 고안했다. 존은 모든 회원들이 이러한 공동의 자기 성찰표를 사용하여 매일 기본적인 영성훈련을 하도록 격려하였다. 자기성찰의 질문들은 다음과 같은 사항에 관한 것들이었다.

1. 선행의 기회가 있을 때 놓치지 않고 활용했는가?
2. 악을 대항하여 싸워 물리쳤는가?
3. 열심으로 복음을 전했는가?
4. 매일의 개인기도와 공중예배에 빠지지 않고 참여했는가?
5. 서로의 약점이나 실수를 사랑 안에서 말해 주었는가?

여기에 덧붙여 존은 신앙의 본질적인 주제에 관한 질문표를 만들어 한 주간의 영성생활을 점검하게 하였는데, 그 질문의 내용은 다음과 같았다. 주일에는 하나님을 사랑하는 생활에 대한 질문들, 월요일에는 인간을 사랑하는 생활에 대한 질문들, 화요일에는 겸손의 덕에 관한 질문들, 수요일과 금요일에는 육체의 정욕을 죽임과 자기부정에 관련된 질문들, 목요일에는 포기와 온유에 대한 질문들, 그리고 토요일에는 감사의 생활에 대한 질문들로 구성되었다. 그리고 수요일과 금요일에는 조식과 석식은 금식하고 점심으로는 빵 한 쪽과 한 잔의 차만을 허락하였다.

또한 존은 모든 회원들을 '성경 그리스도인'(Bible Christian)으로 만들려고 결심하고 매일 영어와 그리스어와 히브리어로 성경을 연구하도록 격려하였다. 이 같은 성경에 대한 열심 때문에 그들은 '성경 좀벌레'와 '성경 고집쟁이'라는 별명을 얻게 되었다. 그들은 오직 성경만을 자신의 주인으로 삼고 살았다.

존은 회원들의 필독서 목록을 만들어 사용하였는데, 날이 갈수록 목록이 길어졌다. 독서목록은 예배와 기도집과 성경주석과 설교집과 경건서적들로 광범위하게 구성되었는데, 가장 주요한 책들은 묵상과 자기성찰에 관한 것들로 다음과 같다. 프란시스 드 살레의 「경건한 삶에로 안내」, 드 렝띠의 「생애」, 토마스 켄의 「묵상」, 안토니 호네크의 「행복한 금욕자」, 로버트 넬슨의 「진정한 경건의 실천」, 제레미 테일러의 「거룩한 삶과 죽음의 방법」, 윌리엄 로우의 「그리스도인의 완전」, 헨리 스쿠걸의 「거룩하고 경건한 삶에로 부름」, 존 번연의 「천로역정」과 「성도의 영원한 안식」.

또한 존은 다음과 같은 책들을 발췌, 요약해 포켓 사이즈로 출판하여 회원들이 몸에 지니고 다니면서 읽고 묵상의 자료로 사용하게 하였다. 조셉 홀의 「신성한 묵상의 방법」, 토마스 아 켐피스의 「그리스도를 본받아」, 존 굳맨의 「용서받은 참회자」.

또한 다음과 같은 전기와 자서전도 목록의 주요한 것들이었다. 암브로스 본위크의 「대학 젊은이들의 모범」, 윌리엄 버키트의 「젊은이를 위한 인생 안내」, 윌리엄 하밀톤의 「제임스 본넬의 생애와 모범」.

그들은 이러한 독서가 그리스도인의 마음과 삶의 형성을 위한 역할 모델(role

model)이 된다고 생각했다. 그들이 주로 종교서적을 읽은 것은 분명하지만 그것이 전부는 아니었다. 그들의 독서는 고전과 문학과 철학과 시와 소설과 드라마도 포함하였고, 사회적인 잡지와 신문도 읽으며 세상의 사정을 살피며 사회를 위해 기도하며 사회의 죄악을 퇴치하고 사회의 개혁을 위한 구체적인 방법에 관하여 토론하기도 하였다.

존의 영적 지도에 따라서 이 모임은 날이 갈수록 점점 더 금욕적 생활을 강조하여 마치 초대교회의 사막수도자들의 생활을 닮아갔다. 그들은 매일 아침 4시에 기상하여 기도하고 성경을 읽었다. 이러한 규칙은 변하지 않고 지켜졌다. 존은 매트와 이불도 없이 잠을 잤고, 친구에게 자기 침대 옆에서 보초를 서게 한다든지 자명종 시계를 두고 자든지 금식을 못 지킬 경우에는 스스로 벌금을 내기도 하면서 다른 회원들에게 똑같은 생활방식을 강하게 권면하였다. 그러나 이와 같이 과도한 금욕적 생활규칙을 회원들은 따르지 못했으며, 금식은 매주 지키는 것이 건강에 좋지 않고 대학의 공동생활에 이상한 영향을 미치기 때문에 매우 조심스런 일이 되었다. 절반 이상의 회원들이 이러한 과도한 금욕적 규칙을 지키는 데 실패하였다. 그러나 동생 찰스와 윌리엄 몰간은 존에게 순종하여 금욕적 규칙을 잘 지켰다.

이와 같이 찰스는 어려서부터 두 형의 따뜻하고 애정 어린 지도를 받으며 자랐다. 웨스트민스터에서 찰스는 맏형의 절대적인 영향을 받았고, 옥스퍼드에서는 둘째 형의 영향권에 들어오게 되었으며 사실상 여기서부터 일평생 둘째 형 존과 함께 같은 인생여정을 걸어가게 된 것이다. 그러나 과도한 금욕은 건강에 해롭다는 사실이 드러나기도 하였다. 훗날 찰스는 늘 허약한 체질 때문에 고생하였는데, 찰스의 의사는 그 원인이 젊은 날 과도한 금식이라고 지적하였으며, 몰간의 아버지는 아들의 건강을 염려하여 존에게 지나친 금식을 강요하지 말라고 경고하기도 했다.14)

"그들은 자신들이 하나님을 섬기기 위하여 한 시간이라도 심지어 일분이라도 아끼지 않으면 구원을 얻지 못할 것이라고 생각할 정도로 경건생활에 집착한다. 그들은 가난한 사람들을 구제하는 데 돈을 많이 쓰고, 경건의 독서를 위하여 많은 책을 사기 때문에 거의 굶어죽을 형편이다. 그들은 악명 높은 사회의 음주 습관과 술집들을 개혁하기 위하여 고생을 하고 있다. 그들은 매주간 이틀씩 금식하는데, 이것은 자기 몸을 지독하게 학대하는 위험한 행위이다."[15]

6) 웨슬리가 내 아들을 죽였다 – 조롱과 핍박

윌리엄 몰간의 아버지의 비판이 괜한 염려는 아니었다. 윌리엄 몰간은 심하게 병들어 아일랜드 고향집으로 돌아간 후 얼마 되지 않아 죽고 말았다. 로버트 커크함의 가족도 웨슬리 형제가 지나치게 거룩하고 의로운 생활방식을 모든 회원들에게 적용하여 무거운 종교적인 짐을 지게 한다고 비판하였다. 그 밖의 사람들도 이 모임이 고대교회의 전통을 너무 무분별하게 지키며, 특별히 금식을 지나치게 강조하는 이유로 그들을 '여공주의자들'(super-rogation men)[16]이라고 불렀다. 상황이 이렇게 악화되자 아버지 사무엘과 형제자매들까지 비판에 합세하였다. 아버지는 두 아들에게 열광주의적이고 광신주의적인 무자비한 행동을 즉시 멈추라고 말했다. 맏형 사무엘도 동생들이 금욕주의적인 집착에 빠졌으며, 그것은 건강을 해치거나 생명을 위협하는 행위라고 비판하면서 가족들의 소리를 듣고 이성으로 돌아오라고 촉구했다. 이러한 비판과 경고에도 불구하고 존의 반응은 단호해 보였다. 그는 이러한 세상과 육체에 대한 경멸은 그리스도를 따르고자 하는 모든 사람들에게 요구되는 필수적인 의무이며, 자기 십자가를 지는 일이라고 설명하였다. 그러나 존이 가족들의 의견을 수용하지 않는 모습을 보이자 찰스까지도 형의 고집스런 태도를 비판하고 나섰다.

신성회의 메도디스트들은 몰간의 죽음으로 인해 그의 가족들과 세상 사람들의 혹독한 비난에 직면하여 극심한 시련을 당하게 되었다. 몰간은 폐결핵을 앓다가 죽었는데 그의 죽음은 과도한 금식을 포함한 과도한 금욕 습관과 종교적 강박증 때문이라는 의심을 일으켰고 이러한 의심은 점점 메도디스트들에 대한 악평으로 세상에 퍼졌다. 그러던 중 익명의 메도디스트 기자가 런던 신문에 메도디스트들의 이상한 행동과 열광주의적 정신이상 증세를 비난하는 기사를 내면서 악소문은 온 세상에 알려졌다. 이후 개인과 가족을 넘어서 사회적인 공적 비난과 저주가 메도디스트들에게 쏟아졌다. 찰스와 존은 당황하면서도 그들의 비난을 통해 자신들이 계속 견고하게 유지할 것들과 버리거나 수정해야 할 요소들이 무엇인지를 분별하게 되었다. 어머니 수산나는 찰스와 존에게 즉각적으로 편지하여 그들을 위로하고 조언하였다. 아들들의 자선활동과 방탕한 생활을 몰아내는 노력을 칭찬하면서 과도한 금욕이 태어날 때부터 허약했던 찰스의 건강에 미치는 영향을 염려하였다. 이때 존이 자기의 맏아들을 죽였다고 주장하던 몰간의 아버지가 옥스퍼드 학생인 자신의 둘째 아들 리처드를 존에게 제자로 맡겼다. 아마도 몰간의 아버지는 존과 화해하고 또한 존의 진실성과 그의 지도를 신뢰했음에 틀림없다. 그러나 리처드는 아버지의 결정을 따르면서도 싫어하였고, 자신이 받는 비난을 견디기가 얼마나 고통스러운지 다음과 같이 호소하였다.

"대학의 모든 사람들이 나를 조롱합니다. 존 웨슬리의 학생이 되어 메도디스트라는 오명을 뒤집어쓰고 사는 것은 형언할 수 없는 불행입니다. 만일 내가 계속해서 존 웨슬리와 관계를 맺으며 살아야 한다면 나는 멸망하고 말 것입니다."[17]

1732년을 지나면서 이 모임의 중심에 있었던 몰간이 질병으로 죽고 커크함과 보이스도 대학을 졸업하여 떠남으로써 모임은 잠시 쇠퇴하는 듯했다. 그러나 브리네스 칼리지의 튜터인 존 클레이튼이 이 모임에 입회하면서 다시 활기를 띠었다.

그는 몰간이 헌신적으로 행하던 자선사업을 이어갔다. 클레이튼은 열정적으로 모금을 하여 가난한 아이들의 학교를 세워 운영하였고 옥스퍼드 주변의 구빈원(workhouse)[18]들을 방문하여 가난한 노동자들과 장애자들에게 전도하고 그들을 돕는 일을 하였다. 이를 통해 모임은 다시 활기를 띠게 되었다. 구빈원의 환경은 마치 지옥을 방불케 할 정도였는데, 찰스는 클레이튼과 함께 이러한 자선사업에 뛰어들었고 수많은 사람들을 찾아가 모금을 하였다. 특히 클레이튼과 찰스는 대학과 교회와 정계의 영향력 있는 인사들에게 호소하여 기금을 얻어냈다.

이때쯤 존 웨슬리는 회원들의 기도생활을 강화하기 위하여 「주간 매일 기도집」을 출판하고 매시간 간단한 외침의 기도와 하루에 네 번씩 기도문을 읽으며 기도할 것을 제안하였다. 클레이튼과 찰스는 존의 제안을 적극적으로 받아들여 전 회원이 기도 시간표를 따라서 규칙적인 기도를 실천하도록 도왔다. 클레이튼은 웨슬리 형제에게 이보다 더 큰 영향을 끼쳤는데, 다름 아닌 초대교회 교부들의 저서들을 읽으라고 강하게 권면한 것이었다. 찰스는 초대교부들의 영성의 초점이 단순함과 일치와 실천이라는 점을 발견하였고, 존은 '그것은 그리스도가 품으셨던 마음을 품고 그리스도가 걸으셨던 길을 걷는'[19] 단순한 진리와 단순한 실천이라고 요약했다. 이러한 발견은 웨슬리 형제가 기독교 신앙의 핵심을 파악하고 메도디스트 영성을 형성하는 데 결정적인 영향을 주었다. 웨슬리 형제는 어거스틴과 터툴리안과 이레내우스를 연구하였고, 특별히 마카리우스(Macarius The Egyptian)와 존 크리소스톰(J. Chrysostom)과 에프라임 사이루스(E. Cyrus) 등 동방교회 교부들의 영성을 연구하면서 그리스도인의 성화와 완전에 대하여 더욱 깊고 확고한 사상을 체계적으로 형성해 나갔다.

더 나아가서 웨슬리 형제는 초대교회를 연구하면서 성만찬 영성의 중요성을 확신하게 되어 성만찬을 실제적이고도 필수적인 은혜의 방편(means of grace)으로 여기고 매일 성만찬을 실천하게 되었다. 그때부터 이 모임의 회원들은 성례전주의자들(sacramentarians)이라고 불리었다. 그로부터 10년 후 1745년에 찰스는 166곡의 성만찬 찬송집을 출판하였으며, 이것은 이후 메도디스트 성만찬 신학과 신앙의 표준이 되었다. 이 책에서 찰스는 포도주와 떡이 성령의 역사를 통하여 사람의 마음에 하나님의 사랑을 전달하는 은혜의 통로이며, 수찬자들은 죄의 용서를 경험하고 천국을 맛보며, 하나님의 신령한 생명으로 마음을 채우고 마음속에 영광의 약속을 확인하게 된다고 설명하였다. 그러므로 찰스는 성만찬이 모세의 지팡이, 광야의 만나, 그리스도가 누운 구유, 그리스도의 옷자락과 같이 하나님의 구원의 능력을 나타내는 성별된 예식이라고 가르쳤다. 또한 찰스는 성만찬에서 그리스도의 실제적인 임재(real presence)를 강조하는데, 그것은 가톨릭교회의 화체설과 다른 '영적인 방식으로 실제적인 임재'라고 설명하였다. 진정한 그리스도인은 성만찬을 받을 때 실제로 골고다 언덕을 올라 찔리고 깨어지고 피 흘리신 그리스도의 십자가와 몸을 만지는 그리스도의 진정한 임재(true presence)를 경험한다고 설명하였고, 누구든지 매주일 규칙적으로 성만찬을 받지 않는 사람은 그리스도의 소원을 무시하는 사람이라고 역설하였다. 이렇게 하여 이 모임은 학문의 연구와 경건의 훈련과 사회적 사랑의 실천을 조화롭게 실행하는 건전한 방향으로 발전하였다.

1732년 말에 들어서면서 이 모임의 회원들에게 여러 가지 별명이 붙기 시작하였는데, 제일 먼저 '규칙주의자'(methodist)라는 이름이다. 이러한 별명이 적용된 이유는 그들이 예배와 기도만 아니라, 생활방식에서도 일정한 규칙을 정확하고 엄격하게 지키는 방법을 사용하기 때문이었다. 더욱 구체적으로 말하자면 다른 학생들은 찰스와 존과 클레이튼이 점점 더 자신의 행하는 것들에 의해서 구원 얻기를 추구한다고 보았기 때문에 이 이름을 붙였다. 그래서 이 이름은 백여 년 전에 구원을 얻기 위해서는 믿음 위에 반드시 선행이 필요하다고 주장하는 아르미니우스(Jacobus Arminius)의 가르침을 신봉하는 비국교도들에게 남용된 적이 있었다.

이 모임은 옥스퍼드 대학 사회에서 이미 얻은 별명 외에 더 많은 별명으로 불리었다. '신성회'(Holy Club)는 가장 잘 알려진 이름이었고 다음으로는 '경건한 모임'(godly club), '열광주의자들'(enthusiasts), '선행자들'(good doers), '개혁집

단'(reformation club), '초대교회'(primitive church) 등이 있었다. 이러한 별명들은 메도디스트들의 특이한 생활방식 때문에 붙여진 이름들로서 시간이 지날수록 소문을 타고 옥스퍼드를 넘어 더 많은 세상 사람들에게 알려지게 되었다.

7) 사람들을 모으는 찰스 – 찰스의 매력적 인간미

몰간의 죽음과 세상의 비난과 조롱과 핍박으로 인하여 웨슬리 형제는 극심한 시련을 당하면서도 마음과 삶의 성결을 이루고자 하는 신앙을 확고히 붙들었다. 1733년 존은 옥스퍼드 대학의 성 마리아 교회에서 그리스도인이 완전을 추구하는 것은 모든 신자를 향한 그리스도의 요청이므로 결코 포기해서는 안 되는 기독교 신앙의 이상과 목표라고 역설하였다. 이때 대부분의 청중은 완전에 대한 과도한 강조 때문에 그의 설교를 반대하였지만, 찰스는 존의 완전성화 추구는 실패한다 할지라도 그리스도인이 지상에 살아있는 한 추구해야만 하는 목표라는 것을 인정하고 형의 설교를 지지하였다.

이때쯤 '옥스퍼드 메도디스트'라는 제목의 익명의 소책자가 출간되어 옥스퍼드 대학 사회에 퍼지면서 웨슬리와 그의 추종자들을 변호하고 지지하였으며, 맏형 사무엘도 자선활동과 가난한 영혼들의 구원을 위하여 헌신하는 메도디스트들을 축복하는 시를 지어 발표함으로써 동생들을 지지하였다. 이렇게 하여 찰스와 존은 비난과 핍박의 위기를 극복하고 계속적으로 신성회를 이끌며 지도적 역할을 하였다.

1734년에 이르러 신성회는 옥스퍼드의 여덟 개 대학(college)의 학생들이 참여하였고 약 40명까지 회원 수가 증가하였다. 그렇지만 헌신적인 회원은 14명뿐이었으며, 그중에 3명은 대학의 튜터였다. 신성회가 해산하기 약 1년 전 찰스는 메도디즘의 형성에 중추적인 역할을 하게 되는 두 사람을 인도했는데, 그들은 벤자민 잉함과 조지 휫필드였다.

잉함은 찰스의 인도로 신성회에 들어와 이전에 쫓던 모든 세속적 허영과 육체와 마귀에 대항하여 영적 전투를 시작하고 신성회의 메도디스트 원칙과 규칙에 따르기로 결심하였다. 그는 곧 찰스를 따라서 구빈원을 방문하고 가난한 어린이들을 가르치며 감옥 죄수들을 방문하였다. 잉함은 제임스 허비라는 친구를 신성회에 입회시켰다. 허비는 한때 존 번연의 「천로역정」 다음으로 인기를 끌었던 경건의 책 「묵상과 관상」의 저자이기도 하였다. 그는 즉시 신성회의 자선활동에 헌신하였다.

찰스는 존보다 훨씬 더 원만하고 폭넓은 인간관계를 유지하여 존보다 더 많은 친구를 사귀었고 그들을 신성회로 인도하였다. 1733년 여름, 찰스는 조지 휫필드를 친구로 사귀어 신성회에 입회시켰는데, 사실상 휫필드는 지금까지 신성회가 얻은 회원 중에 가장 중요한 인물이었다. 그는 여관집 아들로 계부 밑에서 자라났고 여관에서 일꾼으로 지내다가 부잣집 아들들의 하인(servitor)으로 일하는 근로 장학생이 되어 기적적으로 옥스퍼드 펨브로크 칼리지에 입학하였다. 휫필드는 다른 학생들을 친구로 사귈 수 없는 하류층 신분이지만 본래 활달하고 사교적인 성격을 타고난 사람인데다 찰스의 매력적인 성품에 감동받아 찰스의 절친한 친구가 되었고 곧 신성회에 들어왔다. 찰스는 그의 신분을 의식하지 않고 보통 학생과 똑같이 대해 주었고 하인의 옷을 입은 그에게 멘토가 되어 주었다. 찰스는 그에게 경건서적을 빌려주며 함께 구빈원을 방문하였다. 휫필드는 곧 메도디스트들을 존경하게 되었고 자기 인생의 이상적인 본보기로 삼았다. 그는 찰스를 자기 인생에 위대한 변화를 가져다 준 은인으로 생각하고 언제나 존경하고 고마워했다. 찰스는 그를 존에게 소개하였고 존은 휫필드의 멘토요 영적인 스승이 되었다. 웨슬리 형제는 휫필드를 특별한 애정으로 아끼고 돌보아 주었고 휫필드는 빠른 기간 내에 신성회의 가장 활동적인 회원이 되었으며 영국과 아메리카에서 부흥운동과 자선활동을 일으켜 교회사에 위대한 자취를 남겼다. 이후에 휫필드는 웨슬리 형제를 야외설교에 이끌어내어 함께 메도디스트 부흥운동을 일으켰다.

찰스의 아름다운 인간미에 관해서 가장 선명한 증언을 남겨준 사람은 찰스의 친구 존 갬볼드였다. 그는 영국교회 목사이며 후에는 모라비아교회의 주교가 된 사람이었다. 1730년 봄, 찰스는 존 갬볼드라는 영국교회 성직자와 친밀한 교제를 갖게 되었고 곧 그를 이 모임에 소개하였다. 갬볼드는 자신이 본받을 만한 경건한 친구를 찾기 위해 시골에서 옥스퍼드까지 온 사람이었는데, 찰스를 몇 번 만나면서 찰스의 명랑하고 생동감 있고 예의바른 성품과 하나님의 일에 열정적인 태도와 적극적인 실천과 온화한 우정에 매혹되었다. 특별히 그는 찰스와의 대화를 통하여 최선의 유익을 얻을 수 있었다고 말했다. 그는 찰스의 순수하고도 열성적인 경건 생활에 깊은 감화를 받았으며, 찰스보다 더 경건하고 아름다운 친구는 이 세상에서 찾을 수 없을 것이라고 생각하며 늘 찰스를 경모하였다. 찰스의 아름답고 활발한 성품은 훌륭한 친구들을 신성회에 끌어들이는 가장 강력한 동인이었다. 대부분의 신성회 회원들은 찰스의 매력에 끌려서 신성회에 가입하였다. 존이 바울과 같다면 찰스는 바나바와 같다고 한 아담 클라크의 말은 아주 적절한 비유다.

1735년 4월 아버지 사무엘 목사는 72세의 나이에 지상의 순례를 마쳤다. 찰스는 아들들 중에서는 유일하게 아버지의 임종을 무릎을 꿇고 지켜드림으로써 마지막 효도를 다 하였다. 그는 맏형에게 보낸 편지에서 다음과 같이 말하였다.

"형은 나를 부러워할 이유가 있습니다. 나는 아버지의 마지막 모습을 지켜보았습니다. 아버지는 믿음과 평안으로 충만해 보이시는 가운데 영원히 잊지 못할 몇 마디 말씀을 나에게 남기셨습니다. 아버지는 몇 번이고 나의 머리에 손을 얹으시고 말씀하셨습니다. '확고히 서서 흔들리지 마라. 기독교 신앙은 이 나라에서 반드시 부흥할 것이다. 나는 그것을 보지 못하나 너는 그것을 볼 것이다.'"[20]

아버지의 유언은 성령의 계시로 된 예언이었음에 틀림없었다. 아버지의 유언대로 기독교 신앙이 그의 아들들을 통하여 그 나라에서 부흥하였고 또한 부흥의 불길이 온 세계로 퍼져 나갔기 때문이다.

아버지가 세상을 떠난 후 엡윗에는 어머니와 출가하지 못한 딸들이 남게 되었다. 찰스의 가족은 목사관을 후임목사에게 내어주고 엡윗을 떠나야 하는 서글픈 때를 맞았다. 아버지는 어머니만 남긴 것이 아니라 빚도 남겨 놓았다. 맏형 사무엘이 아버지가 진 빚을 다 갚아 어머니가 체포되는 위험을 막았고, 어머니를 자기 집에 모셨다. 뿐만 아니라 맏형은 남아 있는 누이동생들의 살 곳도 마련해 주었다. 존과 찰스는 아버지를 잃은 슬픔 중에 옥스퍼드를 떠나 아메리카에 선교사로 갈 것을 결정하였다. 그리고 존은 남은 신성회 회원들을 휫필드의 지도 아래에 맡겼다.

이 당시 대부분의 회원들은 각자 하나님의 일에 헌신할 곳을 찾아 옥스퍼드를 떠날 준비를 하고 있었다. 그들은 일평생 신실하고 충성된 그리스도의 종으로 거룩한 삶을 살았다. 그들은 목사, 신학자, 주교, 교사, 자선활동가, 평신도 전도자, 선교사의 길을 갔으며 일평생 옥스퍼드 메도디스트 원칙과 규칙을 따라 살았다. 이렇게 하여 메도디스트 운동은 옥스퍼드에서 영국으로, 그리고 온 세계로 퍼져나갈 때를 맞이하였다.

3. 실망과 시련은 왜? - 조지아 선교

1) 왜 아메리카로 가는가?

찰스는 1730년 문학사 학위를 받고 곧 크라이스트처치 대학에 튜터(tutor, 학부 학생들의 개인지도나 그룹지도를 맡은 조교)로 임명되었다. 그리고 1733년 문학석사 학위를 받았다. 그때까지만 해도 찰스는 형 존과 함께 옥스퍼드

인디언들에게 설교하는 찰스 웨슬리

대학에 남아서 연구하며 가르치는 일을 하며 살리라고 생각하였고, 평생 선교사가 되리라는 생각은 하지 못했다. 그러나 찰스는 아버지가 돌아가신 지 6개월이 못되어 존과 함께 아메리카 조지아에 선교사로 가기 위해서 이민선 시몬즈 호에 올랐다. 조지아 주는 1732년 왕의 헌장을 얻어 새로운 식민지로 탄생하였으며, 이후 빚을 갚지 못해 감옥살이를 하는 죄수들의 출구가 되었다. 그래서 조지아는 '빚쟁이들의 피난처'라는 별명을 얻었다. 귀족 출신으로서 육군 장성이며 국회위원인 오글토프가 초대 주지사로 임명되었고, 그는 죄수들의 노동력을 이용해 조지아 식민지를 개척하여 거룩하고 복된 하나님의 공화국(divine commonwealth)을 만들겠다는 희망을 가지고 아메리카로 향하였다.

아버지는 생애 말년이 되었을 때 아들 존이 엡윗 교구의 후임자가 되기를 진심으로 원했지만 아들은 아버지의 제안을 사양하였다. 존은 북쪽 외진 시골 목사보다는 옥스퍼드에서 교수로서 더 좋은 일을 할 수 있다는 생각을 갖고 있었다. 그런데 존은 아버지의 장례를 마치고 옥스퍼드로 돌아오자마자 갑자기 조지아에 선교사로 가기로 결심하였으며, 동생 찰스와 벤자민 잉함, 찰스 델라모트 또한 존과 함께 가기로 동의하였다. 찰스가 존과 동행하기로 결심한 사실을 안 맏형 사무엘은 적극적으로 반대하였지만 찰스의 결심과 소명은 확고하였다. 찰스는 존과 함께 선교사가 되어 1735년 10월 22일, 시몬즈 호를 타고 신대륙 아메리카에 새롭게 개척되는 식민지 조지아 땅을 향해 떠나게 되었다. 두 형제는 1729년 옥스퍼드에서 신성회를 지도하면서부터 일평생 동역자로서 인생의 순례를 동행하였다. 찰스는 조지아 선교사이면서 동시에 조지아 식민지의 총독인 오글토프의 비서뿐만 아니라 인디언족 관련 업무 비서로 임명되었다. 이때 찰스는 조지아 이사회로부터 영국을 떠나기 전 성직 임명을 받을 것을 요청받고 순간 매우 두려워하였지만 존의 격려로 두려움을 극복하고 출발하기 불과 일주일 전 집사목사(deacon)에 이어서 장로목사(elder)로 성직 임명을 받았다.

찰스와 존이 조지아 선교사로 가게 된 본질적인 이유는 무엇이었을까? 그것은 한마디로 말하면 자신의 구원을 이루기 위함이었다. 세상적인 출세와 세상적인 행복을 위해서라면 옥스퍼드를 떠나는 것은 모든 것을 잃어버리는 것과 같았으나, 그들은 자신의 구원을 이루기 위해 단호한 결심을 했다. 찰스는 스스로 쉽고 편안한 삶을 버리고 고난의 길을 선택하였다. 찰스에게 아메리카 선교의 목적은 본질적으로 자신의 영혼을 구원하는 것이었다. 즉 하나님께 대한 완전한 사랑과 완전한 헌신을 통하여 완전한 성화를 이루는 것이었다. 찰스는 영국과 같은 문명세계가 아닌 개척 식민지에서 인디언 선교에 자신을 희생함으로써 더 많은 선을 행하여 오직 하나님만을 영화롭게 하며 살고 싶었다. 찰스는 이와 같은 거룩한 목적을 가지고 정든 옥스퍼드를 뒤로 하고 거칠고 위험한 개척지 조지아를 향했다. 그것은 사실상 목숨을 건 결단과 헌신이었다. 같은 해 4월 아버지 사무엘 목사가 세상을 떠난 후 홀로 되신 어머니를 뒤에 두고 가는 찰스는 마음이 몹시 무거웠지만, 어머니 수산나는 두 아들을 하나님께 바치는 믿음으로 두 아들의 아메리카 행을 승낙하였다. 수산나는 두 아들에게 "나에게 아들 스물이 있어서 다 선교사로 간다고 해도 나는 기쁘게 허락할 것이다."라고 격려하면서 축복하였다.

  잉함은 요크셔의 상류층 부잣집 아들이었고, 델라모트는 런던의 부유한 사업가이며 요크의 치안판사의 아들이었지만 모든 특권과 행운을 뒤로 던지고 웨슬리 형제와 한 배에 탔다. 그들은 인디언 선교를 목적으로 가지만 영적으로는 하나님께 대한 완전한 헌신을 통해서 완전한 성화를 이룰 수 있다고 확신하였고, 화려하고 세련된 문명 세계를 버리고 거칠고 위험한 야생의 세계로 가는 것이라고 생각하였다. 웨슬리 형제는 영국과 같은 문명 세계는 육체의 정욕에 떨어지게 하는 죄의 유혹이 많으며, 특별히 자신들을 유혹하는 아름다운 여자들이 많은 곳이어서 마음과 삶의 성결을 완전히 이루기에 나쁜 환경이지만, 조지아는 그런 유혹이 없는 순수한 곳이라고 생각하였다.

2) 죽음의 공포에 벌벌 떠는 선교사

시몬즈 호는 태풍 때문에 12월 10일에나 항해를 시작하였다. 거의 두 달간이나 출항이 지연되어 카우 항에 머무는 동안에도 그들은 옥스퍼드 메도디스트 규칙을 정확히 지켰다. 아침 4시부터 5시까지 개인기도를 하고 이어서 두 시간 동안 공동으로 성경을 읽은 다음 한 시간의 공동 기도회를 갖고 한 시간 동안 아침식사를 하였다. 9시부터 12시까지 찰스는 설교를 작성하고 존은 독일어를 공부하고 델라모트는 그리스어를 공부하고 잉함은 어린이들에게 성경과 영어를 가르쳤다. 매일의 생활은 아침 4시에 기상하여 밤 10시 취침하기까지 정확하게 짜여 운영되었다. 막 목사 안수를 받은 찰스는 친구가 담임목사로 있는 카우 항의 교구교회에서 하루에 세 번씩 설교를 하며 부지런히 목회 연습을 하였다. 찰스가 카우에서 설교할 때마다 예배당이 가득 차서 앉을 자리가 없었다. 찰스의 설교는 매우 열정적이고 사람들의 마음을 찌르기도 하고 감싸주기도 하였다. 맏형 사무엘은 카우에서 찰스의 설교가 대단히 성공적이라는 소식을 듣고 그가 조지아에 갈 필요가 없다고 생각하기를 바랐으나 오히려 찰스의 조지아 사명감은 더욱 커져갔을 뿐이다.

네 친구들은 항구에서 조금 떨어진 작은 섬으로 들어가서 자신들의 몸을 함께 끈으로 묶고 중요한 결정을 하는 방법에 서약하였다. 그것은 어떤 일이든 중요한 일이나 미래의 방향을 결정하기 전에 반드시 친구들과 상의할 것, 서로 의견이 반대될 때에는 각자의 판단을 포기할 것, 그리고 찬성과 반대 수가 같을 때에는 제비를 뽑아 결정하는 것이었다. 이후에 네 친구들은 이 약속을 꼭 지켰다.

출발한 배 안에는 120명이 타고 있었는데 그중의 대다수는 영국인들이었고, 26명의 독일 모라비아교인들이 있었다. 오글토프는 네 명의 선교사들에게 두 개의 방을 주었는데, 웨슬리 형제가 함께 한 방, 그리고 잉함과 델라모트가 한 방을 사용하였다. 그 작은 방에서 네 명은 모든 모임을 가질 수 있었다. 웨슬리 일행은 배 안에서도 메도디스트 규칙을 정확하게 지키며 생활하였다. 새벽 4시에 기상하여 기도와 성경읽기와 묵상으로 시작하여 밤 10시에 취침할 때까지 정해진 규칙과 시간표에 따라서 기도와 연구와 사회적 사랑을 실천하였다.

시몬즈 호의 대서양 항해는 처음부터 난항이었다. 시몬즈 호는 엄청나게 큰 폭풍을 여러 번 만났다. 파도가 배를 덮치고 바닷물이 객실까지 차 들어왔다. 돛이 잘려나가고 승객들은 심한 멀미와 구토에 시달렸고 무서운 파도는 사람들을 세차게 때리고 배를 내동댕이쳐 버렸다. 몸이 약한 찰스는 항해 처음부터 극심한 멀미와 두통으로 선실에 누워 있었고 폭풍 때문에 밖으로 나와 불안과 공포에 떨기도 하였다. 승객들은 며칠 동안 잠을 자지도 못하고 먹지도 못한데다가 옷과 담요가 모두 물에 젖어 추위에 떨어야 했다. 당장이라도 배는 바다 속으로 가라앉고 승객들은 다 죽을 것 같은 위기의 순간이 이어졌지만, 곧 바다는 진정되어 구사일생으로 생명을 구했다.

3) 죽음의 위기에서 찬송을 부르는 천사들

이렇게 생명을 위협하는 무서운 상황 속에서 웨슬리 형제는 조금도 두려워하지 않고 천사처럼 평화와 기쁨이 가득한 얼굴로 승리의 찬송을 부르는 독일 모라비아교인들을 바라보고 깊은 감동을 받았다. 웨슬리 형제는 모라비아교인들이 남자들뿐만 아니라 여자들과 어린아이들도 두려움 없이 오히려 감사 찬송을 하는 모습을 보면서 성직자요 학자이며 선교사인 자신들의 약함과 초라함에 부끄러움을 느끼며 큰 충격을 받았다. 웨슬리 형제는 자신들을 포함한 영국인들이 죽음의 공포에 떠는 모습과 오히려 찬송을 부르며 기뻐하는 모라비아교인들의 모습을 비교하지 않을 수 없었다. 웨슬리 형제는 그들과 자신들과의 차이가 무엇인가에 대하여 깊이 생각하게 되었고, 그들이 소유한 그 평화와 기쁨이 어디에서 오는 것인지를 알고 싶었다. 그리고 찰스는 모라비아교인들이 폭풍 가운데에서도 일어나서 험난한 파도를 향하여 두 팔을 벌리고 찬송을 부르는 모습을 보고 자기도 그렇게 찬송을 부르고 싶었지만 자신은 그런 찬송을 알지도 못하고 한 번도 불러보지 못했다는 사실을 발견하고 안타까워하며 찬송의 신비한 능력을 목격하였다. 이러한 모라비아교인들의 모습은 찰스의 마음속에 일평생 지워지지 않는 인상을 남겼다. 또한 찰스는 자신에게는 그들이 가진 믿음이 없다는 사실을 인정하고 자신의 마음속에도 그러한 믿음이 생겨나기를 진정으로 바라면서도 그것을 얻기 위해서 자신이 무엇을 해야 하는지를 몰라 더욱 당황하고 불안하였다. 1736년 2월 5일 항해 57일 만에 시몬즈 호는 조지아 해안에 도착하였다.

4) 지나치게 권위주의적이고 딱딱한 목회

존은 조지아의 수도인 사반나에서 교구목회를 맡으면서 인디언 선교를 준비하였고, 찰스는 자신의 교구인 프레데리카로 가서 교구목회와 오글토프 장군의 비서 일을 시작하였다. 프레데리카는 스페인의 침공으로부터 조지아를 보호하기 위한 영국군의 최대 요새였고, 활기찬 수도 사반나로부터 75마일이나 멀리 떨어진 외지고 작은 마을이었다. 더구나 악어와 흡혈파리가 극성인 늪지대 주변에 위치하고 있었으며 개척자들과 노동자들의 천막집들이 여기저기 있었다. 뿐만 아니라 난폭한 인디언 마을들에 둘러싸여 있었다.

존은 사반나에 정착하면서 건강도 좋았고 개척지의 거친 환경에 상당히 잘 적응한 반면 찰스는 대단히 힘겨워했다. 찰스는 프레데리카에 도착한 첫날, 천막에서 매트도 없이 맨 땅 위에서 마치 지렁이처럼 잠을 자야 했지만 배 안에서보다는 훨씬 나은 형편이었기에 감사했다. 그러나 얼마 지나지 않아 열악한 환경 때문에 건강이 악화되고 말았다. 그의 저널에 보면 자주 극도의 피로감과 감기와 고열로 고생하였던 것을 알 수 있다. 또한 그는 주지사의 비서 업무가 자신에게 잘 맞지 않는 일이라는 사실을 발견하였고 날마다 주지사의 편지를 대필하는 일로 지쳐가고 있었다.

찰스는 이러한 나쁜 환경보다도 더 큰 어려운 두 가지 문제에 부딪쳤다. 하나는 목회상의 어려움이었고 또 하나는 인간관계의 어려움이었다. 찰스는 영국 고교회 경건주의자로서 고교회의 엄격한 목회방식을 프레데리카 교구에 철저하게 적용하려 하였다. 그는 교구민들에게 지나치게 엄격한 규율을 적용하여 신앙생활을 지도하려고 하였지만 본래 교양이 없고 훈련이 안 된데다가 거친 성품을 가진 교구민들은 찰스의 이러한 엄격하고 권위주의적인 목회방식을 받아들이지 않았고 정면으로 반발하였다. 예를 들면 찰스는 하루에 네 번씩 정확한 시간에 북을 쳐서 교구민들을 기도회에 소집하였지만 거의 모든 교구민들이 오지 않았다. 찰스는 물을 뿌려서 유아세례를 주는 것을 거절하고 세 번씩 아기를 물에 담그는 침수세례를 고집하였다. 또한 성만찬에 참여하는 자격에 있어서도 반드시 한 주간 전에 목사에게 보고한 사람에게만 부여하였고 한 주간의 생활이 경건치 아니하다고 판단되는 사람을 제외시키는 등 불필요한 고교회의 규율을 적용하여 엄격하게 제한하였다. 이보다 더한 것은 웨슬리 형제가 지나친 금욕주의를 교구민들에게 강요하는 경향이 짙어서 심지어 교인들의 결혼생활에까지 너무 자세히 간섭하는 것처럼 보이는 것이었다. 그는 세상의 모든 즐거움이 헛되고 죄 된 것이라고 예리하게 설교하였는데, 교구민들은 이러한 설교를 받아들이지 않았고 심하게 비판하였다. 개척 식민지의 상황과 목회적인 사정을 전혀 고려하지 않고 영국 고교회의 경건주의를 그대로 적용하려는 찰스의 목회방식은 사사건건 교구민들의 반발을 일으켰고 교구민들과의 충돌 요인이 되었다. 이처럼 찰스의 목회는 지나치게 권위주의적이고 딱딱한 것이 문제가 되어 불행한 결과를 초래하고 말았다.

5) 두 여인의 음모에 휘말리는 찰스

웰치 부인과 호킨즈 부인은 항해 초기부터 조지아 생활 중에 자주 웨슬리 형제에게 다가와 영적 조언을 들려주기를 요청하였다. 두 부인은 자신들의 남편들도 함께 승선하고 있음에도 불구하고 젊은 성직자에게 특별한 관심을 보이면서 접근하였다. 이때 본래 여성에게 다정하고 친절했던 존은 그녀들의 행동을 전혀 의심하지 않았지만 찰스는 그녀들의 저의를 의심하였다. 이미 두 여인의 좋지 못한 행실이 배 안의 사람들 사이에 많이 알려졌기 때문이다. 그러던 어느 날, 두 여인은 성만찬에 참여하겠다는 의사를 웨슬리 형제에게 표시하였다. 이때 존은 그들을 불러 면담한 후 아무 문제가 없다는 결론을 내리고 허락하였지만 찰스는 분명한 이유를 들어 반대하였다. 찰스는 두 여인이 자신의 행동에 앙심을 품은 것을 알아차리고 그녀들이 언젠가 틀림없이 보복을 가해 올 것이라는 느낌을 가졌다.

공교롭게도 두 여인은 남편들과 함께 프레데리카에 살게 되어 찰스의 교구민이 되었다. 도착하자마자 두 여인은 서로 심하게 싸웠고, 그것이 교구 내 분쟁으로 번지자 찰스는 두 여인을 화해시키려고 둘 사이에 끼어들었다가 그만 두 여인 모두의 적이 되고 말았다. 여인들은 즉각적으로 찰스를 공격하였다. 두 여인은 찰스와 오글토프의 관계를 이간질하여 찰스를 망가뜨리고 추방하려는 목적으로 음모를 꾸며냈다. 그녀들은 자신들이 오글토프 장군과 불륜의 성관계를 가졌다는 추문을 퍼뜨려놓고는 곧 오글토프에게 가서 이 소문은 찰스가 자신들에 대한 증오심과 오글토프를 해치려는 의도를 가지고 꾸며낸 음모라고 말하였다. 이 말을 들은 오글토프는 심한 충격을 받고 실망과 배신감을 느껴 그때부터 노골적으로 찰스를 미워하였고 불이익을 주기 시작하였다. 그가 찰스에게 잠자리를 제공하지 않아서 찰스는 독감에 걸린 채 헛간의 땅바닥에서 나무 상자를 깔고 자기도 했다. 찰스는 교구민들에게 널빤지 하나만이라도 달라고 사정하였지만 사람들은 이것마저도 거절하였다. 그러다가 한 사람이 낡은 침대 하나를 주었는데, 사람들은 하루 만에 이것도 빼앗아버렸다. 더구나 오글토프는 일부 교구민들이 사람들을 선동하여 폭동을 일으키고 식민지를 떠나고자 하는데, 그러한 교구민들의 행동에 대하여 찰스가 전적으로 책임을 져야 한다고 교구민들 앞에서 찰스를 비난하고 그에게 모욕을 주었다.

6) 시련과 실패는 왜?

　상황이 이렇게까지 어렵게 되자 존과 델라모트가 프레데리카에 달려와서 오글토프와 찰스 사이를 중재하였다. 이로써 오글토프는 찰스의 잘못 없음을 인지하게 되었고 찰스와 화해하게 되었다. 그러나 존이 떠난 후 찰스는 너무나 외로워하였고 불안해하였다. 게다가 건강은 더욱 악화되었다. 찰스는 이와 같은 고통을 겪으며 약 3개월을 견디다 결국 형과 함께 있기 위해서 그곳을 떠나 사반나로 왔다. 찰스는 프레데리카를 떠나면서 '지옥의 불구덩이로부터 탈출하게 되어 참으로 다행이다.'라고 토로했다. 사반나에 온 찰스는 설교도 하고 심방도 하면서 형의 목회에 참여하였다. 그러나 오글토프가 와서 찰스를 영국으로 돌려보내 조지아 식민지의 상황을 자세히 알려야 한다고 주장하였다. 그래서 찰스는 곧장 그의 비서직을 사임할 뜻을 밝히고 귀국여행을 서둘렀다. 찰스는 일단 영국으로 돌아가게 된 것을, 잠시 쉬며 시간을 갖고 자신과 자신의 모든 일에 대하여 숙고할 좋은 기회라고 생각하였다. 그러나 그의 마음은 한없이 고단하고 무거웠다. 조지아 선교사 생활 6개월은 견딜 수 없는 시련의 날들이었다. 그동안 받은 상처와 고통, 그리고 실망과 좌절을 그대로 안고 고국을 향해 떠나게 되는 것이 시간이 갈수록 치욕적이고 허무하게 느껴졌다.

　찰스는 1736년 8월 11일 사우스캐롤라이나의 찰스톤 항구에서 배를 타고 영국을 향해 출발하였다. 그는 약 한 달이 걸려 보스턴에 도착하였고 한 달을 그곳에 머물렀다. 몸은 더욱 약해져 대부분의 시간을 누워서 지냈다. 그는 여러 목사들의 친절한 환영을 받았으며 보스턴에서 교구를 맡아 목회하라는 제의도 받았지만 거절하였다. 그때 찰스는 더 이상 아메리카에 남아 있기 싫었던 것으로 여겨진다. 찰스는 보스턴 시의 아름다움과 고상함을 예찬하였다. 또 하버드 대학을 방문하고 그 우수함에 감탄하기도 하였다.

　찰스의 대서양 항해는 전과 같이 위험에 처했다. 폭풍은 끊이지 않았고 물이 배

안으로 쳐들어와 배에 실은 돼지와 닭들이 모두 바다에 빠져 죽었다. 물을 계속 퍼냈지만 배는 침몰 위기에 처했다. 찰스는 또다시 구사일생으로 1736년 12월 3일, 약 14개월 만에 고국으로 돌아왔다. 이날은 찰스의 스물아홉 번째 생일을 16일 앞둔 날이었다.

찰스는 젊은 성직자로서 개인적 경건과 학문으로 훈련되었지만 아직 세상 경험이 없고 실제 목회의 경험이 없었기 때문에 조지아 선교에 실패하였다. 환경과 문화가 전혀 다른 식민지 개척지에서 현실에 대한 이해가 부족한 가운데 옥스퍼드의 학자로서 교양 없는 사람들에게 자신의 이상을 무리하게 적용하려고 한 것이 문제였다.

그는 이론을 가졌지만 경험이 없었고 이상을 가졌지만 현실을 몰랐다. 그는 토양의 성격을 알지 못하고 씨를 뿌리는 농부와 같았다. 찰스의 조지아 선교는 분명히 실패작이었고 온통 뼈아픈 시련이었다. 그는 깊은 상처를 지니고 실망과 치욕감을 안고 어둡고 불안한 마음으로 다시 고향 땅을 밟았다. 그는 조지아 선교 경험을 통해서 세상을 배웠고, 또 세상을 배운 만큼 자신을 알게 되었다. 그리고 이 배움은 인생의 미래에 감당해야 할 하나님의 일을 위해서 꼭 필요하고 귀중한 재산이 되었다.

4. 리틀 브리튼에서 씨름하는 야곱 - 회심

1) 갈 곳 없이 불쌍한 찰스 – 피터 뵐러를 만나다

찰스 웨슬리는 고향 땅으로 돌아왔지만 갈 곳이 없었다. 그는 영국에 살 집도 없었고 돈도 없었으며 마땅히 의지할 곳도 없었다. 가난한 목사는 교회에서 나오면 갈 곳이 없다. 그는 제일 먼저 성 바울 대성당의 서점주인 리빙턴 씨의 집에서 신세를 지기로 했다. 리빙턴 씨는 웨슬리 형제의 절친한 친구로서 아버지 사무엘 목사의 욥기 주석과 존 웨슬리의 책들을 출판해 준 사람이었다. 그다음 오글토프 장군의 후원자인 존 필립 경이 호의를 베풀어 그의 집에서 신세를 지게 되었다. 그렇게 지내던 중, 찰스의 웨스트민스터 학교 친구이며 동시에 평생토록 웨슬리 형제의 절친한 친구인 제임스 허튼(J. Hutton)이 찰스를 찾아와 자기 집으로 데려가 함께 지내게 되었다. 허튼은 웨스트민스터 학교에서부터 맏형 사무엘의 사랑을 많이 받은 학생이었다. 허튼은 찰스를 자기 가족처럼 맞이하고 따뜻하게 돌보아 주었다. 사실 허튼은 런던 신문에서 웨슬리 형제가 탄 배가 태풍을 만나 바다에서 실종되었다는 잘못된 기사를 읽었기 때문에 찰스를 죽었다가 살아난 사람으로 여기며 환영하였던 것이다. 허튼은 국교회 성직자였지만 왕과 국교회에 대한 충성을 서약하지 않았기 때문에 성직을 중단하고 기독교 책방을 경영하면서 자기 집에서 하숙을 경영하고 있었는데, 바로 그 집에서 하나의 경건회(religious society)가 모이고 있었다.

지칠 대로 지친 찰스는 허튼의 집에 정착하였다. 그때부터 찰스는 이제부터 무엇을 할 것인가를 생각하면서 옛 친구들을 하나씩 찾아다녔다. 1737년 1월에는 독일에서 온 모라비아교 감독 진젠도르프 백작을 만나서 긴 대화를 나누었고, 2월에는 옥스퍼드로 가서 신성회 친구들을 만나 즐거운 시간을 보냈다. 옥스퍼드에서 그는 바카도 감옥의 죄수들을 방문하여 위로하였고 하루를 함께 지냈다. 찰스는 런던으로 가서 부유한 외과 의사인 작은 아버지 마튜 웨슬리를 찾아뵙고 곧 학교 교장인 큰형 사무엘을 만나러 데븐 주의 티버튼으로 갔다. 찰스는 형 집에서 함께 살고 있는 어머니와 누이도 만났다. 한편 그는 이 기간에 죽을 고비를 넘기기도 하였다. 찰스는 티버튼에서 런던으로 돌아오는 길에 권총을 들고 위협하는 일단의 노상강도를 만나 가진 것을 모두 빼앗기고 가까스로 목숨만 건졌다.

찰스는 그때까지만 해도 다시 조지아로 가서 좋은 선교사가 되려는 마음을 품고 있었다. 그는 다시 조지아로 가면 오글토프의 비서직은 그만두고 선교사로만 헌신하기로 결심하였고 이사회로부터 조언과 준비가 이뤄지기를 기다리고 있는 중이었다. 그러나 어머니가 강력하게 반대하였다. 어머니는 찰스의 허약한 몸을 걱정하고 더욱이 찰스로부터 조지아에서 당한 일들에 대하여 들은 것 때문에 영국에서 일하는 것이 하나님의 뜻이라고 판단하였던 것이다. 그렇지만 찰스는 조지아 행을 아직도 포기하지 않고 있었다. 그러나 찰스는 옥스퍼드에 갔다가 거기서 중병에 걸려 위독해졌다. 찰스는 자기의 생명이 이제 끝났다고 생각하였고, 이 소식을 들은 존 웨슬리도 급히 와서 동생을 지켰다. 찰스는 하나님의 은혜로 기적적으로 조금씩 회복되었고 의사는 찰스에게 다시 조지아로 가는 것은 분명히 자살행위와 같다고 충고하였다. 의사는 찰스가 당장 침대에 누워 쉬면서 치료하지 않으면 생명이 위험할 정도로 건강이 나쁜 상태라고 경고했다. 찰스는 결국 오글토프의 비서직을 사임하고 조지아로 가는 모든 계획을 완전히 포기하게 되었다.

찰스는 중병을 앓기 며칠 전 독일에서 진젠도르프의 파송을 받아 아메리카 선교사로 가던 중 잠시 영국에 들른 모라비아교 선교사 피터 뵐러 목사를 만났다. 그는 독일에서 예나 대학을 졸업한 지성과 영성을 잘 갖춘 스물네 살밖에 안 된 청년 목사로서 찰스보다 다섯 살이나 어렸다. 그는 잠깐 동안이지만 찰스의 영적 교사가 되어 찰스가 회심을 경험하는 데 결정적인 역할을 하였다. 찰스는 뵐러와 많은 대화를 나누면서 곧 가까운 사이가 되었다. 뵐러는 찰스에게 세 가지에 대하여 조언을 해주었다. 첫째로 그는 찰스에게 영적인 불을 계속 타오르게 하기 위해서 옥스퍼드 메도디스트들과 즉각적으로 재연합할 것을 촉구하였다. 둘째로 그는 영적인 생명을 공급받기 위해서 기도에 전념하라고 충고하였다. 셋째로 그는 진정한 구원을 경험하려면 구원에 이르는 믿음(saving faith)을 소유해야만 한다는 사실을 강조하면서 이 믿음은 한순간에 주어지는 하나님의 선물이며 이것을 진심으로 갈망하라고 촉구하였다. 이때 중병에 들어서 죽음의 공포에 싸여 신음하고 있었던 찰스는 자기가 내일 아침까지 살지 못할 것이라고 말하면서 뵐러에게 자기를 위해서 기도해 달라고 부탁하였고, 뵐러는 진지하게 찰스의 건강 회복을 위해서 기도하였다. 뵐러는 기도를 마친 후 "당신은 결코 이 병으로 죽지 않을 것이다."라고 말하면서 찰스가 병에서 치유될 것과 죽지 않고 살 것이라는 확신을 주려고 하였다. 찰스는 곧 건강을 되찾았다. 뵐러는 계속 찰스에게 "당신은 구원받기를 바라십니까?"라고 물었다. 찰스가 "예."라고 대답하자, 뵐러는 다시 "그렇다면 당신은 무엇으로 당신의 구원을 이룰 수 있다고 믿습니까?"라고 물었다. 찰스는 "나는 나의 최선의 노력으로 하나님을 섬겨 왔다."고 대답하였다. 그런데 뵐러는 말없이 고개를 좌우로 저을 뿐이었다. 조금 후 찰스는 "나의 모든 노력이 나의 구원을 이루는 데 충분하지 않다는 말입니까?"라고 실망스런 듯이 그에게 물었다. 후에 찰스는 이와 같은 대화는 자기 자신이 구원의 길로부터 얼마나 멀리 있는지를 분명하게 보여주는 것이었다고 회고하였다.

　찰스는 또다시 심한 병에 걸려 움직이지도 못하게 되었다. 침대에 누워서 사람도 알아보지 못할 정도로 몹시 아팠다. 런던에서 유명한 의사 코크번이 와서 치료를 시도했지만 소용없었다. 뵐러가 다시 와서 찰스를 위해서 기도하였다. 뵐러는 찰스의 병이 낫기를 기도하기보다는 병을 통해서 하나님의 목적이 이루어지고 찰스가 하나님의 영광을 보기를 기도하였다. 찰스도 자신이 앓고 있는 이 병은 죽을 병이 아니라 자신의 진정한 모습을 발견하고 결국에는 자신을 믿음으로 구원에 이르게 하는 통로라고 생각하게 되었다. 찰스는 이후로도 약 3주 동안 계속 중병의 고통에 싸여 불안과 공포 속에서 영혼의 어두운 밤을 헤매었다. 하지만 찰스는 구원의 희망을 버리지 않고 하나님의 구원을 갈망하면서 온 힘을 다하여 기도하였다. 뵐러는 아메리카를 향해 떠났고 찰스는 계속 구원에 이르는 믿음(saving faith)을 얻기 위해서 열심히 기도하면서 하나님의 구원하는 은혜(saving grace)를 마음속에 경험하기 위하여 성령의 은사를 갈망하고 있었다.

2) 무식한 노동자 브레이에게서 은혜를 받다

당시 찰스는 친구 제임스 허튼의 집에서 신세를 지고 있었고 그의 어머니와 온 가족이 정성을 다하여 따뜻하게 찰스를 돌보아 주었다. 그런데 찰스는 허튼의 온 가족이 모라비아교인들을 몹시 싫어하고 심지어 적대감을 갖고 있으며, 자신이 그들의 영향을 받고 있다는 사실을 인정하지 않고 있다는 것을 알게 되었다. 그래서 찰스는 모라비안 신도회인 페터레인 신도회(Fetter Lane Society)의 회원인 존 브레이(Mr. John Bray)의 집으로 가서 함께 지내기로 결정하였다. 브레이는 리틀 브리튼 거리(Little Britain Street) 12번지에 사는 놋쇠장이였다. 찰스는 브레이가 자신이 갈망하는 '구원에 이르는 믿음'을 얻고 영혼의 평안을 얻는 데 더 큰 도움이 되리라고 생각하고 그의 집으로 이사한 것이었다. 물론 허튼과 그의 어머니는 자신들의 호의를 무시하고 가난하고 무식한 노동자에게로 가는 찰스를 보고 몹시 서운했고 마음 깊이 상처를 받았다. 찰스는 그런 것도 기꺼이 감수하며 브레이의 집으로 갔다.

찰스는 자신의 저널에서 브레이가 "그리스도밖에는 아무것도 모르는 가난하고 무식한 노동자이지만 그리스도를 앎으로써 모든 것을 알고 분별하는 사람"[21]이라고 소개하면서 그를 축복하고 깊은 마음으로 그를 존경하였다. 찰스는 브레이의 신앙생활을 보고 깊이 감동을 받았다. 찰스는 브레이와 그의 가족은 비록 가난하지만 "항상 기뻐하고 쉬지 않고 기도하며 범사에 감사하면서… 늘 찬송 부르고 마치 천사와 같이 하나님을 섬기며 경건하게 살며, 그들에게는 조금의 어두움도 없었고 오로지 그리스도의 사랑과 평화와 기쁨만이 흘러넘치고 있다."[22]고 보았다. 찰스는 이사 간 첫 날부터 브레이와 함께 성령의 은사로 구원에 이르는 확실한 믿음(saving faith)을 얻기 위하여 기도했고 기도할 때에 은혜가 넘쳐 눈물을 흘렸으며, 구원의 은혜(saving grace)를 얻기까지는 이 집을 떠나지 않으리라고 마음먹었다. 찰스는 브레이가 비록 무식하고 가난한 평신도였지만 그를 자기의 영적 안내자로 삼고 그로부터 영적인 도움을 얻으려고 애썼다.

여러 친구들이 찾아와서 점점 더 병이 깊어져 두려워하며 하나님의 치유와 구원을 갈망하고 있는 찰스를 위해 기도해 주었고 성경을 읽어주었다. 한번은 형 존도 찾아와서 함께 기도하고 찬송을 부르며 찰스를 격려하였다. 친구들은 찰스가 모라비아교 신앙에 깊이 빠져서 신자의 생활방식은 아무래도 문제가 되지 않는다고 믿는 덫에 걸리지 않기를 바란다고 말했다. 그렇게 걱정하는 친구들에게 찰스는 "나는 아직도 그리스도의 진실한 사랑을 낳지 못하는 신앙은 무용지물이라고 믿고 있으니 걱정하지 마십시오."라고 말하며 안심시켰다. 다만 그가 바라는 것은 용서와 구원을 얻기 위해서 자신의 공로를 의지하지 않고 오직 그리스도의 은혜만을 의지하는 믿음을 얻는 것이었고, 결과적으로 그런 믿음을 통하여 모든 선행과 모든 성결을 낳는 믿음을 얻기를 바라는 것이었다. 그러나 자신은 아직도 하나님의 구원의 은혜를 받기에 합당한 믿음을 갖지 못하고 너무나 믿음이 약한 상태에 있다고 고백하였다.

이때 찰스는 화가인 윌리엄 홀란드의 추천으로 마틴 루터의 갈라디아서 주석을 읽고 '그리스도의 구원의 은혜를 믿음으로' 구원 받는 성경적 교리에 대하여 분명한 확신을 갖게 되었다. 찰스는 루터의 주석의 머리말을 큰 소리로 읽었다. "그렇다면 우리는 아무것도 할 일이 없다는 말인가? 그렇다. 아무것도 할 일이 없다. 다만 하나님으로 말미암아 우리에게 지혜와 의 그리고 성화와 구속이 되신 그분을 받아들이기만 하면 된다." 이 부분을 읽을 때 찰스는 개신교회의 신앙이 바로 루터가 가르치는 대로 믿음에 의하여 구원을 얻는 교리 위에 세워진 것이라는 사실과 뵐러의 주장이 성경적으로 옳다는 사실을 믿게 되었다. 그리고 뵐러의 신앙이 전혀 새로운 것이 아니라는 사실에 놀라움을 나타내면서 주위에 있는 사람들을 향하여 자신이 감동받은 그 중요한 부분을 큰 소리로 읽어주었다. 그날의 감동을 홀란드는 다음과 같이 기록하였다.

"그때 나는 무어라 표현할 수 없을 정도로 신비한 능력이 내 위에 임하는 것을 느꼈습니다. 나의 무거운 짐이 한순간에 벗어졌고 나의 마음은 표현할 수 없는 사랑으로 가득 찼으며 터질 것만 같았습니다. 나는 실제로 나의 구주 예수님을 보는 것 같

있습니다. 내가 그런 놀라운 체험을 하는 것을 인지한 친구들은 그 자리에 무릎 꿇고 앉아서 기도하였습니다. 조금 후에 거리에 나갔을 때에 나는 내가 발로 땅을 딛고 걸어가는 것인지 공중에 떠가는 것인지 알 수가 없었습니다."23)

찰스는 이날 저녁 혼자 루터의 책을 읽으며 보냈고 루터의 책을 만나게 된 것이 하나님의 특별한 섭리적인 은혜라고 생각했다. 그런데 이와 같은 영적이며 동시에 감정적인 황홀을 경험한 직후 찰스는 온 몸에 힘을 잃고 숨을 쉴 수 없을 정도로 심장에 통증을 느끼고 피를 흘렸다. 의사가 며칠 동안 계속 치료를 해보았지만 의약은 아무런 효과도 없었다. 이때 찰스는 자신은 이 병으로 인하여 곧 죽을 것이라고 생각했고 주변의 모든 사람들도 그렇게 생각했다. 그래서 사람들은 오로지 찰스를 위해서 집중적으로 기도하였는데 특히 브레이와 그의 누이 터너 부인은 찰스 곁을 항상 지키며 기도해 주고 그를 붙들어 주었다. 찰스는 이 두 사람이 주는 영적인 도움에 의지하여 견뎌내고 있었다.

5월 20일 브레이가 찰스를 위해서 아침부터 눈물을 흘리면서 성경을 읽어 주었다. 브레이는 마태복음 9장을 읽어 내려가다가 "아들아, 안심하라 네 모든 죄가 사함을 받았다"(2절)라는 말씀을 읽었고, 찰스는 이 말씀을 듣는 순간 성령의 능력으로 마음속 깊이 감화되어 이렇게 외쳤다. "나는 이 말씀 속에서 구원의 빛을 보았고, 나도 이 믿음으로 낫게 되리라고 확실히 믿었습니다."24)

3) 1738년 5월 21일 – 찰스의 오순절

찰스는 아직도 무거운 짐에 눌려 있었고 게다가 찰스의 병세는 계속 악화되었다. 그러나 브레이와 그의 가족은 찰스를 위해서 더욱 간절히 기도하였고 찰스를 영적으로 격려하였다. 찰스는 브레이와 그의 가족의 영적인 지원을 통하여 자신이 구원의 은혜를 얻게 되리라는 확신을 품고 있었다.

다음 날인 1738년 5월 21일 아침, 마침내 찰스는 영혼의 평안을 얻게 되었다. 아침 9시에 형 존과 다른 친구들이 방문하여 함께 찬송을 불렀고 찰스를 위해서 기도했다. 찰스는 커다란 위로를 받았고 간절하게 성령의 은사를 구하였다. 그리고 평안한 마음으로 잠을 청하려 하는데, 누군가 그의 방에 들어오면서 "나사렛 예수의 이름으로 일어나라. 그리고 너의 모든 병이 다 나았다는 것을 믿어라."라고 외치는 음성을 들었다. 이 음성은 찰스의 마음속에 깊이 부딪쳤고, 찰스는 곧 자기에게 이같이 말씀하신 분은 분명히 그리스도라고 믿었다. 그러나 찰스에게 이 말을 한 사람은 브레이의 누이 무스그레이브 부인(Mrs. Musgrave)이었다.[25]

찰스는 무스그레이브 부인을 통해서 그리스도의 음성을 들은 것이었다. 그녀는 모라비아교인이며 페터레인 신도회의 충성된 신도였는데, 그 전 주간 목요일 그리스도가 자기의 방문을 두드리는 꿈을 꾸었다. 그녀는 거룩한 두려움과 기쁨에 휩싸여 곧 문을 열고 '어서 들어오시오, 어서 들어오시오.'라고 말하면서 그리스도를 맞아들였다. 그런 꿈을 꾼 이후 그녀는 매순간 그리스도가 실제로 자기 집안에 함께 계시는 신비한 임재를 느꼈다. 다음 날 금요일, 그녀는 죽음의 경지에서 고뇌하고 있는 젊은 성직자 찰스에 대해 불쌍히 여기는 마음이 끓어올랐고 그때 성령의 능력으로 찰스의 몸과 마음이 한순간에 회복될 것이니 속히 그에게 가서 전해 주라는 그리스도의 음성을 들었다. 그러나 그녀는 비천한 신분에 무식한 평신도인 자신이 학문이 깊고 고매한 성직자에게 그런 말을 할 자격이 결코 없다고 생각하여 용기를 내지 못하고 머뭇거리고 있다가 주일 아침 일찍 오라버니에게 그 사실을 고백하였다. 브레이는 누이에게 성령의 뜻에 순종하라고 격려하였고 마침내 무스그레이브 부인은 찰스에게로 가서 그리스도가 주신 말씀을 전했다. 그리고 찰스는 그 말씀을 통해서 성령을 체험하고 구원의 주님을 만났다. 이날은 교회의 오순절 성령강림주일이었는데, 동시에 찰스의 오순절이 되었다. 그 순간 찰스는 모든 죄를 용서받은 확신과 함께 성령으로 충만하였다. 찰스는 그날의 감격을 일기에 이렇게 기록하였다.

"나는 지금 하나님과 평화를 누리고 있으며, 날 사랑하시는 그리스도의 소망 안에서 기뻐하고 있다. … 나는 이제 믿음으로 확고히 서 있고, 계속적인 믿음을 가지고… 나를 넘어지게 하는 죄를 이기게 되었다."[26]

찰스는 자신의 고백대로 하나님이 주신 평화로 가득 찼고 그리스도의 구원의 은혜를 기뻐하며 일어나서 성경을 펴 읽고 찬송을 불렀다. "오 주님, 나의 소망이 무엇인지요. 나의 소망은 진실로 당신 안에만 있나이다. … 당신은 나의 입술에 새로운 노래를 주시니 내가 주께 감사하나이다."[27]

그리고 찰스는 브레이를 불러서 기도를 요청했다. 브레이는 찰스의 두 손을 잡고 간절히 기도하고 다음과 같은 축하의 말을 해주었다.

"당신은 확실한 믿음을 소유하고 있으며 오랫동안 기다리던 구원의 은혜를 한순간에 선물로 얻었습니다."[28]

브레이로부터 이 말을 듣는 순간 찰스는 다음과 같이 회심의 경험을 고백하였다.

"지금 나는 새 하늘과 새 땅 위에 있으며, 자신을 위해서 몸과 영혼을 다 내어주신 그리스도의 완전한 보호 가운데 있음을 느끼고 있습니다."[29]

이것이 찰스 웨슬리가 복음적인 회심을 체험한 사건의 이야기다. 이렇게 찰스는 많은 영적인 친구들의 기도와 영적 조언을 통하여 회심에 이르는 체험을 하였다. 그중에도 피터 뵐러와 존 브레이와 무스그레이브 부인의 영적인 도움이 결정적인 역할을 하였다. 찰스는 신앙의 친구들의 계속적인 영적 조언과 뜨거운 기도를 통하여 구원의 은혜(saving grace)를 그 마음속에 체험하고 구원의 믿음(saving faith)을 소유하고 구원의 확신을 얻었다. 곧 그리스도의 구원의 은혜를 믿음으로 의롭다 여겨주시는 구원을 선물로 받은 것이었다. 이틀 후 찰스는 이와 같은 감사를 노래하는 찬송을 지었다.

"감격한 내 영혼 어디서 시작할까?
천국에 올라가기까지 무엇을 어떻게 할까?
죽음과 죄에서 해방된 이 노예가
영원한 불 속에서 건짐 받은 타다 남은 나무토막
이 승리 이 행복 온 힘으로 외치리.
내 구주의 권세를 영원히 찬양하리.30)
(Where shall my wondering soul begin?
How shall I all to heaven aspire?
A slave redeem'd from death and sin,
A brand pluck'd from eternal fire,
How shall I equal triumphs raise,
And sing my great Deliverer's praise!)

오랫동안 갇힌 내 영혼
죄악의 밤에 단단히 묶였었네.
주님의 눈은 생명의 빛으로
나를 깨우고 비추어 내 영혼 밝았도다.
쇠사슬이 풀리고 내 마음은 자유
나는 일어나 달려가 주님을 따르네."31)

(My chain fell off and my heart was free,
I rose, went forth, and followed Thee.)

이때부터 찰스의 새로운 생명이 시작되었다. 그는 이후에도 가끔씩 불안이 스며들고 자신의 영혼이 어두운 그늘에 덮이는 것을 느꼈지만, 그것은 마음과 기질의 연약함에서 오는 일시적인 변화일 뿐이었다. 찰스는 이후 해마다 성령강림절을 자신의 회심 기념일로 감사하고 축하하였는데, 1760년 성령강림절에 사랑하는 아내 사라에게 보낸 편지는 찰스가 일평생 리틀 브리튼에서의 회심 체험을 해마다 얼마나 의미 있게 기념했는지 보여준다.

"나의 사랑하는 사라, 나는 이날을 나의 회심 기념일이라고 부릅니다. 꼭 22년 전 이날 나는 진정한 구원의 믿음을 얻었지요. 그러나 내가 지금 성령으로 충만하지 않다면 그것이 무슨 소용이 있겠습니까? 주의 오래 참으심이 나의 구원이 되시며 주께서 악을 위해서가 아니라 선을 위해서 나를 오늘까지 보존하신다고 여깁니다."32)

이 편지의 고백은 찰스가 회심일을 어떤 의미에서 기념했는지를 잘 보여주고 있다. 그는 과거의 회심 체험에만 의존하거나 오로지 믿음으로 구원받은 것만을 자랑하는 소위 믿음제일주의(solifidianism)에 빠지지 않고, 지속적으로 성령의 은사를 구하고 성령의 능력 안에 살면서 실천적 성결을 이루고 선을 행하는 삶을 살고자 온갖 노력을 다 했던 것이다. 찰스는 구원하는 믿음(saving faith)을 소유하고 있으면서도 사랑과 선행과 성화를 완전히 이루는 목표를 향하여 나아감으로써 그것들을 무시하거나 경시하는 모라비아교의 위험과 오류를 피하고 정통의 믿음(orthodoxy)을 갖고 정통의 경험(orthopathy)을 통하여 정통의 실천(orthopraxy)을 추구해 나갔다.

4) 형과 함께 회심을 축하하다

존 웨슬리는 이날 찰스가 구원의 은혜(saving grace)를 체험하는 순간에 모든 육체의 질병과 허약함을 치유 받고 신체적인 힘을 회복했다고 말하면서 하나님께 감사했다. 그런데 찰스는 그 후에 또 다시 몸이 아프고 신체의 허약함 때문에 고통스럽다고 고백했다. 그러나 이제는 이전의 찰스가 아니었다. 더 이상 신체의 질병이나 죽음이 이전처럼 두렵지 않았다. 이제는 구원의 믿음으로 모든 것들을 넉넉히 이기게 되었다. 오히려 찰스가 두려워한 것은 이전처럼 또다시 믿음 없는 어두움에 떨어지는 것이었다. 찰스는 자신의 연약함을 분명히 알고 하나님만을 의지하는 믿음 안에 있는 사실에 대하여 감사하였다.

그날 이후 찰스는 성경을 상고하고 기도에 전념하며 거의 매일 성만찬을 받았다. 그의 마음속 깊은 데서 구원의 확신과 기쁨이 솟았다. 그날 밤 형 존이 방문하여 찰스의 성령 체험을 축하하며 동생과 함께 찬송하고 기도하였다. 동생 찰스가 회심한 지 3일 후 형 존 또한 같은 은혜를 체험하였다. 1738년 5월 24일 저녁 8시 45분, 존은 찰스가 은혜 받은 곳으로부터 걸어서 약 10분 정도 걸리는 올더스게이트 거리의 네틀톤 코트에 있는 모라비아교인 기도회에 제임스 허튼과 함께 참석했다가 인도자가 마틴 루터의 로마서 서문을 읽는 것을 들을 때 '마음이 이상하게 뜨거워지는'(strangely warmed) 감동과 함께 복음적인 회심을 체험하였다. 그날 밤 10시쯤 존은 동생에게로 달려가 자신이 구원의 확신을 경험한 기쁜 소식을 함께 나누었다. 형이 구원의 은혜(saving grace)를 경험하였다는 말을 들은 찰스는 자신이 받은 은혜 위에 은혜가 더해지는 것을 느끼면서 구원의 확신이 더욱 깊어졌다. 찰스는 그때의 기쁨을 다음과 같이 표현하였다.

"밤 10시경, 형님이 한 무리의 친구들과 기뻐하며 들어와 '나는 믿는다!'고 외쳤다. 우리는 큰 기쁨에 가득 차 찬송을 불렀고 기도하며 헤어졌다. 한밤중에 나는 내 자신을 그리스도께 통째로 바쳤다. 깨어 있거나 자거나 안전하다고 나는 확신했다. 모든 유혹을 다스리시는 주님의 능력을 끊임없이 경험했고, 기쁨과 놀라움에 가득차 내가 요구하거나 생각할 수 있는 것보다 훨씬 더 크고 많은 것들을 주님이 나를 위해 하신다는 것을 고백했다."33)

5) 회심 후에 더욱 힘쓴 성결과 선행

형과 함께 기쁨을 나누고 헤어진 뒤 찰스는 영적인 상승과 하강(up and down)을 경험하였다. 처음 순간의 고조된 분위기는 흐려졌고 찰스는 자신의 영적인 상태가 마치 롤러코스터를 타는 것 같다고 느꼈다. 그래서 그는 "처음에 가졌던 나의 기쁨은 어디로 가버렸나? 믿음을 얻기 이전과 지금의 차이는 무엇인가?"라고 자신에게 종종 물었다. 찰스가 이것을 어머니에게 묻자 수산나는 "진실한 믿음은 한순간에만 생겨나는 것이라고 생각하지 말아야 한다."고 대답했다. 또한 찰스가 어머니에게 자기의 신생(new birth)의 경험이 기대했던 만큼 기쁨을 가져다주지 않는 것이 이상하다고 말했을 때 어머니는 아들에게 '인내하고 기다리며 너무 감정의 변화에 집중하지 말아야 하며, 그 기쁨은 계속적으로 하나님이 원하시는 것을 행할 때 따라오는 것'이라고 대답해 주었다. 찰스는 어머니의 조언에 대단히 만족했고 얼마 후에는 어머니의 견해가 성경적이고 경험적으로 아주 옳다고 판단하였다.

이때 찰스는 형과 함께 독일 모라비아교의 본거지인 헤른후트를 방문할 계획을 만들어놓고 있었지만 건강 때문에 포기하였고 대신 벤자민 잉함이 가게 되었다. 독일 여행을 마치고 돌아온 후 잉함은 곧 모라비아교인이 되었으며, 가까운 사람들은 웨슬리 형제가 이제 완전히 모라비아교인이 되었고 무율법주의자요 거침없는 열광주의자가 되었다고 비판하였다.

하지만 소문과 사실은 달랐다. 오히려 페터레인 신도회의 회원들은 웨슬리 형제가 모라비아교인이 되기를 거부하고 영국 국교회를 떠나지 않는 것은 그들이 아직도 진정으로 중생하지 못한 증거라고 말하면서 속히 국교회를 버리고 모라비아교인으로 등록하라고 압박하였다. 이들의 비판과 압력에도 불구하고 웨슬리 형제의 신앙은 확고하였고 교회론적 입장은 흔들리지 않았다. 찰스는 충성된 영국교회 성직자로서 정통의 믿음을 소유하고 전하고 행하는 것이 자기 신앙의 본질이라고 생각했다. 찰스는 곧 옥스퍼드 메도디스트들과 누이들을 찾아가서 자신이 경험한 믿음을 간증하고 나누었다. 맏형 사무엘을 빼놓고는 모두 다 찰스의 영적 경험을 공감하고 지지하였다. 맏형은 일평생 영국교회의 고교회주의자로서 모라비아교를 이단이요 열광주의라고 비판하면서 심한 혐오감을 표현하고 동생들에게 속히 위험한 길에서 빠져나오라고 촉구하였으며, 어머니께도 동생들이 어리석고 타락한 열광주의에서 속히 떠나도록 엄하게 지도하라고 말씀드렸다. 그러나 어머니는 오히려 두 아들의 새로운 신앙체험과 부흥운동을 격려하고 지지하였다.

    찰스는 한 번도 맏형이 걱정하는 모라비아교의 오류에 빠진 적이 없었다. 회심 이후 찰스의 영적인 생활에는 분명한 변화가 있었다. 첫째는 은혜의 승리를 누리는 생활이었다. 여전히 신체의 허약함으로 아프기도 하고 유혹도 당하고 핍박과 시련을 당하였지만 언제나 믿음으로 정복하고 승리하는 생활을 하게 된 것이었다. 둘째는 가족과 친구들을 방문하여 참된 중생의 믿음을 증거하고 권면하였다. 셋째는 감옥의 죄수들과 가난한 사람들을 찾아가서 복음을 전하고 도와주는 복음적인 사랑을 실천하였다. 더욱이 웨슬리 형제가 모라비아교의 무율법주의와 그리스도인의 생활을 무시하는 광신주의에 떨어졌다고 비판하는 목소리가 커질수록 찰스는 더욱 더 성결과 선행에 힘썼다. 그리고 가난한 사람들을 찾아가 설교하였으며, 죄수들과 특별히 사형수들을 찾아가서 함께 지내며 말씀과 기도로 위로하고 구원의 확신과 천국의 소망을 갖도록 만들어주었다. 특히 찰스는 그들에게 은혜롭고 복음적인 찬송을 가르쳐주고 함께 불렀으며 그들이 사형장에 나갈 때 찬송을 부르면서 두려움 없이 죽음을 맞이하도록 도와주었다. 찰스가 이때부터 형과 함께 수시로 방문했던 뉴게이트 감옥과 타이번(Tyburn) 사형장은 웨슬리 형제가 평생 죄수들과 사형수들을 전도하고 목회하던 곳으로서 메도디스트 역사에 유명한 전설적인 이야기를 많이 낳은 곳이다.

1739년 초에도 찰스는 여전히 설교활동과 죄수와 빈민을 돕는 일에 열심이었다. 그러나 찰스의 건강상태는 가까운 사람들의 큰 걱정거리였다. 이때 조지 휫필드와 다른 친구들은 찰스의 허약한 건강으로 인해 그가 더 이상 비공식적 순회여행 전도목회를 하는 것이 적절치 않다고 말하면서 고달픈 여행전도자의 생활을 마치고 옥스퍼드 근처에 비어 있는 카울리 교구의 담임목사로서 안정된 목회를 하라고 설득하였다. 휫필드는 찰스가 따뜻한 성품에 열정적인 설교자이기 때문에 그의 은사가 교구목회에 더욱 좋은 효과를 나타낼 것이라고 격려했지만, 찰스는 설득되지 않았다. 찰스는 자기를 필요로 하는 수많은 불쌍한 영혼들을 계속 찾아가야 하며, 특히 빈민들과 죄수들을 돕는 것이 자기의 의무며, 순회설교를 하면서 그들을 가르치고 도와주는 일과 그들과 함께 찬송을 부르는 것이 한없는 기쁨과 감사의 일이라고 말했다. 복음적 회심을 체험한 후 찰스는 할 수 있는 대로 더 많은 사람들을 찾아가 복음과 사랑을 전하고 더 많은 사람들과 함께 찬송을 부르기 위해 모든 준비를 다 하였다.

5. 복음전도는 내 삶의 전부 - 열정적인 전도자

1) 열정적인 개인전도와 가족전도

회심 사건 이후 찰스 웨슬리에게 두 가지 즉각적인 변화가 일어났다. 대단히 획기적이고도 중요한 변화였다. 첫 번째 변화는 그가 개인전도와 가족전도에 헌신하면서 작은 모임에서 설교하는 열정적인 전도자가 되었다는 것이었다. 성령의 신비한 능력으로 죽을병에서 고침 받고 기운을 회복한 찰스는 곧 일어나서 개인전도와 그룹전도로 분주한 활동에 나섰다. 찰스는 본래 따뜻하고 친절하여 모든 사람에게 매력적인 성품을 지닌 사람이었기에 즐거운 마음으로 개인전도를 할 수 있었으며 그 열매도 풍성히 나타났다. 그는 우선 가까운 친구들과 교인들을 찾아다니며 자신이 체험한 구원의 은혜와 그 사실을 간증하였고 믿음으로 구원받는 교리를 깨우쳤다. 찰스의 간증을 들은 사람들은 성령의 감동을 받고 구원의 은혜를 경험하였다. 찰스는 자기가 받은 성령의 은사, 즉 자기가 체험한 형언하지 못할 평화와 기쁨 그리고 치유의 은사를 가능한 한 더 많은 사람들에게 전하고 그들도 같은 은혜를 경험하도록 돕고 싶어서 교회와 신도회를 방문하였고 친구들과 지인들을 찾아다니며 간증설교를 하느라 몹시 바쁘게 지냈다.

찰스는 옥스퍼드 신성회 회원이며 함께 조지아에 갔었던 친구 찰스 델라모트의 집에 가서 온 가족에게 자신이 체험한 구원의 은혜를 간증하였다. 그 결과 그의 두 아들과 딸, 그리고 하인들과 정원사까지 깊은 감동을 받았다. 그들 모두는 자신들을 위해 십자가에 죽으신 그리스도의 은혜를 마음 깊이 체험하고 영혼의 평화를 얻었다고 간증하였다.

찰스의 초기 전도활동에서 가장 놀라운 능력이 나타난 것은 그가 감옥의 죄수들에게 설교할 때였다. 그는 감옥의 죄수들에게 복음전도적인 설교를 하는 중에 듣는 자들에게 구원의 은혜가 가장 강하게 일어나는 것을 체험하였고, 갈수록 자신이 성령의 능력에 붙들리는 것을 느꼈다.

두 번째 변화는 원고 없이 설교하는 것이었다. 이전까지 찰스는 철저히 원고 설교를 하였다. 원고 설교는 당시 영국 국교회 목사들이 가지고 있는 틀에 박힌 전통적 관습이었다. 찰스가 원고 없이 설교를 하게 된 것은 회심을 경험한 후 성령의 역사를 통하여 자신도 모르게 일어난 변화라고 할 수 있었다. 찰스는 원고 설교의 유익을 잘 알고 있었지만 원고에만 의존할 때 설교를 하는 실제 상황에서 순간순간에 일어나는 영감과 계시의 말씀을 전할 수가 없다는 것을 깨달았다. 즉 원고 설교는 성령의 자유를 제한한다는 사실을 차츰 인식하면서 원고 없는 설교의 유익을 깊이 경험하게 되었다. 그렇다고 찰스가 설교를 충분히 준비하지 않고 아무렇게나 되는 대로 설교했다는 것은 아니다. 오히려 원고 없이 설교하기 위해 더욱 성실하게 준비하였고 마음속에 충분하고도 확실한 메시지를 채웠으며 많은 성경 구절을 외우고 성령의 역사에 의존하기 위해 기도를 많이 하였다. 그는 모든 설교에서 요점과 줄거리를 마음속에 분명하고 확실하게 숙지하였다. 그는 마치 산모가 해산기가 꽉 차서 아이를 출산하는 것처럼 충분히 준비하고 기도하며 설교를 잉태하였던 것이다. 이렇게 원고 없이 하는 설교를 통하여 성령이 자유롭게 역사하고 복음의 능력이 더욱 활발하게 나타나는 것을 경험하였다. 찰스의 이러한 복음전도적인 설교의 능력은 그의 전도활동 초기에 개인전도와 가족전도, 그룹전도에서 잘 나타났다.

2) 사형수들과 마지막 밤을

찰스의 초기 전도활동 중 가장 감동적인 것은 감옥의 죄수들을 자주 찾아가서 전도한 일이었다. 그는 감옥에서 아무런 소망도 없이 오로지 목숨만을 부지하며 지내는 죄수들, 특히 사형집행일이 결정된 채로 죽음만을 기다리는 불쌍한 죄수들과 함께 먹고 함께 자면서 그리스도의 심장으로 사랑의 복음을 전하였다. 18세기 당시 영국에서는 실질적인 범죄자도 많았지만 소수의 귀족들과 상류층이 인구의 대다수를 차지하는 가난한 사람들을 사소한 실수에도 너무나 쉽게 또는 억울하게 감옥에 넣는 악이 성행하고 있었다. 그래서 가난한 사람들이 작은 범죄에도 무거운 벌을 받거나 사형 판결을 받게 하는 경우가 허다했다. 이에 따라 날로 감옥이 증가하고 감옥마다 죄수들로 넘쳐나 정부의 고민거리가 되기도 하였다. 감옥에는 사형수들이 많아 감옥마다 거의 매일 사형이 집행되었다. 또한 형기를 마치고 감옥에서 나온 사람들은 대부분 갈 곳 없는 신세가 되었으며, 더러는 거리의 폭도로 변신하여 상류층에 대한 불만을 품고 온갖 악행을 저질러 사회에 위협적인 존재가 되곤 하였다. 당시 영국 정부는 죄수들을 처리할 방도로 그들의 노동력을 아메리카나 오스트레일리아 식민지 개척에 이용하였다. 그러나 여전히 감옥들은 포화상태였고 출옥한 사람들은 사회를 극도로 불안하게 만들고 있었다. 당시 감옥의 죄수들을 찾아가 돌보는 사람들은 메도디스트들 외에는 거의 없었다.

웨슬리 형제는 이미 옥스퍼드 신성회(Holy Club)에서 회원들과 함께 감옥의 죄수들을 방문하여 전도하고 돌보는 활동을 한 경험이 있었다. 찰스는 회심을 체험한 후 처음으로 7월 10일, 런던 뉴게이트 감옥의 죄수들을 방문하여 구원의 은혜를 전하였고 복음을 듣는 죄수들 중에는 눈물을 흘리고 구원의 은혜를 체험한 사람들도 있었다.

다음 날 찰스와 브레이는 뉴게이트 감옥에서 사형수들과 하룻밤을 함께 지냈다. 그날 두 사람은 아홉 명의 사형수들을 만나서 설교하고 성만찬을 베풀었는데, 그들 모두가 자기들을 위해서 피 흘려 죽으신 그리스도의 구원의 은혜를 체험하였다. 그리고 그다음 날 그들은 영혼의 평안과 천국의 소망 가운데 찬송을 부르면서 교수대에 올랐다.

며칠 후 찰스는 사형 선고를 받은 열 명의 죄수들에게 설교하였다. 그렇지만 이와 같이 교회 밖에서 하는 복음전도 활동에 대한 찰스의 마음은 아직도 활짝 열리지 못하였다. 오랫동안 견지해온 고교회(High Church) 전통의 보수적인 생각이 너무나 뿌리 깊기 때문이었다. 또한 찰스는 죽는 순간 회개하고 구원받을 수 있다는 것에 대하여 반대하는 편견을 쉽게 버릴 수 없었다. 그러나 찰스는 성령의 도우심을 구하면서 열 명의 잃어버린 영혼들을 향하여 그리스도의 구원의 은혜(saving grace)를 설교하였다. 찰스는 말씀을 전하는 중 마음속에 성령이 주시는 확신을 느꼈다. 그는 바로 이 마지막 순간에라도 회개하고 복음을 믿으면 모든 죄를 용서받고 영원한 생명을 얻을 것이라고 설교할 때 성령이 내려와 그들의 영혼을 감동시키는 것을 느꼈다. 찰스는 그 열 명의 사형수들이 모두 그리스도의 구원의 은혜를 믿고 천국의 소망을 품고 교수대로 나가는 것을 보았다.

찰스의 감옥 전도는 계속되었다. 찰스는 주인의 물건을 훔친 죄로 사형을 선고받고 독방에 갇혀 있는 한 흑인을 방문하였다. 찰스가 그에게 그리스도가 당신을 위하여 십자가 고난을 당하고 부활하였다고 말할 때, 그 죄수는 두 눈에 눈물을 흘리며 "무엇이라고요? 그분이 나를 위해서 그렇게 하셨다고요? 나같이 죄 많은 놈을 위해서 그렇게 하셨다고요?"라고 감격한 목소리로 외쳤다. 찰스는 그에게 전도한 후 그의 손을 붙잡고 뜨겁게 기도해 주고 돌아왔다. 그리고 사흘 후 찰스는 그 흑인 죄수가 구원의 확신을 갖고 성령의 평안 속에서 기도하는 모습을 발견하고 기뻐하였다.

찰스는 자신이 전도한 죄수들의 처형 날짜가 임박하였을 때, 더욱 간절한 마음으로 그들을 권려하며 그들을 위해 기도하였다. 처형 전날 찰스와 브레이는 죄수들과 함께 하룻밤을 지낼 수 있는 허락을 받고 지상에서 마지막 시간까지 그들의 곁에 있었다. 죄수들과 함께 뜨거운 기도를 할 때 두 사람은 한 사람 한 사람의 얼굴이 평안과 기쁨으로 빛나는 것을 보았다. 처형 날 아침 수많은 사람들이 타이번 사형장에 몰려들었다. 찰스는 군중을 헤치고 사형수들을 실은 마차에 올라탔다. 그러자 군중은 찰스를 조롱하였고 간수들도 사형수들은 위험하니 따라오지 말라고 하였지만 찰스는 끝내 마차에서 내리지 않았다. 그는 사형수 형제들에게 성경 말씀을 읽어주면서 위로하였고, 그들과 함께 힘을 다하여 큰 소리로 찬송을 불렀다. 그들의 찬송 소리는 타이번 사형장에 모여든 군중에게 울려 퍼졌다.

> 치욕스런 저 나무에 못 박힌
> 인류의 구주를 바라보라
> 너 위해 피 흘려 죽으신
> 더 큰 사랑 없도다
> 너의 모든 죗값을 갚았도다
> 너의 구원 이루어졌도다

너의 구주가 너 위해 죽으셨도다
죽임을 당하신 거룩한 얼굴을 보라34)

교수대에서 밧줄이 내려와 각 죄수의 목에 감겼을 때 찰스는 마지막으로 그들을 위해 기도하고 위로하고 작별의 키스를 하였다. 그리고 최후의 순간에 찰스는 다시 찬송을 불렀다.

나 위해 피 흘려 죽으신
예수께로 나는 날아갑니다
당신의 보혈로 나의 영혼을 씻기 원하네
세상에서 가장 더러운 죄 씻기 원하네

죄 많고 약하고 멸망할 이 죄인
당신의 손 안으로 들어갑니다
당신은 나의 생명이 되소서
영원히 나의 의가 되소서
나의 구주가 되시고
나의 천국이 되소서35)

사형수들은 마차에 실려 갈 때에도 또한 처형대에서 밧줄에 목이 묶일 때에도 한 사람도 살려달라고 애원하지 않았고, 오히려 서로를 믿음으로 위로하고 자기 영혼을 하나님께 맡기면서 주님이 예비하신 영원한 집으로 향하였다. 찰스는 처형대 밑에서 사형수 형제들과 함께 있었던 때가 자기 일생에서 가장 복된 시간이었다고 말했다. 또한 그는 열심히 설교할 때마다 연약한 몸이 강한 힘을 얻는 것을 느꼈고, 예전의 건강을 완전히 회복하게 되었다. 이와 같은 감옥 전도는 찰스로 하여

금 죄인을 구원하는 복음의 능력을 확신하게 만들었으며, 그가 본격적인 야외전도 운동에 나서기 전 잃어버린 영혼을 찾으려는 사명감과 열심을 얻게 된 참으로 소중한 경험이었다. 이후로도 찰스는 런던과 옥스퍼드와 브리스톨(Bristol)에 있는 감옥을 규칙적으로 방문하며 평생 동안 죄수 전도를 계속하였다. 감옥 전도는 웨슬리 형제의 일평생 규칙이었으며, 가장 강력한 메도디스트의 전도활동이 되었다.

찰스는 그리스도의 은혜를 믿음으로 즉각적인 구원을 얻는 증거를 여기저기에서 경험하면서 복음의 능력에 강하게 붙들렸으며 여러 교회와 신도회에 초청을 받아 설교하였고 평소에 친하게 지내던 가족들과 친구들과 교인들을 찾아다니며 그리스도의 구원의 은혜(saving grace)를 전하였다. 이와 같이 찰스는 열정적으로 설교하는 동안 건강이 완전히 회복되었고 설교의 능력으로 충만하게 되었으며 1739년 봄부터 일어날 영광스런 부흥운동에 나설 발돋움을 하고 있었다.

3) 명상적 시인이 부흥운동의 중심에 뛰어들다

영국에서 야외설교는 웨일즈의 부흥사 하웰 하리스가 1735년 회심을 체험하자마자 시작하였고 곧 조지 휫필드가 그의 뒤를 이었다. 휫필드는 이미 23세의 나이에 런던과 브리스톨을 중심으로 수천 명에서 일만 명도 넘는 회중을 모으고 야외설교를 하고 있었다. 그는 때로 2만 명에서 3만 명에 이르는 회중을 모으고 다니면서 당시 부흥운동의 중심에 서 있었다. 웨슬리 형제가 야외설교에 발을 들여놓고 부흥운동을 일으키게 된 것은 휫필드의 강력한 영향 때문이었다. 1739년 4월 2일, 존 웨슬리는 휫필드의 끈질긴 요청에 따라 브리스톨에서 야외설교를 시작하여 부흥운동을 전국적으로 이끌어 갔다.

이제는 찰스 웨슬리의 차례였다. 휫필드는 영국의 고교회(High Church) 전통을 굳게 견지하는 보수적 성직자인 찰스를 야외설교에 끌어들이기로 마음먹고 조심스럽게 착수하였다. 그는 우선 찰스에게 야외에서 자기가 수많은 회중 앞에서 설교하는 것을 견학하게 하면서 야외전도에 익숙하게 하기 위해서 자신이 설교할 때 찰스를 자기 바로 옆에 서 있도록 하였다. 찰스는 휫필드가 수많은 군중 앞에서 담대한 태도로 강력하고도 진지하게 복음 전하는 것을 보고 눈물을 흘리고 소리를 지르면서 자기 죄를 탄식하는 사람들과 그리스도의 속죄의 은총을 경험하고 기뻐하며 찬송하는 사람들을 보면서 깊은 감동을 받았다. 찰스는 자신이 그렇게 많은 사람들을 예배당 안에 모을 수 없다는 것을 알고 있었다. 또한 그들이 스스로 교회의 예배에 참여하지도 않을 것이기 때문에 전도자가 그들이 있는 곳과 모일 수 있는 곳으로 찾아가서 복음을 전하는 것이 꼭 필요하다는 것도 깊이 깨달았다. 찰스의 마음 깊은 곳에서 이러한 야외설교를 하고 싶은 뜨거운 마음이 솟아올랐다. 그렇지만 본래 존보다도 더 고교회 정신이 강했던 찰스는 두려운 마음부터 들었다. 왜냐하면 이러한 방식의 설교가 영국교회의 전통적인 관습과 규칙에 전적으로 어긋난다는 사실을 잘 알고 있었기 때문이었다.

드디어 찰스에게 평생 처음으로 야외설교를 할 기회가 주어졌다. 런던 교외의 어느 시골 마을에서 한 농장 주인의 요청으로 약 5백 명의 회중 앞에서 설교하게 된 것이었다. 설교를 통해 찰스는 다소 자신감과 기쁨을 얻었지만 두려움과 갈등 또한 쉽게 사라지지 않았다. 바로 이때 휫필드는 더 강하게 찰스를 야외설교에 끌어들이기로 결심하고 작전을 세웠다. 당시 휫필드는 런던의 무어필드라는 곳에서 매주일 아침 약 1만여 명의 회중을 모아 설교하고 있었는데, 다음 주일 자신은 다른 곳에서 설교할 계획을 세워놓고 무어필드에서 찰스가 설교하도록 만들었다. 휫필드가 무어필드의 회중이 당신이 설교해 주기를 기다린다고 찰스에게 알렸을 때 찰스는 이 요청을 거절할 수가 없었다.

찰스는 이것이 하나님의 뜻이라고 믿었고 1739년 6월 24일 주일 아침에 기도를 한 후, 담대한 믿음으로 무어필드로 가서 1만여 명도 넘는 군중 앞에서 설교하였고, 저녁에는 케닝톤 공원에서 수천 명의 사람들에게 설교하였다. 찰스는 그다음 주일에도 두 곳에서 설교하였다. 그는 약 1만 명이나 되는 군중 앞에서 "수고하고 무거운 짐 진 자들아 다 내게로 오라 내가 너희를 쉬게 하리라."는 주님의 초대의 말씀으로 설교하였다. 찰스는 이 설교를 통해 실로 놀라운 주님의 은혜를 경험하였다. 설교하는 가운데 의심과 두려움은 사라졌고 대신 성령의 능력으로 충만하고 거룩한 빛이 마음속을 환하게 비추는 것을 경험하였다.

그럼에도 불구하고 찰스는 마음속에 이러한 설교사역을 계속하지 않을 것이라는 생각을 버리지 못하고 있었다. 일 년 전 휫필드와 친구들로부터 건강상의 이유로 순회여행 목회를 중단하고 옥스퍼드의 한 교구목회를 맡아 안정된 목회를 하라는 제안을 거절할 때와는 생각이 많이 달라졌다. 왜냐하면 찰스는 처음부터 야외설교가 꼭 필요하고 누군가 해야만 하는, 하나님이 원하시는 일이지만 이 일은 언제나 갖가지 고난과 위험을 감내해야 하는 험한 일이라는 것을 잘 알고 있었기 때문이다. 또한 찰스는 자신이 휫필드처럼 활동적이기보다는 감성적이고 명상적인 기질이 강한 사람인데다 깊고 예민한 시인의 감수성을 소유한 사람이기 때문에 야외설교에 쉽게 적응하기 어렵다고 느꼈다. 이때 찰스는 험하고 고된 야외전도자로 살기보다는 수도원에서 명상적인 삶을 살거나 일정한 교구에 머물러 안정된 목회생활을 하는 것이 훨씬 좋을 것이라고 생각하고 있었다. 그래서 그는 휫필드에게 자신이 이 일을 오랫동안 계속할 것을 기대하지 말고 당신이나 이 일을 계속하여 크게 성공하기를 바란다는 내용의 편지를 보내기도 하였다.

"나는 야외설교를 그만두고 존 허친스(옥스퍼드 신성회 회원이며 찰스의 친구)와 같이 (수도원에) 은둔하여 살고 싶은 유혹을 끊임없이 느낍니다. 나는 모든 세속적 시련으로부터 자유하여 나 자신의 성결을 증진하는 데 전념하고 싶습니다. 나의 형제여 야외설교 운동에서 나의 역할을 기대하지 마시기 바랍니다. 하나님은 그 일에서 빠져 나오려고 애쓰는 사람을 더 이상 사용하시지 않을 것입니다. 나는 당신의 성공을 기뻐합니다. 나는 당신의 복음전파 사업이 천 배나 더 크게 성공하기를 바랍니다."36)

이후에 찰스는 이러한 고백을 여러 번 반복하면서도 야외설교를 중단하지 않았다. 이와 같이 찰스는 갈등과 두려움을 느끼면서도 성령의 능력에 강하게 사로잡혔다. 그는 영국 고교회의 전통적인 관습에 오랫동안 갇혀 있었고 동시에 시적인 감수성과 수도원의 조용한 영성을 깊이 갈망하여 야외설교를 피하려고 하였지만 자신을 거리의 전도자로 불러내시는 하나님의 요청을 거부할 수 없었다. 이제 찰스는 야외설교를 통한 복음전도와 부흥운동에 자신을 내맡길 수밖에 없었으며, 이후 32세부터 48세까지 약 16년 동안 생애의 황금기를 열정적인 야외설교가로 살았다. 그 후에는 주로 집에 머물면서 가정을 돌보고 찬송을 쓰는 일과 자녀교육에 헌신하였지만, 그런 중에도 신도회를 방문하고 형과 함께 메도디스트 신도회 조직을 지도하면서 평생토록 설교와 전도운동을 쉬지 않았다.

4) 가련한 영혼들에게 복음의 트럼펫을

전도자 찰스 웨슬리의 동상(브리스톨)

이제 찰스는 휫필드의 강력한 권유에 이끌려 형 존과 같이 야외설교자의 길에 들어섰다. 찰스가 본격적으로 야외설교에 들어선 데에는 네 가지 중요한 동기가 작용하였다. 첫째는 조지 휫필드의 강력한 권유와 끈질긴 노력이었다. 둘째는 찰스의 마음을 주장하는 성령의 역사였다. 셋째는 가난한 사람들과 방황하는 영혼들을 불쌍히 여기는 마음이었다. 넷째는 형 존이 걸어가는 길을 함께 가야 한다는 형제애의 발동이었다. 찰스는 존이 졸업한 옥스퍼드 크라이스트처치 대학에 존보다 4년 늦게 입학하여 수학하였으며 1729년 존이 옥스퍼드 링컨칼리지로 돌아왔을 때 형을 신성회(Holy Club)의 지도자로 모셔 함께 활동하였다. 그리고 1735년 존의 조지아 선교에 동행하여 생사고락을 같이하였다. 찰스는 약 10여 년간 형인 존과 함께 같은 길을 걸었다. 찰스는 이제 형 존의 평생 동역자가 되었으며, 이것이 하나님의 뜻이라는 생각이 더욱 분명해졌다.

두 달 동안 런던에서 성공적으로 야외설교를 해냈던 찰스는 존이 같은 해 4월 2일부터 야외설교를 시작하여 놀라운 부흥운동이 일어난 브리스톨로 향하였다. 존은 브리스톨과 킹스우드 지역에서 하루에도 세 번씩, 어떤 날은 하루에 다섯 번씩이나 수백에서 수천 명에게 설교하며 쉴 틈이 없었다. 찰스는 그런 형의 일을 돕기 원했다. 존에게 찰스보다 더 좋은 동역자는 없었을 것이다.

찰스는 먼저 옥스퍼드로 가서 옛 신성회 회원이었던 친구들을 만나 격려하고 오는 길에 이브샴에 들러 휫필드의 친구인 시워드의 집에서 그 가족에게 설교하였다. 시워드는 칼빈주의자였으나 심한 병을 앓고 난 뒤 회심하여 만인구원의 복음을 믿게 되었다. 그런데 그의 부인은 찰스의 설교를 들으려 하지 않았다. 그녀는 고집불통의 칼빈주의자였기 때문에 찰스가 모든 사람이 구원받을 수 있다고 설교할 때 화를 내었고 찰스의 얼굴을 보기도 싫어하여 집 밖으로 나가 들어오지도 않았다. 심지어 일곱 살 된 그의 딸까지도 찰스의 설교를 비난하였다. 이 일은 곧 터질 예정론과 만인구원론 사이의 교리 싸움을 예고하는 것 같았다.

이러한 방해에도 불구하고 찰스는 이브샴에서 사흘을 머물면서 휫필드의 야외 강단에서 하루에 세 번씩이나 설교하였다. 몇 사람이 회개하고 믿기로 결심하였고 많은 잠자던 영혼들이 깨어났다. 그리고 한 여인이 2백 명의 사람들 앞에서 자신이 체험한 은혜를 간증하였고 많은 사람들이 감동을 받았다. 찰스는 휫필드의 고향인 글로스터에 와서 아주 성공적인 야외 집회를 여러 번 가졌다. 그는 늘 하던 방식대로 교구 목사에게 예배당을 빌려달라고 요청해 보았다. 그 교구 목사는 친절하게 초대하여 포도주 한 잔을 대접하였지만 예배당 사용은 정중히 거절하였다. 그렇지만 이것이 오히려 찰스에게는 더 잘 된 일이 되었다. 왜냐하면 글로스터의 벨 여관 주인인 휫필드의 형이 찰스에게 그의 밭을 집회 장소로 빌려주었기 때문이었다. 그곳에서 찰스가 약 2천 명이 넘는 사람들에게 설교하자 놀라운 은혜가 나타났다.

글로스터에서 집회 장소로 가는 도중 찰스는 형 존의 옛 애인의 어머니 커크함 부인을 만났다. 그녀는 찰스의 앞을 가로막으며 거세게 쏘아댔다. "아니, 웨슬리 씨! 어찌된 일입니까? 옥스퍼드 크라이스트처치와 세인트메리에서 설교하실 수 있는 당신이 이러한 밑바닥 사람들을 찾아 이곳에까지 오다니요." 찰스는 그녀의 말에 "나의 주님께서 내게 명하신 일을 내가 해야만 하지 않겠습니까?"라고 대답하였고 곧장 바로 그 밑바닥 사람들에게로 갔다. 그는 그날 저녁 5시에 설교를 시작하여 어두울 때까지 세 시간 동안이나 계속하였다. 수천 명이 그의 메시지를 경청하였고 구원의 은혜에 깊이 감격하여 시간을 잊어버리는 듯하였다.

브리스톨로 가는 도중 가장 놀라운 집회는 런위크에서 있었다. 이곳에서 교구 목사가 예배당을 빌려 주었다. 찰스는 사람들이 너무 많이 몰려와 예배당 창문 하나를 아주 떼어내었고 그 창문틀 곁에 서서 안에 있는 사람들과 밖에 있는 사람들이 다 들을 수 있도록 설교하였다. 창문 안팎에 모인 사람들을 모두 합하면 족히 2천 명이 넘는 수였다. 그날 오후에도 집회가 열렸다. 예배당이 꽉 찼고 마당에도 수천 명이 모여들었다. 예배당 마당 정면, 약간 경사진 언덕 주변에는 나무들이 나란히 둘러서 있어서 아주 멋진 야외극장이었다. 찰스는 하나님이 예비하신 이 아름다운 야외 예배당에서 '수고하고 무거운 짐 진 자들아 다 내게로 오라!'는 주제로 복음을 설교하였다. 그는 수천 명의 사람들을 향하여 트럼펫을 부는 것처럼 목소리를 높였다. 수많은 영혼들이 구원의 은혜를 받으며 눈물을 흘렸다. 그는 설교 끝에 죄인들을 천국 잔치에 초대하는 찬송을 부르고 영접과 결단을 위한 기도와 축복기도로 집회를 마쳤다.

5) 형과 손을 잡고 부흥운동을 일으키다

존 웨슬리의 브리스톨과 킹스우드 활동은 급속도로 발전되어 곳곳에 신도회가 일어났고 처음으로 속회가 탄생하면서 부흥운동의 불길이 타올랐다. 1739년, 브리스톨의 가난한 신도회가 큰 빚을 지면서까지 뉴룸(New Room)이라고 불리는 집을 지었다. 이 집이 최초의 메도디스트 예배당이 되었으며, 메도디스트 부흥운동의 서쪽 중심이 되었다.

찰스도 마침내 브리스톨에 왔다. 찰스는 이때 처음으로 브리스톨을 방문하였고, 1749년 결혼하여 1771년 런던으로 이사할 때까지 22년간 이곳에서 행복한 삶을 살았다. 당시 브리스톨은 영국에서 가장 분주한 무역항이었고 상업도시여서 언제나 부둣가와 도시의 거리에는 노동자들이 붐볐다. 가까운 킹스우드를 비롯한 주변지역은 석탄과 주석 광산이어서 광부들이 모여 사는 곳이었다. 당시 노동자들은 가난하고 무지하며 도덕적으로 타락하여 사회의 찌꺼기처럼 취급받고 있었다. 이 지역에는 술집이 많았고 사람들은 난폭하고 파괴된 가정에서 나온 버림받은 아이들과 돌봄을 받지 못하는 아이들이 많았다. 이 아이들은 크면서 도덕적으로 타락하였고 불행하게 되었다. 특히 이 지역은 폭도들(mobs)과 강도와 도둑이 활보하는 늘 위험한 곳이었다. 메도디스트 부흥운동은 바로 이와 같은 곳에서 일어나 전국으로 퍼져 나갔다.

이제 그는 형을 통하여 성령의 불이 활활 타오르는 부흥운동의 중심에 뛰어들었다. 존은 즉시 찰스를 신도회에 소개하고 런던으로 갔다. 찰스는 신도회에서 처음으로 설교하였는데, 신도회는 찰스의 감미롭고 은혜로운 설교에 모두 다 눈물을 흘렸고 새 목자를 맞는 기쁨이 가득하였다. 그는 브리스톨과 킹스우드 지역에서 새벽부터 밤까지 설교하였고 신도회를 지도하며 바쁜 날들을 보냈다. 그는 형이 없을 때에는 형의 대리 역할을 하였다. 찰스는 종종 약 5천 명의 군중에게 설교하였다. 특별히 전 주민이 가난한 노동자 계층(working class)인 킹스우드 광부들 가운데 내린 성령의 역사를 볼 때마다 세상의 버림받은 자들에게 풍성히 내린 하나님의 은혜에 감격하곤 하였다. 그해 8월부터 이듬해 3월까지 찰스는 일평생 가장 바쁘게 살았다. 이때 그의 일기를 보면 그는 마치 초대교회의 사도 베드로나 사도 요한 같았다.

찰스는 브리스톨에서 다양한 경험을 통해서 많이 배웠다. 그는 임종을 앞둔 한 여인을 위해 기도를 부탁받고 가서 그녀에게 복음을 전하고 기도하였다. 그때 그녀는 구원의 은혜를 받아들이고 영혼의 평안을 얻었고 한 시간 후에 세상을 떠났다. 찰스는 사람이 임종의 순간에도 구원받을 수 있는지에 대하여 논쟁을 벌인 적이 있었는데, 이제 그 답을 눈으로 보았다. 브리스톨에서 악명 높은 죄인들이 찰스의 설교를 듣고 회심하여 신도회에 받아들여졌다. 한 여인이 이 사람들의 회심을 믿을 수 없다고 생각하여 반대하였지만 찰스는 그 여인에게 악명 높은 죄인들까지도 너그럽게 받으시는 그리스도의 위대한 사랑을 분명하게 말해 주었다.

한번은 브리스톨 근처 키더민스터의 유력한 지도자 조셉 윌리엄즈가 존경의 표시로 찰스를 자기 집에 초대하여 융숭한 대접을 하였다. 윌리엄즈는 찰스의 영성과 인격에 깊은 감명을 받아 찰스와 함께 브리스톨로 와서 찰스의 설교를 듣고 이렇게 증언하였다.

"찰스는 풀밭에 앉은 약 천여 명의 사람들에게 식탁 위에 올라서서 설교하였다. 청중은 모두 다 하층민이었고 찰스는 그런 사람들에게 둘러싸여 있었다. 그는 잠시 하늘을 우러러 기도한 다음 열정적으로 유창하게 다양한 언어로 흥미 있고 감동적으로 설교하였다. 그의 설교는 한 시간 이상 계속되었다. 그는 모든 사람이 죄로 인해 불행하게 된 사실과 예수 그리스도를 통하여 죄의 용서와 성결의 은혜를 입어 새롭고 복된 삶을 얻을 수 있음을 성경과 여러 가지 이야기로 증거하면서 강력하고도 부드럽게 복음으로 초대하였다."[37]

찰스는 본래 적극적이고 정열적인 성격에다 시인으로서 문학적 감성을 가진 사람이어서 그의 설교는 강력한 호소력과 감미로운 요소를 겸하여 사람들에게 더욱 매력적이었다. 윌리엄즈는 찰스를 따라서 메도디스트 신도회(society)의 집회에도 참여하였다. 집회장소는 사람들로 가득 차 발 디딜 틈도 없었다. 신도회원들은 찰스가 들어서자 찬송 부르던 것을 멈추었다. 찰스는 기도하고 다함께 찬송을 부르고 요한복음 12장을 강해하기 시작하였다. 그리고 중간에 찬송을 부르고 강해를 마치고 또 찬송을 불렀다. 이어서 신도회원들이 올린 스무 가지 이상의 중보기도가 소개되었고 신도회의 협력기도가 쏟아졌다. 기도가 마무리되자 찬송을 부르고 찰스의 축복기도로 집회는 끝났다. 윌리엄즈는 일생 이렇게 진지하고 화합된 기도를 들어본 적이 없었으며, 이렇게 아름답고 평화로운 노래를 들은 적이 없었다고 말하면서 이렇게 전했다.

"찰스의 간절하고 뜨거운 기도에 모두 다 아멘으로 화답하는데 그것은 마치 신도회원들의 머리 위에 물을 쏟아 붓는 소리 같았다. 또한 그들의 찬송은 가장 화음이 잘 맞고 기쁨이 충만한 것이었고 휫필드의 표현대로 '정열적이고 동시에 감미롭게 부르는 것'이었다. 실로 그것은 '하늘의 음악이요, 하늘로부터 땅 위에 들리는 소리'(the heavenly music, and the sound of the heaven upon earth) 같았다."38)

찰스는 시인이요 음악가였다. 메도디스트 신도회 예배가 이토록 매력적이었던 것은 다 찰스 덕분이었다. 하나님은 찰스에게 천국 음악 같은 찬송의 은사를 주셨으며 찰스의 찬송을 통하여 부흥운동이 활발하게 피어나도록 만드셨다. 이 무렵 찰스는 자신의 건강에 대하여 아주 신기한 경험을 하였다. 브리스톨에 올 때까지만 해도 그의 건강은 완전히 회복되지 않은 상태였던 것 같다. 여전히 쉽게 피로하였고 때로는 심한 무기력증에 빠지곤 했다. 열심히 일하는 동안에는 몰랐지만 하루 일이 다 끝난 후에는 너무나 지쳐서 신체적으로나 영적으로 힘이 바닥이 난 상태였다. 그는 자신의 상태에 대하여 이렇게 말하였다.

"나는 다른 사람들을 위해서는 기도할 수가 있다. 그러나 나 자신을 위해서는 기도할 수가 없다. 하나님은 나를 통해서 다른 사람들의 약한 손을 강하게 하시고 연약한 무릎에 힘을 주시지만 나는 여전히 힘없는 채로 버려두신다. 나는 몸이 피로하고 정신이 약한 중에 주님의 치료를 사모하노라."39)

본래 허약한 체질을 타고난 찰스가 야외설교 활동 초기에 이만한 고통을 겪는 것은 아마도 당연하였을 것이다. 그러나 브리스톨에 와서 활동하는 동안 찰스는 건강이 확연히 회복되어 가는 것을 느꼈다. 많은 사람들 앞에서 설교할 때는 어디선가 신비한 힘이 솟아나는 것을 체험할 수 있었다. 열정적으로 복음을 전하는 동안 찰스의 건강은 점점 좋아졌고 나날이 새로운 힘이 솟아나고 있었다. 하나님은 당신의 일에 충성된 종의 몸과 마음에 치유와 건강의 복으로 갚아 주셨다. 찰스는 자신의 설교를 듣고 감명을 받아 기도해 주기를 원하는 사람들을 방문하여 말씀을 전하고 기도해 주었으며, 가난한 사람들을 찾아가서 전도하고 주님의 말씀으로 용기를 더해 주었다. 찰스는 1740년 3월 옥스퍼드로 올라갈 때까지 브리스톨에서 야외설교, 개인전도, 가족전도, 방문전도, 그리고 신도회 방문 등을 통하여 날마다 많은 전도의 결실을 경험하면서 부흥운동에 나타나는 하나님의 영광을 보았다. 그리고 이곳 브리스톨에서 웨슬리 형제는 손을 맞잡았고 이후 약 반세기(정확히 49년) 동안 함께 부흥운동을 이끌어 가며 형제의 사랑으로 연합하여 전도자의 길, 거룩한 순례자의 길을 걸어갔다.

6. 한마음 한입으로 - 형을 지원하는 피스 메이커

1) '조용한 형제들'(still brethren)과 갈라서다 – 정적주의 논쟁

찰스는 옥스퍼드를 들러서 1740년 4월 1일 런던에 돌아왔다. 찰스가 브리스톨에 간 동안 런던에서 메도디스트 운동은 아주 중요한 발전을 이루었다. 런던에 메도디스트 운동의 전략적 센터가 마련된 것이었다. 1739년 11월 존 웨슬리는 자신의 설교를 들은 적이 있는 두 신사가 무어필드의 파운더리에서 설교해 달라고 간청하자 그곳에서 설교를 개시했다. 파운더리는 본래 대포를 만드는 무기 공장이었는데 폭발사고로 인해 무기 공장이 다른 곳으로 이사하여 폐허가 된 곳이었다. 존 웨슬리는 이 무기 공장 건물을 사서 개조하고 확장하여 아주 유용한 건물로 만들었다. 파운더리에는 1천 5백 명을 수용하는 집회실과 3백 명이 동시에 모일 수 있는 속회방들과 웨슬리 형제의 아파트와 직원들 방과 마차고와 마구간도 있었다. 무엇보다도 좋은 것은 아무에게도 방해받지 않고 자유롭게 설교할 수 있는 강단을 갖게 된 것이었다. 존이 이 강단을 동생에게 맡기고 브리스톨로 간 사이 찰스는 이곳에 오자마자 이 복된 강단을 홀로 책임지게 되었다.

브리스톨과 런던, 그리고 좀 더 나중에 생겨난 북쪽 전략기지인 뉴카슬은 웨슬리 형제의 평생 목회와 전도활동의 중심지로 메도디스트 복음전도의 삼각기지(evangelical triangle)라고 불렸다. 이 세 곳에는 각각 최초의 메도디스트 운동의 보금자리가 된 집들이 세워졌는데, 브리스톨에는 뉴룸(New Room), 런던에는 파운더리 예배당(Foundery Chapel), 그리고 뉴카슬에는 고아원(The orphanage)이었다. 형이 런던에서 일하는 동안에는 동생이 브리스톨을 맡았고, 한두 달씩 서로 교대하곤 하였다. 또한 두 형제는 교대로 북쪽 뉴카슬을 방문하면서 북쪽 지역도 소홀히 하지 않았다. 그리고 이 세 곳을 중심으로 선교전략을 세웠다. 치밀한 조직과 계획에 따라 차례로 순회 방문하면서 전도운동을 펼쳐 나갔다. 두 형제는 가는 곳마다 야외 전도집회를 열고 회심자들을 얻는 대로 신도회를 조직하고 그 안에 속회를 조직하여 신도들을 치밀하게 돌보았다.

그들의 목회와 전도운동은 어디서든지 성결운동과 박애운동을 동반하였다. 그리하여 메도디스트 운동은 개인구원과 사회구원을 함께 이루어 나갔다. 그러나 이러한 일이 언제 어디서나 쉽게 이루어진 것은 아니었다. 부흥운동 초기에 웨슬리 형제는 네 가지 논쟁에 말려들었다. 첫째는 모라비아교인들과의 논쟁, 둘째는 열광주의 논쟁, 셋째는 칼빈주의 논쟁, 그리고 넷째는 국교회와의 분리주의 논쟁이었다. 이 네 가지 논쟁을 이야기하는 것은 웨슬리 형제의 신앙과 메도디스트 역사를 이해하는 데 매우 중요하다.

런던에서 웨슬리 형제의 목회는 파운더리 이전부터였다. 존이 찰스의 영적 멘토인 피터 뵐러의 제안과 도움으로 페터레인 신도회(Fetterlane Society)를 결성하였는데, 사실상 이것이 웨슬리 형제의 회심 후 첫 목회라고 할 수 있었다. 페터레인 신도회는 잘 성장하였고 웨슬리 형제는 이 신도회 목회를 마치 첫 아이를 낳아 기르는 마음으로 소중히 여기면서 보람도 누렸고 기쁨도 맛보았다. 그런데 페터레인 신도회는 본래부터 모라비안적 요소가 많았고 날이 갈수록 더욱 모라비안적 성격이 짙어가고 있었다. 그러던 중 급기야 사고가 났다. 존 웨슬리가 야외설교와 신도회 목회로 분주한 틈을 타서 일종의 신비주의 이단에 깊이 오염된 필립 몰터(P. Molther)라는 모라비아교 교사가 들어와서 '정적주의'(quietism 또는 stillness) 신앙을 가르쳐 다수의 순박한 신자들을 자기의 추종자들로 만들어 놓고 만 것이었다. 정적주의자들은 교회의 모든 은혜의 방편(means of grace)이나 모든 하나님의 예법이 쓸모없을 뿐 아니라 아주 악한 것이라고 주장하였다. 그들은 신자는 조용히 앉아서 기다리기만 하면서 모든 것을 하나님이 홀로 다 하시도록 해야 하며 인간이 할 일은 아무것도 없다고 가르쳤다. 그래서 그들은 인간을 모든 하나님의 법도와 복음전파와 자비의 실천 등의 의무를 저버리고 불순종과 게으름과 불성실과 무기력의 타락한 본성에 떨어지게 하였다. 그들은 '조용한 형제들'(still brethren)이라고 불리었다. 이러한 가르침은 웨슬리 형제가 처음부터 지키고 가르친 메도디스트 신앙과는 정반대로 가는 것이었으며 웨슬리 형제의 모든 수고를 파괴하는 매우 위험한 것이었다. 페터레인 신도회는 완전히 망가질 위기에 놓였다. 정적주의는 이제 웨슬리 형제가 싸워 이겨야 할 적이었다.

정적주의는 급속도로 퍼졌고 페터레인의 회원 대다수가 깊이 오염되었다. 신성회 회원이었던 찰스의 가장 친한 친구들까지 극단적인 정적주의에 완전히 빠졌다.

아일링톤의 교구 목사 스톤하우스는 자기 교인이 죽어가는 것을 보고도 기도하기를 거부하고 보고만 있으면서 그저 인간이 할 일은 가만히 기다리는 것뿐이라고 했다. 또 조지아 선교에도 같이 갔던 블렌던의 교구 목사 찰스 델라모트는 교회의 모든 공중예배를 폐지하고 성만찬 받기를 거부했다. 찰스는 정적주의에 빠진 사랑하는 친구들인 벨, 브레이, 허튼, 홀란드, 리들리와 그 밖의 다른 친구들을 차례로 만나서 정면으로 그들의 잘못을 지적하고 멸망의 길에서 속히 돌아오라고 호소했다. 그다음 찰스는 델라모트를 몇 번이나 찾아가서 정적주의를 버리라고 설득해 보았으나 헛수고였다. 찰스는 너무나 실망하고 돌아와서 "지상에서 그에 대한 모든 기대를 포기했다. 오직 전능하신 하나님만이 모라비아교인이 되어버린 형제들의 교만과 경멸스러움과 병든 가라지들을 제거하실 수 있을 것이다."라고 탄식했다. 오히려 조용한 형제들은 찰스를 '교회를 박해하는 사울'이라고 비난하면서 동시에 찰스를 포섭하려고까지 했다. 찰스는 이제 사악한 길에서 회개할 줄 모르는 친구들과 모든 교제를 끊었다. 그렇지만 찰스는 생애 말년에 가서 자신의 행동이 너무 극단적이었고 잘못되었다는 것을 깨닫고 결별하였던 친구들과 새로운 교제를 갖게 되었다.

존 웨슬리가 브리스톨에서 급히 돌아왔고 하웰 하리스도 이 문제를 해결하려고 웨슬리 형제를 도왔다. 상황은 극도로 나빠졌다. 신도회원 열 중에 아홉은 망가진 것 같았다. 참을 만큼 참았던 존 웨슬리는 마침내 '조용한 형제들'(still brethren)에게 "나와 같은 판단을 하는 자는 나를 따르라."는 말로 최후의 경고를 보내며 결별을 선언하였다. 열아홉 명의 회원들이 웨슬리 형제를 따라 파운더리 신도회에 합하였고 나머지 회원들은 모라비아교 신도회로 가버렸다. 이렇게 해서 여섯 달 간의 분쟁이 끝났다. 그동안의 분쟁으로 인해서 양편 다 상처가 컸지만 웨슬리 형제는 아주 중요한 진리를 배웠다. 정적주의를 통해서 이단과 정통이 어떻게 다른지를 정확히 알게 된 것이었다. 웨슬리 형제가 추구하는 진정한 기독교 신앙의 본질과 성격을 경험을 통해서 밝히 알게 되었다. 웨슬리 형제는 정적주의와 논쟁을 겪으면서 메도디스트의 정체성이 분명히 드러나고 메도디스트 부흥운동이 더욱 건실하게 성장할 수 있는 확고한 토대가 마련되었다는 믿음을 얻었다. 결국 이 분리는 메도디스트들에게는 자신들의 순수성을 지키고 성숙해지는 동기가 되었고 '조용한 형제들'(still brethren)에게는 모라비아교로 돌아갈 기회가 되었다.

2) 신비 현상은 다 잘못된 것인가? – 열광주의 논쟁

부흥운동 초기에 웨슬리 형제의 전도 집회에서는 신비한 현상들이 많이 일어났다. 설교를 듣는 중에도 종종 많은 사람들이 큰 소리를 지르며 죄를 고백하고 회개하며 하나님의 자비를 구하였다. 어떤 사람들은 몸을 떨면서 뒤로 쓰러졌고, 심한 경련을 일으키며 비명을 지르고 넘어져 땅바닥에 굴렀고 한동안 무의식 상태에 있다가 깨어나곤 하였다. 이런 때에는 설교자의 목소리가 거의 들리지 않았으므로 설교자가 찬송을 선창하면 회중이 따라 부르다가 분위기가 안정되면 다시 설교를 이어가곤 하였다. 이때 청중 가운데 대부분은 진심으로 자신들의 죄를 고백하고 하나님의 자비를 구하는 기도를 드리며 하나님의 심판에 대한 두려움에 압도되었고 성령의 임재를 함께 체험하였다. 그렇지만 어떤 사람들은 그 진실성을 의심하고 이런 현상이 메도디스트 지도자들이 조작하여 군중을 속이는 행위라고 생각하고서 갖가지 난폭한 방법과 폭력을 사용하여 웨슬리 형제의 집회를 방해하였다. 또한 어떤 훼방꾼들은 집회에 참석하여 일부러 몸을 떨고 넘어져 소리를 질러대면서 메도디스트들을 흉내 내고 조롱하기도 하였다. 때로는 메도디스트들을 반대하고 혐오하는 성직자들과 상류층 인사들이 폭도에게 돈을 주고 매수하여 메도디스트 집회에 들어가서 물이나 가축의 분뇨를 뿌리고 사나운 개들을 풀어놓고 성난 말을 집회장에서 뛰게 하여 회중을 흩어놓기도 하였다.

웨슬리 형제의 친구들 중에서도 이러한 신비적인 현상을 잘못되고 병적인 상태로 보거나 종교적 열광주의라고 비판하는 사람들이 있었다. 심지어 조지 휫필드까지도 그 진정성을 의심하고 나섰다. 찰스는 이러한 현상은 '성령의 내적인 증거의 외적인 표적'이므로 '진실한 성령의 역사요 진실한 회개의 모습'이라는 형의 해석을 적극적으로 지지하여 반대자들을 설득하고 메도디스트 신앙을 변호하였다. 종교 지도자들과 사회적 인사들은 메도디스트들이 종교적 열광주의자들(enthusiasts) 또는 광신주의자들(fanatics)이어서 사람들을 유혹하여 사회를 병들게 하고 폭동을 일으켜서 왕권과 귀족 계층을 전복시키려 한다고 악선전하며 메도디스트 운동을 핍박하였다. 찰스는 이러한 노골적이고 폭력적인 반대에 대하여 직접적인 반응을 하지 않고, 진심과 깊은 사랑으로 다가가서 메도디스트들의 진실하고 거룩한 생활과, 특별히 가난하고 약한 사람들을 위한 자선활동을 소개하였다. 이러한 찰스의 노력은 시간이 지남에 따라 곳곳에서 열매로 나타났다. 1740년대 후반에 들어서면서 메도디스트들에 대한 사회의 이미지와 태도는 눈에 띄게 개선되었다.

브리스톨의 부유한 의사 미들톤은 본래 무신론자로서 메도디스트들을 정신병자로 취급하고 웨슬리 형제를 열광주의적 전염병을 퍼뜨리는 이단의 앞잡이라고 비난하면서 많이 괴롭혔고 집회를 방해하던 사람이었다. 그런데 찰스의 집회를 방해하려고 왔던 그가 하나님께서 모든 사람의 몸과 영혼의 병을 치료하고 생명을 구원한다고 외치는 찰스의 설교를 듣고 즉시로 자기의 잘못을 회개하였고 눈물을 흘리며 진실한 신자가 되었다. 이후 그는 가난한 광산 노동자들을 돈을 받지 않고 치료해 주는 그리스도를 닮은 의사가 되었다. 그는 찰스가 브리스톨에 있을 때에는 언제나 그의 주치의가 되어 돈을 받지 않고 치료해 주었고 약제사에게서 약을 사다가 찰스를 정성껏 치료해 주었다. 그는 가난한 사람들을 무료로 치료해 주면서 '돈보다 기도로 갚는 것이 영원토록 값진 것'이라고 말하며 자기를 위해서 간절한 기도를 부탁하였다. 그는 70세에 찰스의 설교를 듣고 회심을 체험하였고 22년간 그리스도를 위해 가난한 사람들을 돌보다가 92세에 세상을 떠났다. 실로 닥터 미들톤은 메도디스트 의사, 메도디스트 성자, 메도디스트들의 사랑의 아버지로서 거룩한 생애를 살았다. 또한 그는 가난한 사람들이 의료비를 내려고 할 때마다 돈을 받지 않았고 '진정으로 잘 살고 잘 죽는 사람이 되기를 바란다면 선해야만 한다.'(A people who live and die so well must be good)고 말해 주었다. 그리고 이 말은 메도디스트 성자의 유언으로서 오랫동안 메도디스트를 위한 거룩한 삶의 표본으로 자주 인용되었다. 찰스는 그의 장례식 설교에서 이 말을 인용하였으며, 그를 위해서 아름다운 찬송을 지어 불러 주었다.

찰스는 브리스톨에서 과로하여 다시 병들었고 거의 자리에서 일어나지도 못할 상태가 되었으나 닥터 미들톤의 정성어린 치료로 건강을 회복하였다. 이때 형 존이 돌아왔고 찰스는 다시 브리스톨 지방 전역을 거의 매일 말을 타고 다니며 순회 설교를 하였다. 한 주간을 보낸 후 찰스는 다시 탈진하였다. 이때 찰스는 킹스우드 학교로 가는 길에 약 천여 명의 광부들을 만났다. 그들은 킹스우드에 국교회 성직자들이 보낸 폭도들이 쳐들어와 광신주의자들을 몰아내라고 소리치며 폭력을 휘둘러 도저히 그곳에서 살 수가 없어 브리스톨로 피난을 가는 중이었다. 찰스는 마음 깊은 곳에서부터 동정심이 솟아나오는 것을 느끼면서 그들을 위로하고 권면하여 하나님의 보호를 믿고 킹스우드로 돌아가자고 강권하였다. 이때 더욱 악랄한 선동자들이 나타나 광부들을 무기로 위협하면서 찰스를 그들로부터 떼어놓으려고 하였다. 폭도들은 광부들을 향하여 "누구든지 메도디스트는 당장 여기를 떠나라. 아니면 광산 구덩이에 산 채로 매장시켜 버리겠다."고 위협했다. 찰스는 메도디스트 한 사람을 주먹으로 때려눕히고 발로 짓밟는 폭도에게 다가가 그에게 정의와 자비를 베풀라고 간곡히 호소하였다. 그러나 폭도는 자기는 사람이 아니라고 대답하면서 다른 폭도들과 함께 찰스를 포위하고 여기를 떠나라고 위협하였다. 찰스는 흔들리지 않았고 죽으면 죽으리라는 믿음으로 그들 앞에 담대하게 서 있다가 의식을 잃은 채 누워 있는 그 사람을 일으켜 세웠다. 폭도들은 하나씩 소리 없이 물러갔고 찰스와 광부들은 찬송을 부르며 킹스우드 학교로 걸어갔다.

1740년 말 찰스는 웨일즈 지방에서 순회설교를 하고 있었다. 그런데 거기에는 메도디스트들을 모두 다 종교적 열광주의자들이며 정신병을 전염시키는 자들이라고 비난하는 한 의사가 있었다. 그는 웨슬리 형제가 병든 사람들을 데려다가 병을 고치기 때문에 자기 환자들을 다 빼앗아 간다고 말하며 자기 지방에서 나가라고 요구하였고 옥수수 대로 찰스의 얼굴을 때리고 몸을 내리쳤다. 찰스는 피하지도 못하고 당하고 있는데, 그것을 보고 있던 그 의사의 하녀가 용기를 내어 그 의사에게서 옥수수 대를 빼앗으며 이 신사를 괴롭히지 말라고 말하였다. 의사가 그 하녀를 주먹으로 치려고 하였으므로 그 집에 있는 모든 사람들이 그녀를 피신시키고 그 의사를 집 밖으로 내쫓았다.

며칠 후, 찰스가 카디프에서 설교하려고 할 때에는 그 도시의 연극배우들이 웨슬리 형제가 자기들의 관객들을 다 빼앗아가서 연극장이 텅 비고 자기들의 사업이 망하게 되었다고 말하면서 카디프를 당장 떠나라고 요구하였다. 그들은 칼과 다른 무기를 들고 찰스를 포위하였다. 그러나 그 지방의 보안관이 나타나서 배우들을 물러가게 하였고 찰스를 보호해 주었다. 덕분에 찰스는 극장 앞마당에서 성공적으로 집회를 마칠 수 있었다.

3) 한이 없고 차별 없는 하나님의 은혜 – 예정론 논쟁

1739년 말부터 메도디스트 부흥운동 캠프에는 칼빈주의 예정론 논쟁이 과열되어 칼빈주의 예정론을 주장하는 휫필드 파와 만인구원을 설교하는 웨슬리 파가 분열 위기에 놓였다. 예정론 논쟁은 처음에 조지 휫필드와 존 웨슬리 사이에서 시작되어 신도회 전체로 파급되었다. 그 과정에서 찰스의 역할은 분명하고 중요하였다.

모라비안 정적주의 문제로 신앙의 형제들과 분열의 아픔을 겪은 웨슬리 형제는 부흥운동에 있어서 신학 사상의 차이를 조절하는 것이 얼마나 중대한 일이지를 뼛속 깊이 인식하게 되었다. 그런데 정신을 가다듬을 틈도 없는 사이 또 다른 신학적인 문제가 발생한 것이었다. 휫필드는 오래전부터 칼빈주의 예정론에 기울어져 있다가 아메리카에서 적극적인 칼빈주의 예정론자가 되었고, 영국으로 돌아와 공공

연히 예정론을 설교하고 다녔다. 그리하여 예정론 신앙은 그의 설교를 통하여 메도디스트 신도회 안에 급속도로 퍼져 나갔다. 웨슬리 형제는 부흥운동이 신학적으로 중대한 위기를 맞고 있다고 판단하였다. 조지 횟필드는 노골적으로 그리스도는 오로지 선택된 자들(the elect)만을 위해서 죽으셨으므로 누구든지 복음을 거부하는 자는 영원한 저주를 받도록 결정된 자이며 따라서 설교자의 복음전파도 오로지 선택된 자들에게만 효력이 있는 것이며 선택받지 못한 자들에게는 아무런 소용이 없다고 주장하였다.

 이에 반해서 어머니 수산나로부터 예정론은 하나님의 정의와 사랑과 선하심에 반대되는 거짓된 교리라고 배워온 웨슬리 형제는 그리스도의 구원의 은혜는 모든 사람에게 주어지는 선물이며 동시에 누구든지 자유의지를 가지고 스스로 선택할 수 있기 때문에, 모든 사람이 구원받는 것은 아니라고 주장하는 네덜란드의 반칼빈주의 신학자 야코부스 아르미니우스의 견해를 성경적 복음의 교리로 받아들였다. 찰스는 하나님이 어떤 사람들을 태어나기도 전에 영원한 저주로 운명을 결정하였다는 것은 하나님을 죄 없는 사람에게 형벌을 내리는 악하고 불의하고 무자비하고 거짓된 하나님으로 만드는 것이라고 비판하였다. 찰스는 형과 함께 '그리스도는 모든 사람을 위해 죽으셨고 그의 구원은 모든 사람을 위해서 차별 없이 주어진다.'(Christ died for all, and salvation is free for all)고 설교하였다. 교리적인 차이는 횟필드와 찰스의 깊은 우정을 상하게 했고 두 친구의 동역을 불가능하게 만들었다. 웨슬리 형제가 횟필드에게 영국 국교회의 목사가 예정론을 설교하는 것은 잘못된 것이라고 충고하자 횟필드는 다음과 같이 전해왔다.

 "나는 일만 번이라도 예정론이 옳은 교리라고 믿습니다. … 당신은 생각이 다르니 더 이상 이 일로 말다툼하지 않기를 바랍니다. 왜냐하면 우리 중에 누구도 설득당할 가능성이 없기 때문입니다. 이 문제가 오랫동안 맺어온 우리 형제의 우정을 파괴하거나 하나님이 우리 사이에 영원히 보존해 주시기를 바라는 화목하고 아름다운 영혼의 연합을 깨뜨리지는 못할 것입니다."40)

이제 웨슬리 형제는 휫필드가 세상에 무슨 일이 생겨도 예정론 신앙을 결코 양보하지 않을 것이라고 판단하였다. 게다가 부흥운동 캠프의 가장 중요한 사람들 그리고 웨슬리 형제와 가장 절친한 친구들, 즉 부흥운동의 선구자 하웰 하리스, 존의 수제자 격이며 킹스우드 스쿨의 교장인 존 세닉에 이어서 존의 애제자인 존 어코트, 그리고 탁월한 신학자 어거스트 토프레이디(August Toplady)와 부흥운동의 물주 역할을 하던 레이디 헌팅돈(Lady Huntingdon)이 한두 달 사이에 휫필드를 좇아서 강력한 예정론자로 돌변하였다. 이에 웨슬리 형제는 부흥운동 중심에서 칼비니즘의 뿌리를 완전히 뽑아내야겠다고 결심하고, 존은 칼비니즘의 모든 실체를 드러내고 그 모든 해악을 낱낱이 지적하는 설교 「값없이 주시는 은혜」(*Free Grace*)를 출판하였다. 이 설교에서 존은 칼빈의 예정론은 그리스도를 불필요한 허수아비와 위선자로, 하나님을 죄 없는 수많은 영혼을 영원한 불의 저주로 몰아넣는 마귀보다 더 악하고 잔인한 독재자로 만들어서 복음을 무용지물로 만들어 버리는 반기독교적인 마귀의 교리이며, 자기가 선택되었다고 판단되면 선택받지 못한 자라고 여겨지는 사람들을 저주할 뿐만 아니라 스스로 게으름과 오만과 위선에 빠져 선행과 거룩한 생활에 힘쓰지 않게 하여 결국 은혜를 쓰레기처럼 버리고 믿음을 잃어버리게 만드는 교리라고 비판하였다. 찰스는 형의 설교를 지지하는 운동을 펴 나가면서 예정론을 반대하고 만인구원을 전파하는 여러 개의 찬송을 지어 모든 집회에서 부르게 하였다. 찰스가 제일 먼저 출판한 찬송은 '우주적인 구속'(universal redemption)이라는 제목의 찬송이었는데, 이 찬송의 주제는 하나님의 '무제약적 은혜'(boundless grace)를 찬양하는 것이었다.

"주님은 모든 영혼에게 자비하시고
한이 없고 차별 없는 은혜를 주시네.

무시무시한 교령을 파괴하시고
모든 인류를 품에 안으시도다."41)

4) 어서 와서 손을 잡읍시다 – 피스 메이커 찰스

위와 같은 웨슬리 형제의 전략은 전쟁 선포나 마찬가지였고, 실제로 부흥운동 캠프가 극렬한 교리논쟁에 휘말리며 여기에 가족적인 연대로 인하여 감정적으로 악화되고 보복적인 행동이 나타났다. 당시 브리스톨 뉴룸의 관리를 맡고 있던 휫필드의 누이는 웨슬리 형제에게 방을 내주기를 거부하였다. 존 세닉은 존 웨슬리의 은덕을 가장 많이 입은 수제자였지만 존 웨슬리는 교황 같은 독재자며 찰스는 사탄의 앞잡이라고 혹독하게 비난하였다. 그렇지만 찰스는 즉각적인 반응을 피했고 그다음 주일 저녁 브리스톨 신도회에서 흥분한 사람들을 부드러운 말로 진정시키려고 애썼으며 간증을 통해서 자신과 형의 메도디스트들을 향한 애정 어린 마음을 보여주었다. 찰스는 예정론을 주장하는 사람들이 모두가 자기 형의 특별한 사랑을 받고 갚을 수 없는 신세를 졌는데도 교리가 다르다고 모든 은덕을 잊어버리는 것은 형의 마음을 얼마나 아프게 하는 것인지 알아야 한다고 말했다. 그리고 그들을 위해서 간절한 사랑과 화해의 기도를 하였다. 찰스는 어디서나 화해의 중재자, 평화를 만드는 사람이 되려고 하였다. 가장 혹독한 비난을 들은 지 며칠 후 찰스는 하리스에게 다음과 같은 감동적인 편지를 보냈다.

"나의 가장 사랑하는 친구인 형제여, 많은 사랑과 친절로서 말합니다. 당신이 하나님의 영광과 하나님의 영을 사랑하는 마음을 갖고 있다면 곧장 나에게로 달려와 주시기를 간청합니다. 나는 우리가 이 세상에나 저 세상에서 하나이지 둘이 되지 않을 것이라고 믿습니다. 오 나의 형제여 우리가 한순간이라도 사탄의 방해를 받아야 한다는 것은 나를 슬프게 만듭니다. 나는 그리스도를 위해서라면 나의 목숨이라도 기꺼이 내어 놓겠습니다. 만일 당신의 마음이 나의 마음과 같다면 서둘러 와서 서로의 손을 잡읍시다.

    사랑하는 그리스도의 이름으로,

    당신의 반쪽 같은 형제, 찰스 웨슬리로부터."42)

며칠 후 하리스가 달려왔다. 모든 오해와 어둠이 사라졌고 이전처럼 진실한 두 친구의 마음은 다시 하나로 묶어졌다. 그들은 함께 목소리를 높여 승리의 찬송을 불렀고 신도들도 따라 불렀다. 이때 한 열성적인 웨슬리 형제의 지지자가 일어나서 하리스와 예정론자들의 실수와 비행을 지적하면서 찰스에게 그들의 잘못을 심판하라고 촉구하였다. 찰스는 그 사람에게 자신은 결코 예정론자들을 비난할 마음이 없으며 자기의 마음속에 있는 그리스도의 사랑이 모든 사람에 대하여 선한 말을 하도록 강권한다고 말하였다. 그러나 존 세닉은 하리스와 아주 다르게 반응하여 사태를 악화시켰다. 킹스우드에서 찰스가 교리적인 차이가 사랑의 정신을 삼켜 버리게 해서는 안 된다고 말할 때 두 여인이 찰스에게 달려들어 공격하려 하자 세닉은 이것을 묵인하였고 오히려 두 여인의 편을 들어주었다. 이로 인해 신도회의 분위기는 막다른 길로 갔고 얼마 후 세닉은 킹스우드 신도회에서 추종자들을 데리고 나가 다른 곳에서 모이기 시작하였다. 세닉은 막스필드, 험푸리, 토마스 리처드, 토마스 웨스틸, 프랜시스 애즈베리와 함께 존 웨슬리가 '복음의 아들'(sons in the gospel)이라고 부른 수제자들 중의 하나였다. 찰스는 세닉에게 자신의 슬픈 마음을 이렇게 전했다.

"나의 가장 친애하는 형제여, 많은 사랑과 친절로 말합니다. 당신은 나의 형님이 지극히 사랑하고 신뢰하여 형님을 대신하여 일하도록 킹스우드에 보냄을 받았습니다. 당신은 형님의 복음의 아들로서 여기에서 섬겨 왔습니다. 나의 형님이 당신을 얼마나 사랑했는지는 말할 필요도 없습니다. 그런데 당신은 나의 형님이 준 권위를 그의 교리를 뒤집어버리는 데 사용하였습니다. 당신은 매사에 나의 형님을 반대하고 있으며, 사람들의 마음을 나의 형님으로부터 도적질하고 있습니다. 내가 얼마나 나를 낮추고 인내하면서 당신을 사랑했는지 하나님이 증인이십니다. 이제 나는 그대를 하나님의 손에 맡겨드립니다. 하나님은 그리스도가 우리를 용서하신 것처럼 서로 용서하라고 명하십니다."43)

1741년 3월, 아메리카에서 돌아오자마자 조지 휫필드는 웨슬리 형제가 출판한 예정론 비판 설교에 대한 답변서를 찰스에게 전하고는 모든 설교에서 웨슬리 형제를 공개적으로 비난하였다. 그는 파운더리 예배당에서 찰스가 앉아 있는데도 예정론을 주장하며 극단적인 표현으로 예정론 반대자들을 공격하였다. 휫필드는 칼비니즘을 방어하는 편지를 웨슬리 형제에게 보냈다. 그는 편지에서 그리스도의 희생이 다만 인간의 자유의지에 의해서만 효력 있게 되는 것이라면 그 가치가 없어지는 것이며, 수많은 영혼이 영원한 불속에 떨어지도록 운명을 결정하는 것은 하나님이 아담의 죄에 대하여 그렇게 형벌을 내리는 것이기 때문에 정의롭지 못한 행위가 아니며, 또한 누구든지 진정으로 선택받았다고 믿게 되면 거룩한 생활에 힘쓰게 되기 때문에 예정론자들이 성화를 무시하고 아무렇게나 산다는 주장은 쓸데없는 걱정에 불과하다고 역설하였다. 휫필드는 이 편지를 인쇄하여 모든 신도회에 배포함으로써 웨슬리 형제를 압박하였고 세닉은 킹스우드 신도회 대표단을 데리고 찰스에게 와서 형이 예정론에 관하여 침묵하도록 설득할 것을 요청하였다. 이에 존 웨슬리는 거짓말, 중상모략, 악한 말, 공동체 파괴 행위 등의 죄목을 들어 세닉을 모든 직위에서 추방하였다.

세닉은 휫필드에게 도움을 요청했고 휫필드는 존을 만나려고 시도했지만 존은 만나기를 거부하고 대신 찰스를 보냈다. 두 사람은 만나서 거의 하루를 같이 지내며 대화하였다. 그들은 서로의 우정이 세상에서 가장 아름다운 것이며 아직 변하지 않았다고 말했지만 신학적 견해에서는 아무도 양보하지 않았다. 그들은 서로를 위해서 기도해 주었고 눈물을 흘리며 헤어져야만 했다. 찰스가 형이 휫필드를 직접 만나 다시 한 번 화해를 시도하도록 설득하는 데 열하루나 걸렸지만, 이 만남은 이루어지지 않았다. 왜냐하면 존이 새롭게 마음을 정리하고 휫필드를 만나려고 할 때 마침 일단의 칼빈주의자들이 휫필드에게 와서 더 이상 중간에 서서 우물쭈물하지 말고 웨슬리 형제가 설교하는 것을 공개적으로 반대하고 그들과 악수도 하지 말고 담대하게 맞서 싸우라고 촉구하였기 때문이다. 그들은 만일 그렇게 하지 않을 경우에는 휫필드와 협력할 수 없다고 협박까지 하였다. 이 사실을 안 존 웨슬리는 휫필드에게 브리스톨 뉴룸 강단에 서지 못하도록 금지령을 내렸다. 이에 휫필드는 충격을 받아 식음을 전폐하고 앓아누워 며칠 동안 울었다. 그는 찰스에게 형의 마음을 돌려보라고 도움을 요청했지만 찰스는 더 이상 아무것도 할 수 없었다. 여기서도 찰스와 존의 성품은 달랐다. 찰스는 칼빈주의자 편에서 아무리 어려운 상황을 만든다고 해도 끝까지 피스 메이커, 즉 화해자로 남았다.

그러나 찰스의 모든 화해의 노력에도 불구하고 사태는 더 악화되었다. 휫필드가 사랑한 여인 엘리자베스 델라모트가 모라비아교인 윌리엄 홀란드와 결혼해 버린 것이었다. 휫필드는 그녀를 깊이 사랑하여 그녀의 부모에게 결혼 허락을 요청한 상태였다. 그렇지만 그녀의 부모는 허락하기는커녕 딸을 강제로 급하게 결혼시켜 버렸다. 그것은 자기들의 딸을 더 이상 메도디스트들과 교제하지 못하게 하려는 단호한 의도였다. 휫필드는 이 일로 말미암아 또 다시 형언 못할 상실감과 슬픔에 빠져 통곡해야만 했다. 그리고 그는 이것이 웨슬리 형제가 메도디스트 신도회를 분열시키려는 노골적인 의도를 갖고 저지른 것이라고 오해하였고 분노에 휩싸였다.

휫필드는 세닉을 비롯한 동지들과 대응책을 찾은 결과 자기들의 추종자들을 위하여 파운더리 예배당 근처 통나무집을 빌려서 집회장소로 사용하고 '스파 필드 성전'(Spa Fields Tabernacle)이라고 이름을 붙이기로 결정하였다. 1741년 4월, 이 새로운 집회장소를 열었다. 그렇지만 웨슬리 형제의 신도회를 해치려는 마음은 없었다. 휫필드는 서로의 교리를 양보할 가능성이 없는데 더 이상 서로 반목하고 비난할 필요도 없고 또 함께 붙어 있을 필요도 없이 각자의 길을 가는 것이 최선이라고 판단하게 되었다고 설명하였다.44)

부흥운동 캠프는 이제 사실상 휫필드 파(Whitefieldites)와 웨슬리 파(Wesleyans)로 분열된 것이다. 그래서 웨슬리안 메도디스트와 휫필다이트 메도디스트라는 이름이 붙었으며, 그 결과로 예정론을 믿는 칼빈주의 메도디스트 교회(Calvinistic Methodist Church)가 생겨났다. 휫필드가 따로 살림을 차려 나가자 찰스는 신도회에서 비통한 심정을 토로했지만 한편으로는 만인구원의 교리를 맘껏 전파할 자유를 얻었다. 찰스는 만인구원(salvation for all)의 교리를 더욱 더 열심히 전파해야만 한다는 사명감을 가지고 설교하였다.

"능력의 영이 내게 임하니 보혈의 샘이 모든 사람에게 열렸도다. 나의 입과 나의 마음이 넓게 열리니 성령이 내가 생각할 수도 없는 생명의 말씀을 외치게 하시도다. 수많은 영혼이 십자가에 달리신 그리스도의 사랑에 잠기어 죄악의 사슬을 끊었도다. 오, 길 잃은 영혼들아 보라, 그리스도는 모든 사람을 위하여 죽으셨도다."45)

5) 교리는 달라도 사랑과 존경을 – 찰스의 에큐메니즘

첫 번째 메도디스트 총회(1779) – 위 강단에는 존 웨슬리, 아래 강단에는 찰스 웨슬리가 서 있다.

찰스에게 만인구원(salvation for all)이란 교리나 신학 이전에 모든 사람이 구원받아야 하며, 구원받을 수 있기 때문에 모든 사람에게 복음을 전하여야 한다는 신앙이자 사명이었고 실제적인 복음전도의 실천이었다. 그는 그리스도 예수의 복음이란 어떤 특수한 사람들이나 민족이나 계층, 특별히 선택되고 제한된 사람들만을 위한 것이 아니라, 어떤 차별도 어떤 제한도 없이 '모든 사람들을 위한' 구원의 은혜(saving grace)라는 성경적인 복음의 교리를 주장하였다. 그는 칼빈주의 예정론은 단순히 이 진리를 손상시키고 부정하는 것이라고 판단하였고 실제로 그런 결과를 일으키기 때문에 힘을 다하여 반대하였다. 찰스는 예정론이 많은 사람들에게 목에 매달린 연자 맷돌과 같이 무섭고 흉측한 괴물과 같다는 사실을 여러 번 목격하였다. 찰스는 아주 극단적인 예를 보기도 했다. 어떤 사람이 자기는 천국에 들어가도록 예정되었다고 믿은 다음부터 모든 도덕적인 의무로부터 해방감을 느껴 자기 아내를 때리면서 '내가 너를 죽이더라도 나는 절대로 저주를 받지 않을 것이다.'라고 말했다는 것이다. 또 자신은 하나님의 사랑을 받아 선택되었다고 믿고 오만한 마음이 생겨서 지옥에 가도록 버려진 영혼들이라고 생각되는 사람들을 마음대로 저주하는 사람들이 여기저기에서 나타난다고 말했다. 이런 예정론의 파괴적인 결과들을 말하면서 찰스는 오히려 하나님의 사랑으로 구원의 은혜를 믿는 그리스도인이 죽음을 맞이할 때에는 그리스도인의 성결과 완전한 성화의 증거를 보이는 것이 매우 옳고 마땅한 것이라고 역설하였다.46)

이러한 신학적 차이와 거리에도 불구하고 찰스 웨슬리는 휫필드와 헌팅돈과 세닉 등 칼빈주의자들과의 우정을 회복하려고 진실한 노력을 하였으며, 휫필드를 설교에 초청하며 부흥운동에 직·간접적으로 가능한 협력하면서 화해의 기회를 찾으려고 하였다. 존보다도 찰스가 더욱 적극적으로 중재와 화해에 나섰다. 옥스퍼드 신성회 시절부터 찰스는 따뜻하고 아름다운 우정으로 회원들을 모았다. 이상하게도 찰스가 인도한 신성회 회원들 다수는 칼빈주의자가 되었다. 그리고 그들은 당시 영국교회 안의 대표적인 칼빈주의 엘리트였다. 찰스는 칼빈주의 논쟁 중에도 그들과의 우정을 지켰다.47) 찰스는 칼빈주의자들에게만 아니라 이전에 헤어진 모라비아교인들과도 강단을 교류하는 등 화해를 시도하였다. 찰스는 평생토록 피터 뵐러를 자기의 신앙을 세워준 영적인 멘토로 존경하였고 그에게 설교를 부탁하고 그와의 우정을 유지하려고 노력하였다. 또한 찰스는 휫필드를 평생토록 영적으로 빚진 은인이요 멘토로 여기고 사랑하고 흠모하며 지냈고, 그를 나다나엘 같은 참 이스라엘이요 아브라함이 만난 천사와 같은 사람이라고 생각하였다. 그는 헌팅돈 부인도 자주 방문하여 깨어진 관계를 회복하고 그녀가 세운 신도회에 초청받아 설교하곤 하였다. 헌팅돈 부인은 찰스의 아름다운 인격과 조화로운 성품에 매료되어 과거의 일들을 다 잊고 그리스도의 사랑 안에 하나의 줄이 서로를 묶어주는 것에 감사했다.48) 조지 휫필드 역시 웨슬리 형제를 평생토록 사랑하고 존경하며 우정을 잊지 않고 살았다. 이것은 교리와 신학 사상을 넘어서는 그리스도의 사랑의 힘이 작용한 것이었다.

휫필드가 죽은 후 그가 존 웨슬리를 얼마나 진심으로 존경하는지를 선명히 보여주는 그의 유언이 메도디스트들의 역사에 전해졌다. 휫필드를 추종하는 어떤 칼빈주의자가 휫필드에게 "당신은 천국에서 존 웨슬리를 볼 수 있을 것이라고 생각하느냐?"고 물었을 때 휫필드는 "그것은 불가능할 것입니다. 왜냐하면 그분은 주님의 보좌 바로 앞에 앉을 것이고 나는 끝자리에나 앉을 것이기 때문입니다. 따라서 저는 그분을 뵐 수 없을 것입니다."라고 대답하였다. 이것은 아주 감동적이고 아름다운 우정과 존경이 그들의 마음속에 살아있었다는 증거다. 웨슬리안들은 만인구원의 신앙으로 복음을 전파하였고 휫필다이트들은 예정론을 가지고 복음을 전파하였다. 그들은 각기 그리스도의 복음의 종들로서 온 힘을 다한 신실하고 위대한 전도자들이었다. 그리고 찰스는 언제나 형 편에 서는 든든하고 가장 좋은 동생이요 동역자요 지원자였으며, 두 편, 즉 예정론자들과 만인구원론자들 사이에 너그러운 중재자요 사랑의 화해자로서 최선의 역할을 다 하였다.

예정론 논쟁이 가장 뜨겁게 진행되고 있을 때 찰스는 논쟁의 적대자들이 이전에는 가장 친한 신앙의 친구들이요 부흥운동의 동역자들이라는 사실 때문에 더욱 마음이 상하고 괴로웠다. 그는 예정론자들을 위해 기도하는 중에 '우주적인 사랑'(Catholic Love)이라는 실로 아름답고 감동적인 시를 써서 휫필드에게 보냈다. 존 웨슬리는 동생의 이 시를 자신의 '우주적인 정신'(Catholic Spirit)이라는 설교에 인용하였다. 찰스의 이 시는 휫필드와 모든 예정론 논쟁자들에게 깊은 감동을 주었다.

"사랑은 죽음같이 강하여, 모든 장벽 단번에 허물고
모든 차이와 싸움을 무효로 만드시고
이름들, 분파들, 교파들을 떨어뜨리고
하나를 이루시는 그리스도여
당신은 모든 것의 모든 것 되시도다.49)
(Love, like death hath all destroyed,
Rendered all distinctions void;
Names, and sects, and parties fall:
Thou, O Christ, art all in all.)

바벨탑으로부터 나온 분파와 교파를
모두 뒤로 던져버리고
나의 마음을 넓히고 나의 생각을 열어놓으니
숨어 있는 진리를 나는 발견하네.
오로지 예수의 이름을 기뻐하고
그 이름에 경배합니다.50)

나의 하늘 아버지의 뜻을 행하는 자들
완전한 성결을 바라보고 전진하는 자들
당신의 계명을 이루고 당신을 사모하는 자들
마음을 다하여 하나님을 사랑하는 자들
그들이 나의 형제요 친구요 친척이로다."51)

7. 죽으면 죽으리라 - 방랑 전도자의 고난과 영광

1) 부지런하고 사랑 많은 목사 – 선한 목자 찰스

이제 찰스는 열성적인 야외설교자로 그의 목회의 방향을 확고히 정하고 형과 함께 런던과 브리스톨을 중심으로 나날이 바쁘게 부흥운동을 펼쳐 나갔다. 두 형제는 전국을 다니는 방랑 전도자였지만 동시에 신도회의 양들을 섬세하게 돌보는 성실한 목사의 의무를 결코 소홀히 하지 않았다. 그들은 이미 두 도시를 중심으로 많은 회심자들을 얻었고 지역마다 회심자들로 신도회를 조직하여 치밀하게 돌보는 목사들이었다. 찰스가 만 서른세 살이던 해인 1741년 일기를 보면 그는 매일 신도회의 신자들을 심방하여 기도해 주고 상담해 주고 생활을 도와주느라 무척 바쁘게 지냈는데 특별히 더 약하고 가난한 신자들과 환자들을 많이 심방하였다. 찰스의 일기에는 불치병을 앓고 있는 사람들을 방문하여 기도해 주는 일과 신자들의 임종을 지켜보며 임종예배를 드려주는 이야기가 종종 나타나는데, 하루에 여러 명의 환자들을 방문하거나 불신자나 배교자들까지 방문하여 도와주기도 했다. 한번은 죽음과 지옥의 공포에 질리고 사탄이 주는 흑암의 권세에 눌려서 고통받는 한 여인을 여러 번 방문하여 기도해 준 결과 마침내 그 여인이 구원의 은혜를 믿고 평안을 얻어 "난 이제 예수님이 날 위해서 죽으셨다는 것을 분명히 알았어요. 난 죽음이 조금도 두렵지 않아요. 죽음은 날 해칠 수 없어요. 난 천국을 보고 있어요."라고 믿음을 증거하는 것을 보았다.

찰스는 결혼식 주례를 한 적은 별로 없지만 장례식 주례는 많이 하였다. 찰스는 메도디스트들이 거룩한 죽음을 맞이하는 모습을 보며 이것이 메도디스트 신앙의 위대한 축복의 증거라고 생각하면서 많은 위로를 느꼈다. 브리스톨 신도회의 충성스럽고 모범이 되는 메도디스트 리처드슨이 죽었을 때 그의 장례식에서 찰스는 "천국의 평화가 내려와 우리의 형제를 엘리야처럼 데려갔도다. … 기쁨이 넘치는 장례식을 보는도다. … 거룩한 죽음의 본을 보인 리처드슨의 믿음에 대한 우리의 자랑과 기쁨이 크고도 높도다."라고 설교하였다. 모든 신도회원들은 찬송을 부르면서 형제의 묘지까지 동행하였다. 찰스는 장례 행렬의 찬송을 직접 인도하면서 앞서갔다. 실로 찰스는 메도디스트 장례식을 '노래하는 장례식'(singing funeral)으로 만들었는데, 이것은 아름답고 자랑스러운 메도디스트의 전통이 되었다.

찰스는 장례식을 치른 바로 그다음 날부터 사흘 동안 브리스톨 신도회 회원들을 방문하였다. 그리고 다음 날은 약 십리쯤 떨어진 광산지역 킹스우드에 있는 메도디스트 신도회를 방문하였고 특별히 가난한 회원들과 환자들을 찾아가 위로하였다. 킹스우드는 처음부터 메도디스트 부흥운동이 가장 활발하게 일어난 곳이었다. 벌써 여러 개의 신도회가 있었고 존 웨슬리가 세운 킹스우드 학교와 또 다른 메도디스트 학교가 있었다. 킹스우드 신도회 회원들은 주로 광산 노동자들이었는데, 이들의 신앙은 마치 활활 타는 용광로에 비유할 수 있을 정도로 뜨거웠다. 밤을 지새우며 기도하는 철야기도회(watch-night service)도 킹스우드 신도회에서 자발적으로 시작되어 전국으로 퍼져 초기 메도디스트의 독특한 기도집회로 자리 잡았다. 찰스는 거기서 처음 본 철야기도회에 대하여 이렇게 기록하였다.

"많은 신도가 모여 기도와 찬송으로 밤을 지새우고 있었다. 어떤 사람들은 아주 멀리서도 두세 시간씩 걸어왔다. 성령의 불이 임하는 것이 보였고 모든 사람들은 성령으로 충만하였다. 그들은 맘껏 기도하고 찬송을 부르다 성령의 감동을 받아 각자가 체험한 은혜를 자유롭게 간증하였다. 여호와께서 시내산에 나타나셨던 것처럼 우리 사이에 임재하셨다."52)

찰스는 그들 앞에서 설교할 때 성령의 능력으로 충만하여 강한 폭포수처럼 말씀을 쏟아냈고 성령의 불이 타오르는 것을 보았다. 찰스는 감격하였고 그의 눈에서는 눈물이 솟구쳤다. 그의 설교가 끝났을 때 온 회중은 큰 소리로 외쳐 기도하기 시작했고 그들의 기도는 마치 구름을 뚫고 하늘로 올라가는 것 같았다. 찰스는 한 주간 킹스우드 심방을 마치고 다시 신도회에서 그리스도의 십자가를 주제로 설교하였다. 찰스는 설교하는 동안 주님의 십자가 사랑에 사로잡혀 눈물이 쏟아지는 것을 참을 수 없었다. 찰스가 그리스도께서 못 박히고 십자가에 달리고 창에 찔린 그리스도의 고통을 말할 때에 온 신도는 찰스와 함께 눈물을 흘리며 애통해하였다.

찰스는 킹스우드 신도회의 충성된 회원인 후퍼가 임종을 바라보고 있다는 소식을 듣고 몇 차례 심방하여 기도해 주었다. 찰스의 기도를 통하여 구원의 확신을 체험한 후퍼는 주님이 예비하신 영원한 집에 대한 소망과 기쁨으로 가득하였고 두려움을 평화로 바꿔주신 주님을 찬양하였으며, 자기 영혼을 보호하고 천국으로 인도할 천사들을 보고 있다고 말하였다. 그날 찰스는 의사가 후퍼 형제에 대하여 하는 말을 들었다. "후퍼는 자기 영혼의 현재와 미래에 대하여 조금도 두려워하지 않습니다. 대부분의 사람들이 죽음의 공포에 의해 정복당하는데, 당신의 신자들처럼 죽음을 두려워하지 않는 사람들은 본 적이 없습니다. 메도디스트는 죽음을 두려워하지 않는군요!" 찰스는 이 말을 듣고 다시 한 번 죽음을 두려워하지 않는 메도디스트 신앙의 위대한 축복에 대하여 주님께 감사하였다.

찰스는 후퍼 형제를 천국으로 환송한 다음 곧바로 투병 중에 있는 몇몇 신도회원들을 심방하였다. 그들은 한결같이 "나의 오직 한 가지 소망은 영원히 그리스도와 함께 있는 것입니다."라고 고백하면서 담대한 신앙으로 주님을 만날 준비를 하였다. 그는 성령의 평안 가운데 천국으로 들리어 간 릴링톤 자매의 장례식을 행할 때, 사탄이 맹렬하게 공격하는 것을 보았다. 찰스는 반대자들이 몰려와서 "당신들은 아르미니우스주의자들이요 자유주의자들이요 완전주의자들이요 교황주의자들이다. 우리의 영토에서 당장 물러나라."고 소리치는 것을 들었다. 찰스와 신도들은 조금도 흔들리지 않고 더욱 힘 있게 찬송을 부르면서 장례식을 마쳤다. 장례식 설교 중에 찰스는 "우리가 승리의 찬송을 부를 때 반대자들의 악한 말들은 연기처럼 공중에 사라진다."고 설교하며 신도들을 격려하였다. 찰스는 킹스우드 신도회의 충성된 속장 레이첼 피콕크의 장례식 설교에서 그녀의 거룩한 삶과 거룩한 죽음을 다음과 같이 묘사하였다.

"우리의 사랑하는 자매 피콕크는 성령의 능력 안에서 모든 고난을 넉넉히 이기는 승리에 찬 성도의 삶을 살았습니다. 그녀의 얼굴에는 항상 하늘의 평화가 빛났고 얼굴에는 밝은 웃음이 가득했으며 입에서는 기쁨이 흘러 나왔습니다. 그녀는 항상 기뻐하고 쉬지 않고 기도하며 범사에 감사하며 늘 찬송을 부르며 성령 안에서 주님과 연합하여 살았습니다. 그녀는 죽음 너머에 하나님의 거룩한 도성을 바라보며 부활하신 영광의 주님을 맞이하였습니다. 나는 관 속에 있는 그녀의 얼굴을 보자 그녀의 영혼이 마치 새장에서 나와 자유로이 하늘을 나는 새처럼 느껴졌고, 완전한 평화를 누리며 주님 안에서 잠자는 모습을 보았고 부활의 아침을 맞이하는 기쁨을 머금은 얼굴을 보았습니다."[53]

1741년 가을, 찰스는 웨일즈의 한 영주인 로버트 존즈의 초청으로 웨일즈 전도를 개시하게 되었다. 그는 이미 하웰 하리스의 설교를 듣고 영적으로 깨어 있는 사람으로서 찰스의 활동에 대하여 듣고 자신의 가족과 마을 사람들과 함께 마을의 교구교회에서 한동안 머물러 설교해 줄 것을 간곡히 요청하였다. 찰스는 기도와 금식으로 준비하였고 그곳에서 설교함으로 처음으로 웨일즈 전도를 하였다. 찰스는 그때의 부흥집회에 성령이 강하게 역사하여 마을 사람들뿐 아니라 자신을 비난하던 교구 목사의 마음까지 움직이는 것을 보았다.

"하나님이 우리 가운데 오셨다. 성령이 강한 바람같이 우리 가운데 활동하셨다. 성령이 많은 영혼들을 흔들어 깨워 살리고 육체의 죄와 멸망에서 벗어나 안전한 나라로 옮기셨다. 가난하고 순진한 영혼들이 예수의 발 앞에 엎드렸다. 수많은 영혼의 상처가 치료되었고 병에서 고침을 받았으며 새 생명의 기쁨을 얻었다."[54]

존즈는 집회가 끝난 후 찰스에게 브리스톨로 돌아가는 것을 연기하고 한 번 더 부흥회를 열어줄 것을 강권하여 찰스는 인근 교회 마당에서 수백 명에게 설교하였다.

　　부흥운동 초기의 찰스는 브리스톨과 킹스우드와 런던을 중심으로 신도회를 뜨거운 사랑으로 돌보는 부지런한 목사였고 특별히 약하고 가난하고 병든 신도를 더욱 정성을 다해 심방하고, 임종하는 성도가 구원의 확신과 성령의 평안 가운데 천국을 향하도록 도왔다. 그는 성도의 장례식에는 묘지까지 동행한 사랑 많은 선한 목자였다. 동시에 그는 부지런하고 열정적인 여행전도자로 하루에 세 번, 네 번, 심지어는 다섯 번씩 설교하곤 하였다. 그야말로 찰스는 메도디스트 설교자의 규칙대로 '복음전도를 위하여 생명을 바치고 자신을 필요로 하는 곳이면 어디든지 가는' 순교적인 전도자였다. 찰스는 이제 완전히 순회전도자요 방랑전도자가 되었다. 하루에도 몇 시간씩 또는 온종일 말을 타고 달렸고 말이 병들거나 지치면 먼 길을 걸어야 했으며 많은 날들을 노상에서 지냈고 많이 굶기도 했고 어디서든지 잠을 청했다. 이후 전도자 찰스의 앞길에는 더 많은 고난이 기다리고 있었다.

2) 사별의 슬픔 – 신비한 섭리

　　찰스는 1735년 4월 25일 아버지를 천국에 보내드렸다. 아버지 사무엘 웨슬리 목사는 약 40여 년 동안 영국 북동부의 작은 시골 마을 엡윗 교구의 목사였다. 그는 세 아들이 옥스퍼드 대학을 졸업하고 영국 국교회의 성직자가 된 것을 자랑스럽게 생각했고, 특히 열아홉 자녀 중 열다섯 번째인 존이 링컨 칼리지의 교수가 되었을 때 세상에 부러울 것이 없다며 행복해 하였다. 그는 근면한 학자로서 자신의 마지막 저작인 「욥기 주석」을 완성해 놓고 거룩한 순례의 길을 마쳤다. 아버지 사무엘은 종종 찰스의 머리에 손을 얹고 예언 같은 축복의 기도를 하곤 했다. 그리고 임종의 순간에도 아들 찰스의 머리에 안수하며 이와 같은 유언을 하였다.

"마음의 종교, 마음의 종교, 이것만이 살아있는 신앙의 강한 증거다. 아들아, 분발하여라. 이 나라에서 기독교 신앙은 반드시 부흥할 것이다. 나는 그것을 보지 못하지만 너는 그것을 볼 것이다."55)

이것은 진정 의미심장한 예언이었다. 아버지의 유언은 아들 찰스의 생애를 통해 정확하게 실현되었다. 아버지의 유언을 들은 지 3년 후 찰스는 마음의 종교를 직접 체험하였고 복음전도자와 찬송작가가 되어 이 신앙을 온 나라에 전파하였다. 아버지 사무엘 목사의 유언은 예언이었고 야곱이 아들 요셉에게 준 축복의 말과도 같았다. 아버지는 아들에 대한 하나님의 뜻을 미리 계시받은 듯하였다. 아버지 사후에 찰스는 두 가지 거룩한 결정을 하였는데, 첫째는 할아버지들과 아버지와 외할아버지, 그리고 형들을 따라서 성직에 들어가 평생 헌신할 것과 둘째는 형 존과 함께 아메리카 조지아에 선교사로 가기로 한 것이었다. 아버지의 기도와 유언은 아들이 거룩한 삶을 살게 하는 가장 중요한 동기가 되었다.

1739년 11월에는 찰스의 맏형 사무엘이 49세에 갑자기 죽었다. 그는 옥스퍼드 대학의 학사와 석사를 마치고 영국 국교회의 성직 임명을 받은 성직자였으나 목회를 한 적은 없었고 평생 교육자로 살았다. 그가 당시 영국 최고의 명문 학교인 웨스트민스터 스쿨의 교사와 교감으로 있을 때 어린 동생 찰스가 그 학교에 입학하였다. 맏형은 어린 동생을 헌신적으로 돌보았고 모든 생활과 학업을 지도해 주었다. 맏형은 사실상 웨스트민스터 스쿨의 교장이 될 만한 인물이었지만 정치적인 수난을 겪으면서 웨스트민스터를 떠나 남서쪽 데븐 주의 티버튼 중고등학교(Tiverton Free Grammar School)의 교장이 되었다.

맏형의 죽음은 찰스에게 땅이 꺼지는 것 같은 충격이었다. 찰스는 이 소식을 옥스퍼드에 도착해 듣고서 존과 함께 급히 티버튼으로 향했다. 맏형 사무엘과 찰스는 웨스트민스터 학교에서 여러 해 동안 친밀한 애정으로 엮어진 사이였으며, 사무엘은 언제나 찰스에게 아버지와 같은 형이었다. 웨슬리 가족에게 사무엘의 위치는 특별히 중요했다. 그는 모든 가족의 일들을 의논하고 가족의 어려운 일을 해결하는 중심이었다. 그는 찰스의 학비를 담당했으며, 여러 가지 곤경에 빠진 아버지를 도왔으며, 아버지 사후에 홀로 남으신 어머니께 정성을 다한 효자였다. 이처럼 집안의 대들보와 같은 맏형의 죽음은 찰스에게만 아니라 온 가족에게 얼마나 큰 슬픔이었는지 짐작할 수 있다. 사무엘은 건강이 약할 때도 있었지만 누구도 예측하지 못한 가운데 아주 갑자기 세상을 떠났다. 그는 평소와 같이 잠자리에 들었다가 새벽 3시에 심한 고통을 호소하다가 네 시간 후에 숨을 거두고 말았다.

당시 사무엘은 두 동생이 부흥운동에 몰입하는 것을 보면서 몹시 걱정을 하였다. 고매한 성품을 지닌 전형적인 영국 고교회주의자 사무엘은 동생들이 영국교회의 전통과 규칙을 파괴하고 이성과 상식을 무시하는 열광주의자(enthusiast)가 되었다고 비판하기도 하였다. 사무엘은 동생들이 속히 이러한 광신주의에서 빠져나오기를 바랐고 동생들을 설득하기 위해 많은 노력을 하였지만 그들의 확신과 의지를 꺾지는 못하였다. 비록 사무엘은 동생들과 생각이 달랐지만 그도 주께 헌신된 성직자로서 철저히 고교회 전통을 따르는 경건한 사람이었고 훌륭한 교육자로서 하나님의 신실한 종이었다. 그는 그리스도를 믿는 충만한 믿음과 평안 가운데 영원한 안식에 들어갔다.

맏형의 죽음은 찰스에게 큰 슬픔이었지만 다른 한편으로는 찰스가 형의 완강한 반대에 더 이상 마음을 쓰지 않고 부흥운동에 전력을 다 할 수 있는 자유를 갖게 하였다. 만약 맏형이 동생들을 계속 열광주의자로 몰아가면서 간섭하고 부흥운동에서 떠나라고 촉구했다면 적어도 어려서부터 맏형을 전적으로 의지하고 존경하며 살았던 찰스는 그것을 극복하지 못했을지도 모른다. 그리고 맏형의 영향력은 두 형제의 부흥운동에 상당한 변수로 작용했을 것이다. 맏형이 세상을 떠났다는 비보를 듣자 찰스는 존과 함께 즉시 영국의 서남부 데본 주를 향해 말을 달렸다. 두 형제는 처음으로 서남부를 여행하였는데, 이 방문이 두 형제가 서남부, 특히 영국의 땅 끝이라고 불리는 가장 멀고 외로운 콘월 지방으로 들어가게 된 동기가 되었다. 불과 몇 년 후 데본과 콘월을 중심으로 서남부는 두 형제의 부흥운동이 가장 잘 이루어져 메도디스트 왕국이 되었다. 동생들의 부흥운동을 반대했던 맏형이 살던 지역이 이렇게 변한 것도 하나님의 오묘한 섭리인 것이다.

1742년 7월, 찰스는 또 한 번 큰 슬픔을 겪어야만 하였다. 어머니 수산나가 73세에 세상을 떠난 것이다. 어머니는 남편과 사별 후 여자학교를 경영하는 딸 에밀리아와 한 해, 맏아들과 열 달, 목사와 결혼한 딸 마르다와 두 해를 함께 살다가 1739년 런던의 파운더리 예배당 목사관에서 존과 찰스와 함께 세 해를 살면서 두 아들의 목회를 위해 기도하며 메도디스트 부흥운동이 성장하는 것을 보는 기쁨 중에 생애를 마쳤다.

참으로 수산나의 아들들은 보기 드문 효자들이었다. 아들 존은 이곳에 목사관을 건축할 때 이미 어머니를 모실 방을 지었다. 그래서 어머니는 아들이 죽은 다음부터는 파운더리 목사관에서 두 아들을 자주 보면서 또 가까이 사는 딸들도 이곳에서 종종 만나며 평화롭게 지냈다. 찰스는 형과 함께 이곳에서 어머니를 모시고 살면서 어머니의 기도와 축복을 받으며 지내는 것을 생애의 특별한 기쁨이고 자랑이라고 생각했다. 어머니는 이곳에서 아들들의 부흥운동이 퍼져나가는 것을 보면서 기뻐하였고 평생에 가장 보람 있고 행복한 날들을 보냈다. 그렇지만 어머니는 남편과 사별한 후 몇 년 동안 건강이 급속도로 나빠져 몹시 고생을 하였다. 일생 가난하고도 지극히 보수적이고 경건과 목양 외에는 아무런 욕심 없이 사는 시골 목사의 아내로서 열아홉 자녀를 낳아서 기르며 산 그녀에게 한평생 얼마나 무겁고 힘겨운 일들이 많았을까? 그런데도 어머니는 하나님밖에는 아무것도 두려워하지 않고 그 어떤 역경에도 조금도 흐트러짐이 없는 신앙과 경건으로 자신과 가족을 지키며 가정을 지상의 작은 행복공화국으로 만들며 위대한 신앙의 자녀들을 길러냈다.

어머니 수산나는 교회사의 위대한 어머니들, 즉 디모데의 어머니 유니게와 어거스틴의 어머니 모니카와 함께 영원히 빛나고 있다. 이제 수산나는 인생의 순례 길에서 마지막 날들을 지나면서 영원한 천국을 사모하고 있었다. 어머니 수산나는 세상의 모든 무거운 것들로부터 벗어나는 신앙의 비결을 알고 있어 무수한 환란, 풍파 중에도 자유와 평안을 누리며 살았다. 어머니는 1738년 아들 찰스에게 인생에 충분한 위로와 승리를 주시는 주님의 은혜를 편지 속에서 이렇게 말해 주었다.

"무거운 짐을 진 피곤한 영혼이 자유와 평안을 얻는 길은 재물이나 명예나 육욕의 향락에 있지 않다. 이러한 것들은 우리의 영혼이 하나님과 화평을 이루는 데 아무런 힘도 없으며, 오히려 영혼의 짐을 더 무겁게 할 뿐이다. 다만 그리스도의 십자가와 부활의 은혜가 우리가 참되고 영원한 평안을 얻는 데 충분하며 그 외에는 아무것도 없다. 내 아들아 너에게 이와 같은 그리스도를 주님으로 알게 하신 하나님을 찬송하라."56)

찰스는 어머니가 임종하실 때 설교여행 중이었기 때문에 어머니의 마지막 모습을 보지 못하였다. 형 존과 다섯 누이들이 어머니의 임종을 지켜드렸다. 그는 어머니 영전에서 남은 생애를 오로지 하나님의 일에만 바쳐 어머니의 기쁨을 완성하리라고 마음을 다지고 또 다졌다. 수산나는 영국 국교회 묘지도 아니고 아들들이 세운 파운더리 예배당도 아닌, 역사적으로 유명한 청교도들이 잠들어 있는 청교도 묘지 번힐(Burnhill)에 묻혔다. 그곳은 리처드 박스터와 올리버 크롬웰 같은 위대한 청교도들이 묻혀 있는 청교도 성지다. 번힐에는 청교도의 신앙으로 역사를 빛낸 인물이 아니면 묻힐 수가 없었다. 수산나가 번힐에 묻힌 것은 그녀가 위대한 메도디스트의 어머니였지만 그 이전에 그녀의 선조들과 함께 교회사적으로 기념할 만한 청교도라는 사실을 영원히 증거하는 것이다.

3) 돌멩이와 칼에 맞서서 – 용감한 전도자

찰스는 어머니를 천국으로 환송해 드린 후 형과 함께 전도운동을 전국적으로 확대할 전략을 세웠다. 지금까지는 주로 런던과 브리스톨을 중심으로 남부와 서부에 집중했지만 이제는 중부와 당시 가장 소외된 북부를 공략하기 시작했다. 찰스와 존은 중부와 북부의 모든 도시와 농촌을 위하여 치밀하게 전도집회 계획을 짜서 차례로 복음화 운동을 전개해 나갔다. 어느 지역을 가든지 회심자들을 얻었고 회심자들을 신도회로 묶어주었다. 웨슬리 형제는 각 신도회에 잘 훈련된 평신도 설교자들을 파송하여 지속적으로 신도회들을 돌보게 하였고 정기적으로 또는 기회 있을 때마다 신도회들을 방문하여 신앙을 강화해 주었다. 두 형제의 수고는 성령의 역사 가운데 결실하여 1743년 말에는 전국에 3백여 개의 신도회(society)가 생겨나는 큰 부흥으로 나타났다. 당시 국교회로부터 분리주의자들이라는 오해와 비난을 피하기 위하여 교회(church)라는 이름을 사용하지 않고 신도회라는 명칭을 사용하였으나, 사실상 하나의 신도회는 하나의 교회나 마찬가지였다. 부흥운동이 시작된 지 약 5년도 못 되는 기간에 폭도들까지 동원하는 방해 가운데 이만한 부흥을 이룬 것은 교회사적으로 보아서도 전례가 없는 놀라운 일이었다.

부흥운동의 모든 열매들은 웨슬리 형제의 피와 땀과 눈물로 이루어진 것이었다. 부흥운동 초기보다 국교회의 박해와 폭도들의 방해는 점점 더 심해졌다. 웨슬리 형제가 당하는 고난과 시련은 다양하였다. 1740년 4월, 찰스의 첫 번째 회심자로서 가난한 마부이며 사랑받던 유능한 설교자 윌리엄 시워드는 웨일즈에서 설교하던 중 폭도들이 던진 돌에 눈을 맞아 그 자리에서 죽었다. 그는 역사상 최초의 메도디스트 순교자가 된 셈이었다. 이때 하웰 하리스도 생명을 위협받는 위기가 있었지만 기적적으로 죽음을 모면하였다. 부흥운동이 활발하게 전개되면서 동시에 반대와 박해도 더욱 심해졌다. 그것은 웨슬리 형제와 메도디스트 부흥운동에 대한 오해와 차별, 그리고 시기와 질투와 멸시 때문에 생겨난 시련이었다.

박해의 원인은 주로 여덟 가지였다. 첫째는 메도디스트들이 분리주의자들이라는 오해 때문이었다. 웨슬리 형제들과 그의 추종자들은 모두 다 충성된 영국 국교도였으나 국교회 성직자들은 그들이 따로 신도회를 만들어 모이고 활동하는 것을 반대하였다. 둘째는 야외설교와 평신도 설교 때문이었다. 국교회 성직자들은 이러한 행위가 영국 국교회 전통과 규칙에 어긋나는 무질서한 행위라고 비난했다. 셋째는 웨슬리 형제가 가난한 노동자 계층을 단결시켜서 왕권과 지배계층을 전복하는 혁명을 일으키려 한다고 오해했기 때문이었다. 넷째는 메도디스트들이 교황주의자들이라는 오해를 받았기 때문이었다. 왜냐하면 선행과 금식과 같은 고행과 거룩한 생활을 지나치게 강조하는 것이 가톨릭주의자들을 닮았다고 판단했던 것이다. 실제로 웨슬리 형제는 가톨릭 수도회인 예수회의 회원이라는 의심도 받았다. 다섯째는 메도디스트들의 열성적이고 헌신적인 경건생활과 그리스도인의 완전주의 때문이었다. 당시 반대자들은 메도디스트들을 종교적인 열광주의자 또는 광신주의자들이라고 비난하고 조롱하였다. 여섯째는 메도디스트 금주운동 때문에 양조업자들과 애주가들 특히 알코올중독자들의 박해를 받았다. 일곱째는 자코바이트 연루설과 같은 정치적인 오해를 받았기 때문이었다. 당시 프랑스는 유배 중이던 제임스 2세의 손자 찰스 황태자를 영국의 왕으로 앉히고 영국을 침략하려는 야욕을 드러내고 있어서 영국 정부는 제임스 2세의 손자를 '젊은 왕위 요구자'(The Young Pretender)라고 불렀고, 이러한 정치적 세력과 접촉만 해도 '자코바이트 연루'(Jacobite Allegation)라고 단죄하고 엄한 처단을 내렸다. 이러한 상황에서 국교회 성직자들은 웨슬리 형제의 부흥운동을 파괴하려는 음모로 웨슬리 형제가 자코바이트 정치 세력과 연루되었다는 거짓된 악소문을 퍼뜨렸던 것이다. 물론 자코바이트 왕권 회복은 일어나지 않았지만 약 10여 년 동안 메도디스트들에 대한 박해는 자코바이트 연루설 때문에 가중되었다.

1743년 겨울, 찰스는 중북부의 월셀읍이라는 작은 마을의 시장터에 있는 어느 상점 건물의 계단에 서서 설교하고 있는데, 그 지역을 장악하고 있던 폭도들이 수십 명의 노동자들을 충동질하여 찰스에게 당장 그곳을 떠나라고 위협하였다. 찰스는 담대하고도 침착한 태도로 그들에게 그리스도의 복음을 믿고 하나님과 화목하라고 부드럽게 권면하였으나 그들은 찰스에게 마구 돌멩이를 던졌다. 신기하게도 돌멩이들은 스쳐지나갈 뿐 한 개도 찰스에게 맞지 않았다. 극도로 화가 난 폭도 한 사람이 찰스를 밀쳐 계단에서 세 번이나 넘어뜨렸다. 찰스는 근육과 뼈가 많이 아팠지만 일어나 폭도들과 한 사람씩 악수를 하면서 축복하고 평안히 가라고 작별인사를 하였다. 그러자 그들은 조용히 그곳을 떠났다.

찰스는 다시 쉐필드로 가서 설교를 하였는데 폭도들이 마치 '지옥에서 나온 악마들'인 양 괴성을 지르며 돌을 던져 강대상을 깨뜨렸다. 찰스는 소낙비처럼 쏟아지는 돌들을 얼굴과 몸에 맞았다고 기록하였다. 그래서 찰스는 장소를 옮겨서 계속 설교하였는데 이번에는 군인들이 찰스를 공격하였다. 군대의 대장은 칼을 뽑아들고 찰스의 가슴을 찌르려고 하였다. 찰스가 가슴을 벌리고 "나는 하나님의 이름으로 당신을 축복하고 예수 그리스도의 사랑을 당신에게 주고자 합니다."라고 말하자 그는 한숨을 내쉬며 칼을 거두고 떠나갔다. 한번은 폭도들이 메도디스트 신도회 회관의 문짝을 떼어 버리고 부수려고 할 때 한 보안관이 와서 찰스에게 시 변두리에 가서 설교하라고 말하였다. 찰스는 그곳으로 옮겨갔고 수백 명이 모여들어 설교를 들었고 그곳에서 수십 명의 회심자들이 나왔다. 그날 밤 찰스는 마땅히 잠잘 곳이 없어 폭도들이 부숴버린 그 집에서 단잠을 잤고 며칠 동안 그 지역에서 설교하였다. 쉐필드에서 찰스는 돌멩이와 흙과 먼지와 달걀에 맞아 몸이 많이 아팠고 옷은 갈기갈기 찢겼다. 그러나 찰스는 모든 고통을 눈물의 바다에 던져버렸고 복음을 믿고 기뻐하는 수많은 영혼들을 보며 행복해하였다.

찰스는 리드와 벌스탈에서도 많은 수난을 당하였고 뉴카슬로 가는 도중 말이 구렁텅이에 빠져 말에서 떨어져 한참 동안 의식을 잃고 일어나지를 못하였다. 찰스는 손을 삐었고 여기저기 몸에 타박상을 입었다. 말에서 낙상 사고를 당한 후 찰스는 상처가 저리고 아파서 한동안 저녁에 책을 읽지도 못하였다. 뉴카슬은 이미 부흥운동 초기에 메도디스트 고아원이 세워져 런던, 브리스톨과 함께 북부의 전도전략 중심지로서 메도디스트 신앙이 가장 활발하게 일어나는 곳이었다. 그러나 찰스는 이곳에서도 술주정꾼들과 난폭한 광부들의 공격을 받았다.

찰스는 어디를 가나 낮에는 설교와 심방에 바빴고 저녁에는 잘 때까지 찬송을 지었는데, 북부 순회에서는 건강이 많이 약해져 설교를 중단하였고 자주 쉬어야 했으며 찬송도 지을 수 없었다. 또한 그는 쥐와 벼룩이 득실대는 방에서 광부들과 함께 잠을 자기도 하였다. 찰스는 요크와 돈카스터와 쉐필드를 들러 북부 전 지역을 여행하며 수백 명의 회심자들을 얻었고 열 개 이상의 신도회를 세웠다. 웨슬리 형제의 피나는 희생으로 인하여 광산과 산업지대가 대부분인 북부는 영국에서 메도디스트 부흥운동이 가장 활발하게 일어나고 성공적인 결실을 거둔 곳이 되었다. 초기 메도디스트 설교자들이 당했던 고난은 박해받고 순교당한 초대교회의 고난을 방불케 하였다.

당시 영국 사회는 차별받고 가난한 노동자들의 민중혁명이 일어날 수밖에 없는 위기 상황이었다. 무지하고 도덕 없는 폭도들(mobs)과 노상강도들이 사회적 위협이 되었던 시대였다. 설교자들은 이런 부류의 사람들을 대면하면서 그들의 방해와 공격을 받았다. 당시 도로 사정은 설교자들이 여행하기에 상당히 불편하였고 비가 많이 내렸고 추운 날씨도 견디기 어려운 것이었다. 결혼하여 가족을 가진 설교자들은 가족을 제대로 돌보지 못하였고 가족의 생활비 부족으로 인하여 상당한 고난을 겪어야 했다. 많은 설교자들이 이런 어려움 때문에 중도에 포기하였다. 그래서 순회설교자들은 전쟁터에 나가 목숨을 걸고 싸우는 것 같은 삶을 살았다. 그들은 폭도들의 폭행과 사고로 인하여 매 맞고 부상당하고 병들고 심지어는 생명을 잃었다. 폭도들은 설교자들의 가족에게 폭력을 휘두르거나 그들의 집에 불을 지르고 파괴하는 일까지 서슴지 않았다. 그래서 설교자들이 매년 열리는 총회에 나갈 때는 전쟁터에서 돌아온 생존자의 모습이었다. 설교자들에게 죽지 않고 살아 돌아와 다시 동역자들의 얼굴을 보는 것은 큰 은혜였고 기적이었다. 그들은 총회에서 만날 때에 감격하였고 기뻐하였다. 찰스는 설교자들의 총회 개회 찬송을 지어 그때부터 지금까지 감리교회 총회 때마다 부르고 있는데, 그 찬송은 초기 감리교회 설교자들의 삶을 잘 보여준다.

아직도 살아서
형제의 얼굴을 보니
(And are we yet alive, / And see each other's face?)
주님의 은혜라
주께 영광을 돌리고 찬송 부르세
주님의 능력으로 구원의 은혜를 얻으니
충만한 구원 여기서 얻으니
또 다시 모여서 예수를 찬송하세.

무슨 고난 보았든지 무슨 시련 당했든지
지난 모임 이후 싸우고 두려웠건만
예수의 사랑이 여기까지 인도하셨고
위로부터 도우시어 생명을 지켜주셨다.

우리를 구원하신 주의 능력을
목소리 높여서 온 세상에 전하세.
죄 안 짓고 완전한 구원 이루는
그날을 믿고 기다리도다.

면류관 받아쓰는 그날까지
십자가를 지고 주를 따르리

모든 것 잃어버리고도 기뻐하는 자

예수 안에서 더 좋은 것 모두 얻겠네."⁵⁷⁾

4) 땅 끝을 달리는 전도자 찰스 – 땅 끝까지 하나님 나라

　북부지방 설교여행은 최악의 시련이었지만 그곳에서 찰스는 수백 명의 회심자들을 얻었고 여러 곳의 새로운 신도회를 세우는 성과를 거두었다. 또한 찰스는 환란 중에서 오히려 여러 개의 은혜로운 찬송을 지었기 때문에 하나님께 더욱 감사했다. 북부에서 내려와 런던을 거쳐 찰스는 영국 최서남단에 위치한 콘월에 갔다. 콘월은 지리적으로 가장 먼 곳이어서 영국 사람들은 그곳을 '땅 끝'(Land's End)이라고 불렀다. 그곳은 지리적으로만 땅 끝이 아니라, 가장 소외되고 가장 가난하고 가장 무식하고 가장 악하고 가장 불신앙적이고 가장 무시되는 곳이어서 말 그대로 땅 끝이었고 그곳 사람들은 땅 끝 사람들이었다. 웨슬리 형제는 런던이나 남부의 비교적 부유하고 교양 있는 지역에도 갔지만 주로 이처럼 땅 끝과 같은 소외 지역에 가서 복음을 전했다. 부흥운동은 북부에서도 성공하였지만 콘월에서 더욱 활발하게 일어났다. 찰스는 '땅 끝'에서 형과 함께 가장 영광스런 복음의 승리를 볼 수 있었다. 당시 콘월은 주석 광산으로 유명하여 인구의 절반 이상이 광산노동자 가족이었다. 그래서 그런지 사람들의 말과 행동이 교양이 없고 거칠고 험악하였다. 또 그곳에는 악명 높은 밀수 상인들이 많아서 보안관들의 골칫거리가 되었다. 그러나 찰스가 세인트저스트와 펜잔스에서 어부들에게 설교할 때 한번에 수백 명이 모였고, 가는 곳마다 새로운 신도회를 세울 수 있었다. 이곳에서 찰스는 바닷가에 모인 사람들과 함께 찬송을 부를 때 찬송소리가 파도 소리를 삼켰다고 기록하였다.

　세인트아이브에서 설교할 때 일단의 험상궂은 사람들이 들어와서 집회를 해산하지 않으면 모두 죽이겠다고 칼을 들고 위협하였다. 그들은 유리 창문을 깨고 문을 부수며 강대상과 헌금함을 던지고 말뚝을 들고 여자 신도들을 짓밟았다. 신자들 중에서 힘센 남자들이 그들을 상대하여 싸우려고 일어났지만 찰스는 그들을 진정시키고 평화로운 찬송을 부르기 시작하였고, 교인들도 모두 따라 불렀다. 찬송을 부르는 동안 폭도들은 자기들의 주동자와 말다툼을 벌이더니 주동자의 머리를 때려 피를 흘리게 하고는 떠나버렸다. 찰스는 교인들과 함께 그 주동자의 상처를 치료해 주며 위로해 주었는데, 그날 치료받은 그 주동자가 첫 회심자가 되어 신도회에 입회하는 기적이 일어났다. 이날 찰스는 '너희는 가만히 있어 하나님의 영광을 보라'는 제목으로 설교하였고 큰 소리로 기도할 때 모든 사람이 그곳에 성령의 권능이 임하는 것을 보았다.

콘월에는 동네마다 주석을 캐낸 커다란 웅덩이가 있었다. 존은 광산 웅덩이의 중간 지점에 서서 웅덩이 계단에 모여 앉은 무리에게 설교하기를 좋아했는데, 괘납 마을에 있는 괘납 피트(Gwennap Pit)는 가장 유명한 광산 웅덩이로서 존은 이곳을 하나님이 자기를 위해서 예비하신 지붕 없는 '대성당'(Open Cathedral)이라고 불렀다. 형이 이곳을 다녀간 다음에는 찰스가 그 자리에서 설교하였다. 웨슬리 형제는 괘납 피트에서 최고 2만 명에게 설교하였는데, 그 많은 사람들이 설교 소리는 잘 알아듣지 못했지만 찰스의 찬송 소리는 정확히 알아듣고 따라 불렀고 찬송시를 통하여 복음을 깨닫고 회심을 경험하였다. 그때로부터 '설교는 1마일 찬송은 2마일, 10마일'이라는 말이 퍼지게 되었다. 그들은 언제나 찬송이 없이는 부흥운동이 성공할 수 없으며 때로는 찬송이 설교보다 더욱 강하고 효력이 있다는 사실을 절감하게 되었다. 찰스는 콘월의 수도인 트루로를 중심으로 전 지역을 전략적으로 순회하였다.

한번은 레드루스에서 설교할 때 사나운 광부들이 찰스의 옷을 벗기고 신자들을 곤봉으로 때려 집회를 해산시켰다. 찰스의 머리는 곤봉에 맞아 크게 부어올랐다. 이것을 본 몇몇 신자들이 폭도들에게 보복을 하려고 하자 찰스는 신자들에게 절대로 아무런 보복도 하지 말고 그리스도의 말씀대로 원수를 사랑하라고 말하면서 폭도들에게 따뜻한 말로 협조를 요청하였다. 그러자 기적이 일어났다. 훼방꾼들 중에 여러 명이 자기들을 따뜻한 마음으로 대해 주며 좋은 인간으로 여겨주는 찰스의 인격에 감동을 받아 그 자리에서 무릎을 꿇고 회개하고 그 즉시 신도회에 입회하였다. 그들의 주동자도 회심을 체험하였다. 그들은 후에 신도회에서 간증할 때 자기들은 지역 성직자들이 수단과 방법을 가리지 말고 웨슬리 형제를 쫓아내고 메도디스트들을 방해하라고 시켰다고 고백하였다. 찰스는 그곳에서 하루에 평균 다섯 번 설교하였다.

　콘월에서 웨슬리 형제의 거룩한 수고는 콘월의 교회사와 향토사에 자세히 기록되었다. 콘월의 지방 역사기록에 의하면 웨슬리 형제가 그곳에 올 때마다 천둥 번개가 치기도 하고 지진이 일어나서 사람들이 마음으로 하나님을 두려워하고 웨슬리 형제를 하나님이 보내신 사자로 맞아들이도록 만들었다고 한다. 콘월 사람들은 이것을 초자연적인 하나님의 섭리로 여겼다. 콘월에는 마을마다 역사 깊은 감리교회가 세워져 있고, 모든 마을의 향토사에는 콘월을 거룩한 기독교 공화국(holy commonwealth)으로 변화시킨 웨슬리 형제와 초기 메도디스트들의 활동이 자세히 기록되어 있으며, 콘월 사람들은 절망의 땅 끝을 지상 천국처럼 만들어놓은 웨슬리 형제의 수고와 메도디스트들의 거룩한 역사를 고맙고 자랑스럽게 여겼다. 웨슬리 형제는 죄악과 절망의 땅 끝에도 하나님 나라를 건설하였다.

5) 행복한 가수 – 로맨틱 찰스

　부흥운동 초기부터 웨슬리 형제의 가장 큰 청중은 광부들이었다. 부흥운동 초기의 광산촌은 가장 중요한 메도디스트 선교지였다. 찰스는 광부들과 그들의 가족을 진심으로 사랑하였고 그들에게 설교하는 것을 좋아했다. 킹스우드, 콘월, 뉴카슬, 덜함, 리즈, 노팅함, 요크, 벌스탈, 돈카스터 그리고 쉐필드는 당시 영국의 광산지대이자 산업혁명이 일어나던 주요 산업공장 지대였다. 웨슬리 형제는 이와 같은 곳에서 가장 성공적인 전도활동을 했다. 웨슬리 형제는 광부들을 자기 가족처럼 사랑했다. 찰스는 광부들을 위한 찬송을 많이 썼는데, 찰스의 찬송은 당시 평균 하루에 열두 시간 이상 고된 노동을 하는 광산 노동자들에게 큰 위로와 힘이 되었다. 1746년 찰스가 뉴카슬에서 광부들에게 설교할 때, 수십 명의 광부들이 자기들은 세상으로부터 버려진 찌꺼기이니 관심 갖지 말고 내버려두라고 소리쳤다. 이때 찰스는 즉흥적으로 그들을 위해 찬송을 지어 불렀고 그들은 찬송을 들으며 눈물을 흘렸다.

"그대들은 예수의 사랑스런 가족이며 친구들
가까이 나아와 그의 얼굴을 보시오
그의 사랑은 가장 부드러운 이름으로 내려와
축복의 잔치에 그대들을 환대합니다.
예수는 사랑 안에서 약속을 지키며
그대들의 기쁨을 자라나게 합니다"58)

찰스가 세필드에서 설교할 때 교구 성직자가 보낸 반대자들이 돌멩이를 마구 던졌다. 그들이 던진 돌멩이 하나가 찰스의 얼굴에 맞아 그의 얼굴이 부어올랐다. 이때 찰스는 조금도 두려워하지 않고 야외 강단에 서서 은은히 찬송을 부르고 있었다. 찬송 한 곡을 마칠 때쯤 반대자들은 자신들도 모르게 찰스의 찬송을 따라 부르다 조용히 앉아서 찰스의 설교를 들었다.

콘월의 주석광산 광부들은 포악하기로 악명이 높았다. 광산에서는 자주 패싸움이 일어나기도 하고 살인사건이 일어났다. 그들은 종종 웨슬리 형제의 설교를 방해하곤 하였다. 찰스는 광부들에게 복음을 전할 가장 좋은 방도를 찾았는데, 다름 아닌 성가대를 조직하여 광부들에게 찬송을 들려주는 일이었다. 메도디스트 성가대는 아침과 저녁으로 광부들의 출퇴근 시간에 맞추어 그들 가까이에서 아름다운 노래를 불러 주었다. 처음에는 광부들이 성가대를 방해하기도 했지만 점차로 성가대의 노래를 좋아하고 친절하게 화답하였다. 광산에 찬송이 울려 퍼지면서 광부들은 웨슬리 형제를 환영하였고 그들의 설교를 경청하게 되었다. 광산촌에는 매일 찬송이 울려 퍼졌으며, 수많은 광부들은 찬송을 듣고 부르며 난폭한 성품이 점차로 부드러워졌다. 콘월의 광산촌마다 예배당이 세워졌다. 이 일은 콘월이 복음화되는 데 가장 결정적인 동기가 되었다. 그때 콘월 사람들은 콘월의 광산을 '거룩한 산'(holy mountain)이라고 불렀다.[59]

한번은 찰스가 남부 해안가 '땅 끝 마을'(Land's End)이라는 해안가 어촌에서 설교를 하는데 술에 취한 어부들이 저속한 유행가를 큰 소리로 부르며 설교를 방해하였다. 찰스는 그들의 노래에 찬송가 가사를 넣어 그들의 노래를 따라 불렀다. 그들은 자신들도 모르게 찰스가 부르는 찬송가 가사를 따라 부르고 있었다. 그때 그들은 찰스에게 '거룩한 가수'(holy singer) 또는 '행복한 가수'(sweet singer)라는 별명을 지어주었다.

찰스는 반대와 박해를 많이 받았지만 결코 우울해하거나 비관하지 않았다. 그는 어디를 가든지 영국의 아름다운 자연경치를 감상하였고 말을 달리며 노래 부르기를 즐겼다. 난폭한 사람들도 많이 만났지만 착하고 인정 많은 사람들도 만났고 그들에게 복음과 진리를 가르치는 것을 좋아했고 그들과 애정 어린 교제를 나누었다. 찰스는 언제나 모든 사람에게 따뜻하고 다정다감한 목자였다. 그는 행복한 전도자요 낭만적인 전도자였다. 본래 문학적이고 서정적인 성품을 지닌 그는 찬송을 쓸 때 종종 마음이 뭉클하고 뜨거워지는 것을 느꼈고 '사랑의 눈물'(tears of love)을 흘렸다. 그는 말을 타고 달리다가도 종종 찬송을 부르면서 함께 가던 동료들을 향하여 손을 흔들어 노래를 지휘하며 함께 불렀다. 한번은 존 브레이와 함께 말을 타고 가면서 찬송을 불렀는데 브레이가 찰스에게 얼마나 즐거우냐고 물었다. 찰스는 "나는 정말 기쁘다. 천국을 여행하는 것처럼 기쁘다."고 대답하였다. 또 찰스가 마차를 타고 가면서 계속 찬송을 부르자 옆에 있던 사람이 귀가 아프니 그만두라고 소리치기도 했다. 이때 찰스가 "찬송을 듣기 싫어하는 사람은 지옥밖에는 갈 곳이 없다."라고 농담을 하자함께 있던 또 다른 사람이 "나는 찬송을 싫어하다가 지옥에 가기 싫으니 함께 부르자."고 하여 다함께 크게 웃으면서 찰스를 따라 찬송을 불렀다고 한다.

웨슬리 형제의 절친한 친구요 후계자인 헨리 무어는 찰스가 항상 종이를 몸에 지니고 다녔고 영감이 떠오를 때마다 찬송시를 기록했다고 하였다. 찰스는 죽기 한 달 전 갑자기 헨리 무어에게 다가오면서 '빨리 펜, 펜을 주세요. 빨리'라고 소리쳤다. 그는 펜을 받자마자 주머니에 늘 가지고 다니던 종이에 단숨에 시를 쏟아 놓았다.

"주님을 배 안에 모시고 항해하는
모든 여행자들이 만나는 곳
의심도 두려움도 없이
서로 기쁨으로 맞이하는 곳
슬픔과 죽음을 이긴 승리의 항해는 이제 멈추고
영원한 평안의 항구에 다다라 주님의 품안에 쉴 때가 되었네
연약한 육체의 찌르는 고통은 끝나고
천국에서 누리는 연수는 끝이 없이 영원하여라"[60]

찰스에게 찬송은 기쁨이요 힘이요 행복이었으며, 설교와 함께 가장 효과적인 복음전도의 방법이요 도구였다. 찰스는 노래로 복음을 전하였으며, 복음을 전하면서 노래를 불렀다. 그는 일평생 '춤추는 가슴'(dancing heart)을 가진 '행복한 가수'(sweet singer)요 '노래하는 전도자'(singing evangelist)요 '낭만적인 전도자'(romantic evangelist)였다. 그는 복음적인 낭만주의(evangelical romanticism)를 즐거워하는 행복한 전도자로 살았다.

6) 감옥소가 텅 비다 – 메도디스트 공화국

웨슬리 형제가 지나간 지역에는 수많은 회심자들이 일어났고 신도회가 많이 세워졌으며 부흥운동이 풍성한 결실을 거두었다. 특별히 소외되고 가난한 지역들과 영적으로나 도덕적으로 심히 타락한 지역에서 복음의 개혁이 일어나 '물이 포도주로, 지옥이 에덴동산으로 변화하는 메도디스트 혁명'이 일어났다. 이때 찰스는 하루에 평균 80마일을 달렸으며, 콘월에서 런던으로 와서 형을 도와 파운더리 신도회를 지도하고 런던의 슬럼가 북동부에서 한 주간 설교하였다. 런던에서는 주로 도시 빈민들과 공장노동자들이 찰스의 설교를 들으려고 몰려왔으며, 그들이 파운더리 신도회에 들어와 신도회 수는 천여 명이 넘었다. 찰스는 런던에서 하루 평균 다섯 번 설교하였는데, "설교를 할 때는 신비한 힘이 솟구쳤고, 저녁에는 탈진하여 온 몸이 저렸으나 아침에는 상쾌한 기분으로 말을 탈 수가 있었다."고 기록하였다. 그는 '하나님이 자기를 불쌍한 영혼들에게 보내실 때에는 건강도 선물로 주신다.'고 믿었다.

찰스는 닷새 동안 약 300마일을 달려 중부지방으로 갔다. 찰스는 노팅햄에 도착해서 곧 형을 만났는데, 존의 옷은 다 찢어져 누더기가 되어 있었다. 폭도들이 그의 말을 때려눕히고 그가 가진 것을 다 빼앗고 죽일 목적으로 밤새 끌고 돌아다니다가 목숨만 살려 보낸 것이다. 찰스는 형을 보고 '그리스도의 군사'의 모습이라고 표현하였다. 찰스는 형과 함께 중부지역 전도를 위한 전략을 짰다. 형제는 전체 지역을 나누어 담당하고 전략적으로 순회하였다. 비교적 중부에서는 북부와 같은 극단적인 박해는 적었다. 그런데도 찰스는 여러 번 위험한 일을 당하였다. 달라스턴에서는 지방 행정관이 찰스의 설교를 들으려고 몰려온 사람들에게 다시는 듣지 않겠다고 서약하도록 강요하였고, 순응하지 않는 사람에게는 폭력을 휘두르고 웨슬리 추종자들의 집에 들어가 물건을 훔쳐가고 집을 파괴하면서 찰스에게 떠나라고 협박하였다. 찰스는 박해를 받으면 다른 마을로 이동하면서 계속 설교하였다.

월트셔의 디바이저스 마을에서 설교할 때 찰스는 평생에 가장 위험한 일을 당했다. 찰스가 그때 사건에 관하여 자신의 일기에 여덟 페이지를 할애하여 기록한 것을 보아서도 알 수 있다. 그곳의 교구 목사가 폭도들을 동원해 찰스를 죽일 음모를 꾸몄다. 폭도들은 찰스를 잡을 기회를 노렸고 찰스는 몇몇 신도들의 집에 숨어 지냈다. 그들은 찰스를 찾지 못하자 집을 부수고 찰스를 내놓으라고 소리쳤다. 찰스는 신자들에게 더 이상 피해를 주어서는 안 된다고 판단하고 신자들의 집에서 나와 방황하고 있었다. 그러자 시장의 하녀가 찰스에게 여자 옷을 입혀주면서 변장하고 그 동네를 빠져나가라고 말하며 한편으로는 폭도들에게 술을 먹였다. 찰스는 하녀의 도움으로 기적적으로 목숨을 구했다. 찰스가 옆 동네로 가서 설교하는데, 폭도들이 그곳까지 따라와서 찰스를 잡으려고 하자 한 신자가 자신의 집에 숨겨 주었다. 폭도들이 그 집에 와서 찰스를 찾았는데 주인이 문을 열어주지 않자 그들은 지붕을 뜯어내고 그 집에 들어가려고 했다. 이때 한 보안관이 찰스에게 여기에서 다시는 설교를 하지 않겠다고 서약하면 살려줄 것이라고 했으나 찰스는 그런 약속은 하지 않겠다고 했다. 그때 한 어린 소녀가 찰스에게 "웨슬리 목사님! 웨슬리 목사님! 빨리 침대 밑으로 숨으세요. 그들이 당신을 죽일 거예요. 그들은 무기를 갖고 있어요. 이 집을 허물고 있어요."라고 말했다. 찰스는 즉시로 침대 밑에 숨어 가까스로 살아났고 보안관의 도움으로 그 동네를 빠져나왔다. 찰스는 그때 정말 죽을 뻔하였으나, 실로 기적적으로 목숨을 지켰다. 찰스는 그 지역의 신자들에게 '디바이즈의 형제들에게'라는 제목의 찬송시를 지어주었다.

"나사렛 예수께서 내려다보신다. … 고난당하는 자녀들을 위하여 일어나소서. 일어나서 보호하소서. … 격렬한 바람은 지나가고 잔잔한 바다가 되어 숨었던 고기들이 다시 놀리라. … 위대하신 주님의 사랑은 넉넉하고 능력은 크시니 두려움 없어라. … 고난풍파 순간에는 믿음의 기도를 바치어라. 갈망하는 모든 영혼을 주님의 손이 붙드신다."61)

25년이 지난 후 찰스가 그 동네를 방문하였을 때 그곳에는 아름다운 메도디스트 예배당이 서 있었고 찰스는 예배당에 신자들이 가득 찬 것을 보고 주님의 나라가 세상의 환란을 이긴 것에 감사하며 신자들과 함께 그 옛날의 노래를 다시 불렀다.

웨슬리 형제의 부흥운동이 10년이 지나면서 영국의 곳곳에서는 기쁜 소식이 들리기 시작했다. 역사가들은 브리스톨과 킹스우드와 런던 동부의 슬럼가와 북부와 콘월에서 일어난 거룩한 변화에 대하여 메도디스트 공화국 또는 거룩한 공화국이 건설되었다고 평하였다. 웨슬리 형제가 다녀간 곳마다 많은 지역에서 술집들이 사라지고 폭도들이 자취를 감추었다. 메도디스트 신앙이 개인과 사회의 생활습관의 개혁, 즉 도덕적 개혁을 이루어낸 것이었다. 북부의 여러 지역과 콘월에서는 웨슬리 형제 덕분에 감옥소가 텅 비었다고 보고하였다. 바스에서는 찰스가 금주운동에 관한 설교를 하며 '술을 마시는 것은 지옥 불을 마시는 것처럼 해롭다.'고 말할 때 한 양조장 주인이 '내가 살아 있는 동안 술을 마시고 술을 날마다 더 많이 팔 것이다.'라고 욕설을 퍼부었다. 그런데 그 양조장 주인에게 성령의 능력이 임하였다. 찰스의 설교가 끝났을 때 그는 사람들 앞에 나와서 공개적으로 회개하고 '내가 살아 있는 동안 절대로 술을 마시지도 팔지도 않을 것이다.'라고 말한 다음 돌아가서 즉시로 양조장을 폐쇄했다. 이것은 수많은 술주정뱅이들에게 획기적인 모범이 되었다. 웨슬리 형제의 금주운동이 성공적으로 발전하였고 메도디스트 신앙이 자리 잡은 동네마다 양조장이 문을 닫고 술집들이 사라졌다. 역사가들은 영국 사회에 메도디스트 혁명이 일어났다고 평하였고 이것을 목격한 사람들은 물이 변하여 포도주가 되고, 지옥이 변하여 에덴동산이 되었다고 증언하였다.

7) 가지 마시오 또 오시오 – 눈물의 아일랜드

아일랜드는 약 1천 5백 년 동안 가톨릭 신앙으로 지나온 전통적인 가톨릭 국가였지만 영국 식민지가 된 이래 많은 영국인들이 이주하면서 영국 국교회가 뿌리를 내렸다. 이미 약 2백 년 동안이나 아일랜드 사람들과 영국 사람들 사이에는 민족적 적대감과 가톨릭과 개신교 사이의 종교적인 갈등이 섞인 충돌과 투쟁이 날로 격화되고 있었다. 그런 상황에서 그 당시 영국인이 아일랜드를 방문한다는 것은 위험한 일이었다. 더욱이 개신교 전도자가 아일랜드 가톨릭 사람들에게 개신교 신앙을 전파한다는 것은 전례 없는 일이었고 커다란 용기가 필요한 행동이었다. 남쪽보다 북쪽에서 가톨릭교회와 영국 국교회 사이에 충돌이 더 잦았다. 그런 위태로운 상황을 잘 알면서도 존 웨슬리는 일생 동안 스물한 번이나 아일랜드를 방문하여 순회설교를 하면서 진정으로 성경적이고 복음적인 신앙을 전파하려고 노력하였다. 찰스가 아일랜드에 설교여행을 하게 된 것은 형의 권유 때문이었다. 존 웨슬리의 아일랜드 전도운동은 대단히 성공적이었다. 첫 방문에서부터 그는 수백 명의 신도들을 모았고 더블린에서 몇 개의 신도회를 결성해 놓았다. 그러나 존이 그곳에 계속 머물 수는 없었다. 그래서 그는 동생 찰스를 불렀다. 찰스는 그곳에 도착하자마자 박해에 부딪혔다. 가톨릭 교인들은 이미 영국인들에 대하여 증오심이 극에 달해 있었고, 찰스가 왔을 때 가톨릭 교인들과 영국 국교회 교인들이 뒤섞여서 메도디스트들을 공격하였다. 찰스가 도착하여 처음으로 설교를 하려고 하자 그들은 신도회 방을 부수고 신자 몇을 몽둥이로 쳐서 피가 터지게 만들었고 강단, 의자, 진열장을 산산조각 내고 불사르면서 메도디스트들을 죽여 버리겠다고 소리쳤다.[62] 그러나 찰스의 설교를 들은 후 그들은 깊은 감동을 받아 찰스를 도우려는 자들로 바뀌었다. 이것은 아주 예상 밖의 호의여서 찰스는 하나님이 그 땅에 복을 내리시려는 놀라운 계획을 갖고 계신다고 생각하였다.

　찰스는 메도디스트 신도회가 아직도 모일 방이 없는 것을 안타깝게 생각하였고 실제보다도 두 배의 임대료를 지불하여 예배당을 세워 부흥운동의 실질적인 터전을 마련하였다. 당시 아일랜드는 잉글랜드보다도 더욱 악한 폭도들이 일으키는 폭력사건으로 공포에 휘말리고 있었다. 수도 더블린에는 그린이라는 폭도들의 전투장이 있어서 종종 살인사건이 났지만 보안당국도 감히 폭도를 다스리지 못하였다.

찰스는 그 전투장에서 일어난 실로 끔찍한 사건을 보고하였다.

"그들은 최후에 한두 사람이 죽을 때까지 싸움을 그치지 않는다. 그들이 마지막으로 죽이는 사람은 보안관이다. 지난 주간에는 보안관 하나를 살해하고 나무에 매달았다. 그리고 이번 주간에는 여인 하나를 때려서 죽였다. 한 모라비아교인 남자 하나를 배를 밟아 죽였다. 그리고 살인자들은 기소 당했지만 무죄로 풀려났다."[63]

그런데 그런 극악한 폭도들이 이번에는 찰스와 신자들을 공격하였다. 신자 하나를 때려눕히고 몽둥이로 치고 웅덩이에 던지고 돌을 던져 피투성이로 만들어 버렸다. 그들은 여신도 하나를 똑같이 폭행하였다. 보안관이 와서 재판에 넘겼지만 가난한 사람들은 감옥에 갔고 힘 있는 사람들은 보안관에게 돈을 주고 풀려났다.

폭도들은 대부분이 가톨릭 교인들이었다. 이런 무서운 상황에서 찰스는 생명을 내놓고 설교하였다. 찰스는 평신도들도 이런 위험 속에서 신앙생활을 하는데 성직자인 자신이 두려워 설교를 포기할 수 없다고 생각하여 용기를 내어 설교하였다. 찰스는 담대하게 폭도들의 전투장인 그린으로 가서 설교하였다. 무서운 얼굴을 가진 폭도들은 처음에는 야유를 퍼부었지만 군인들이 찰스를 보호해주어 설교하는 동안 조용하였다. 그다음 주일에도 그린에서 설교하는데, 폭도들은 보이지 않고 군인들과 일반인들이 열심히 설교를 들었다. 그들은 모두가 가톨릭 교인이기 때문에 찰스가 가톨릭 성자인 토마스 아 켐피스의 책 「그리스도를 본받아」를 읽고 진실한 그리스도인이 되기로 결심한 사실을 고백하며 사실상 자신도 훌륭한 가톨릭 교인이라고 말하자 많은 사람이 감동을 받았다. 두 주간 사이 찰스는 수십 명의 가톨릭 회심자들을 얻었는데 그들 중에는 군인들이 많았다. 찰스는 회심자들의 집을 하나하나 심방하여 그들의 믿음을 다져주었다. 찰스는 이곳에서도 죽음의 위기를 경험하였다. 아트론이라는 작은 마을에서 설교할 때, 그 교구의 가톨릭 신부의 하인이 찰스의 얼굴을 향해 던진 커다란 돌을 간신히 피해 기적적으로 죽음을 면하기도 하였다. 그때 찰스는 심장이 멎는 것 같은 공포를 느꼈다.

얼마 후 찰스는 늘어난 신도회를 위해 새로운 방을 사들였는데, 그곳은 더블린에서 조금 떨어진 돌핀에 있는 아주 낡은 창고였다. 찰스는 이 창고를 수리하여 설교자들의 숙소도 만들고 신도회 방도 만들었다. 이 집을 마련하기 전까지 찰스는 영국에서 데리고 온 네 사람의 보조자들과 조그만 쪽방에서 지내야만 했다. 아일랜드에서 찰스는 재정 형편이 어려워 몹시 고생하였다. 그는 이렇게 신도회를 발전시키고 설교자들을 먹여 살리기 위해 많은 돈을 지출해야 했기 때문에 형에게 돈을 보내달라고 애걸하는 편지를 보냈지만 형으로부터 제때 답장도 받지 못하여 애를 태워야만 했다. 두 달이 지났을 때 신도회 수는 2천여 명까지 증가하였다. 찰스는 이곳에서도 하루 평균 다섯 번씩 설교하였고 신자들의 집을 부지런히 심방하였다. 그는 어디서나 열심히 심방하며 신자들을 따뜻하게 돌보는 목사였다. 아일랜드에서도 시기하고 질투하는 성직자들의 반대와 박해는 여전했다. 가톨릭 성직자들은 폭도들을 시켜 찰스와 신자들에게 폭력을 휘둘렀다. 하루는 길을 가는데 찰스의 일행이 돌 세례를 받아서 한 명은 피를 흘리며 쓰러졌고 또 한 명은 몽둥이에 맞아 얼굴이 찢어졌다.

찰스는 더블린을 떠나 남부의 수도인 코르크(Cork)로 내려갔다. 찰스의 야외설교를 들으러 처음에는 수십 명의 가톨릭 신자들이 모이더니 곧 수백 명으로 불어났다. 찰스는 처음의 회심자들을 모아서 작은 신도회를 조직하여 전략적 기지를 마련하였다. 코르크에서의 야외설교는 기대 이상으로 순조로웠고 열매도 풍성했다. 찰스는 "코르크에 온통 성령의 불이 붙었고 큰 무리가 복음을 믿고 환영하였다."고 보고하였다. 코르크에서 신도회 수가 증가하여 찰스는 평신도 설교자를 세우고 떠날 준비를 하였다. 코르크의 신자들은 눈물을 흘리면서 며칠만 더 있어 달라고 찰스의 팔을 붙들고 애걸하였다. 이들과 작별하는 것은 너무나 마음 아픈 일이어서 찰스는 몇 시간이나 지체하였다. 그는 지금까지 그렇게 깊은 애정을 가지고 자기를 대해준 신자들을 본 적이 없었으며, 그들은 천사같이 아름다운 사람들이라고 말했다. 찰스는 코르크에서 떠나 아일랜드 내륙 지방을 순회하면서 더블린으로 향하였다. 아일랜드에서의 전도활동은 말 그대로 전쟁이었다. 영적인 전쟁만이 아니라 몸으로 싸우는 전쟁이었다. 아일랜드의 가을과 겨울을 지내면서 날마다 그치지 않는 눈비와 매서운 찬바람과 싸워야만 했다. 찰스는 아일랜드에서 생을 마치게 될지도 모른다는 생각을 하면서 여러 번 눈물을 흘렸다. 영국으로 돌아가 친구들을 만나고 싶어 마음이 울적할 때도 많았다. 그렇지만 아일랜드의 신자들은 하늘에서 내려온 천사들과 같이 착하고 인정 많고 아름다워서 찰스에게 그 모든 고난을 이기게 하는 위로와 힘이 되었다. 그들은 생명이라도 아낌없이 내어주려는 마음으로 찰스를 사랑하고 도와주었다.

1748년 3월 20일, 약 6개월간의 아일랜드 선교를 마감하고 떠나려 할 때 신자들은 찰스를 붙들고 통곡하며 울었다. 그들은 이 세상에서 둘도 없는 복음의 사도요 참된 목자요 영적인 아버지요 진리의 스승이요 사랑의 친구인 찰스와 영원히 함께 살고 싶어 하였다. 찰스는 바닷가에서 배에 오르기 전 그들을 성령의 권능에 맡기며 축복하고 그들에게 작별인사를 하였다. 그러나 그들은 찰스를 놓아주려 하지 않았다. 그들은 찰스에게 "가지 마시오. 또 오시오."라고 외치며 찰스와의 작별을 슬퍼하였다. 찰스도 눈물이 흘러 앞을 볼 수가 없었다. 이제 눈물의 아일랜드를 뒤로 하고 찰스는 얼굴을 들어 웨일즈로 향하였다.

존 웨슬리는 1747년 처음으로 아일랜드 전도를 시작한 이래 일생 동안 스물한 번 방문하여 순회설교를 하였다. 그러나 찰스의 6개월간의 수고는 아주 결정적인 공로가 되었다. 그리고 1년 후 찰스는 죽을 뻔했던 아일랜드에 두 번째로 가서 두 달 동안 신도회를 굳게 만들어주고 더블린과 코르크에서 순회설교를 하였다. 찰스는 박해로 인하여 풍전등화의 위기에 놓인 신도회를 살려 든든하게 세워놓았고 아일랜드 메도디즘의 확고한 토대를 마련해 주었다. 감리교회사에는 유명한 아이리쉬 메도디스트들이 등장하는데, 존 웨슬리 사후에 메도디스트 총회의 수장이 되어 존 웨슬리의 실질적인 후계자가 된 아담 클라크와 아이리쉬 메도디즘과 잉글리쉬 메도디즘 발전의 위대한 공로자로서 웨슬리 형제의 수제자이며 존 웨슬리의 전기 작가인 헨리 무어와 바울 같은 설교자 토마스 월쉬 등이다. 대부분의 아이리쉬 메도디스트들은 이전에 가톨릭 교인이었지만 웨슬리 형제의 설교를 듣고 복음적인 회심을 체험하고 개종한 사람들이었다. 수많은 아이리쉬 메도디스트 이민자들은 뉴펀들란드와 캐나다와 서인도제도와 미국과 캐나다에 메도디즘을 전파하여 세계 선교에 기념비적인 공로를 남겼다.

8. 더욱 더 사랑해 – 찰스의 사랑과 인생

1) 첫 눈에 반한 사랑 – 사라 귄

존 웨슬리의 피나는 노력으로 아일랜드 수도 더블린에 약 2백여 명이 모이는 메도디스트 신도회가 탄생하였다. 1천 5백 년 전통의 깊고 강한 가톨릭 신앙으로 무장된 이 나라에서, 더욱이 영국의 식민 통치로 인해서 두 민족 사이에 종교적 갈등이 극심한 상황에서 이만한 전도의 열매를 맺은 것은 실로 기적이었다. 그런데 1747년 8월 갱단들의 폭동에 휘말려 신도회 예배당이 불타고 신도들은 공포에 질려 흩어지고 있었다. 아일랜드 전도의 열매가 수포로 돌아갈 위기가 닥치게 되자 존은 동생을 급히 그곳에 파송하기로 결정하였다.

아일랜드로 가는 길에 찰스는 남부 웨일즈의 작은 마을 가트(Garth)에 들러 그 지방의 부유한 영주인 마마듀크 귄(Marmaduke Gwynne)의 큰 전원 맨션에 며칠 묵어가게 되었다. 마마듀크는 옥스퍼드 대학 지저스 칼리지 졸업생으로 귀족이며 그 지방의 영주로서 가족과 함께 영국 국교회의 규율을 엄격하게 지키는 충성된 신자였다. 그는 아홉 명의 자녀를 두고 스무 명의 하인들을 거느리고 살았으며, 언제나 일이십 명의 손님들을 자기 집에 묵게 하였다. 그는 웨일즈 출신 평신도 전도자인 하웰 하리스의 야외설교 행위가 영국교회와 국가에 모욕적인 피해를 입히는 반란죄에 해당된다고 판단하고 그를 감옥에 잡아넣으려는 목적으로 그의 설교 장소에 갔다가 완전히 마음이 바뀌었다. 하리스의 설교를 듣고 그의 가르침이 전적으로 성경적이고 건전하고 경건한 교리라고 생각하게 되었고, 그에게 자기의 잘못을 고백하고 용서를 구하며 자기 집으로 하리스를 데리고 갔다. 마마듀크는 하리스를 환대하고 깊은 영적 교제를 나누었고 회심을 체험한 후 매년 브리스톨의 메도디스트 총회에 참석하였다. 그의 아내는 이러한 남편의 변화를 반대하다가 존 웨슬리의 논문 "이성적이며 경건한 사람들에게 보내는 호소"를 읽고 메도디스트가 되어 웨슬리 형제를 존경하게 되었고 그들이 자기 지방을 방문할 때마다 정성껏 모셨다. 마마듀크 집안은 충실한 메도디스트 가족이 되어 메도디스트 설교자들을 열심히 도왔고 특별히 자기의 저택을 언제든지 그들에게 내어주었다.

찰스는 그의 집에서 그 가족과 함께 닷새 동안 아주 즐겁게 지내며, 그 지역에서 매일 설교하였다. 찰스는 그 가족의 친절하고 품위 있는 모습에 깊은 존경심을 갖게 되었고 마마듀크 가족은 찰스를 하나님이 보내신 사자로 여기고 최선을 다해서 대접하였다. 찰스는 그 집의 아름답고 수줍어하는 스물한 살 난 딸 사라(Sarah, 애명은 살리)를 보자마자 첫눈에 반했다. 이때 찰스의 나이가 마흔이니 사라와 열아홉 살 차이였다. 찰스는 평생 처음으로 사랑을 느꼈고 그녀에게 마음이 끌렸다. 그렇지만 찰스는 아무에게도 말하지 못하고 아일랜드로 향해야만 했다. 마마듀크는 찰스를 데리고 홀리헤드 선착장으로 갔다. 그러나 비바람 때문에 출발이 늦어져 꼬박 하루 동안 마차를 타고 가서야 가까스로 아일랜드로 가는 배에 올랐다. 찰스는 아일랜드로 가서 형 존에게 편지로 자기의 마음을 고백하며 사라와 결혼해야 하는지 아닌지를 물었다. 존은 찬성도 반대도 하지 않았다. 두 형제는 이미 옥스퍼드에서 중대한 결정을 할 때에는, 특별히 결혼에 관하여는 반드시 서로 상의하고 동의를 얻기 전에는 결정하지 않기로 약속했기 때문에 존도 깊이 생각할 시간이 필요했다.

아일랜드에서 전도운동은 성공적이었다. 하리스와 휫필드가 찰스의 성취에 경탄하는 메시지를 보내왔다. 1748년 3월 찰스는 아일랜드를 떠나 웨일즈에 도착하자마자 사라를 만나기 위해 하루 종일 말을 타고 빗속을 달려 가트로 갔다. 새벽 5시에 출발하여 저녁 5시에 도착한 찰스는 그 자리에서 쓰러지고 말았다. 사랑하는 여인을 보고 싶어 목숨을 걸고 하루 종일을 달려온 것이었다. 마마듀크 가족은 즉시 찰스를 침대에 누이고 정성껏 돌보아 주었다. 찰스는 이미 아일랜드에서 과로한 탓에 건강이 많이 상해 위험한 상황이었는데, 사라를 보기 위해서 너무나 급히 달려오는 바람에 지쳐서 실신한 것이었다. 찰스는 사라의 집에서 망가진 건강을 회복하기 위해 보름을 지내는 동안 사라와 사라 가족의 따뜻한 간호를 받으며 건강을 회복하였다. 이때 찰스와 사라는 똑같이 사랑에 빠졌다. 사라도 찰스를 보았을 때부터 사랑을 느꼈고 자신이 결혼한다면 그건 오직 찰스뿐이라고 말하였다.

사라는 재산과 명예와 교양과 신앙과 도덕을 갖춘 상류층 명문가의 딸이었다. 게다가 그녀는 뛰어난 미모를 갖추었고 하프시코드(harpsichord)와 기타를 연주하며 노래도 잘 부르는 등 음악적 재능을 타고난 아무런 부족함이 없는 여성이었다. 찰스가 런던으로 와서 자신의 멘토인 빈센트 페로넷 목사에게 마음의 비밀을 고백하고 조언을 구했을 때, 그는 사라가 찰스에게 하나님이 정해 주신 완벽한 짝이라고 말해 주었고 찰스는 그의 말이 하나님의 뜻이라고 생각하게 되었다.

찰스는 본래 감성이 풍부하고 다정다감하며 친절하고 따뜻한 사교적인 성품에다 남성다운 용기와 신사도를 지닌 사람이어서 옥스퍼드에서는 코츠월드의 매력적인 숙녀들의 유혹을 받았고 런던에서는 유명한 여배우의 짝사랑을 받은 적도 있었다. 찰스는 조지아에서 오글토프가 '당신은 무척 온화하고 존보다도 훨씬 사교적인 사람이기 때문에 결혼하는 것이 자신의 구원을 이루는 것과 하나님의 일을 위해서 유익할 것이다.'라고 말해 준 것을 기억하기도 하였다. 그렇지만 찰스는 존과 같은 독신주의자로서 완전한 성화의 길을 가고 있었기 때문에 그 모든 유혹을 물리쳤다. 그러나 사라를 만난 후 찰스는 이미 과거의 독신주의 약속과 이상을 변경하였고, 결혼이 하나님의 뜻이라고 믿었다. 건강을 회복한 찰스는 사라와 마마듀크 부인을 동행하고 가트 주변을 돌면서 순회설교를 하였고 때로는 함께 말을 타고 소풍도 갔다. 그러는 동안 찰스는 사라와 그녀의 부모의 마음을 얻었다. 사라와 그녀의 아버지는 찰스와 함께 런던과 옥스퍼드와 브리스톨을 차례로 방문하여 메도디스트 본부와 웨슬리 형제의 활동을 둘러보았고 찰스의 야외설교를 지켜보며 대단히 만족해하였다.

찰스는 가트로 돌아와 다시 두 번째 아일랜드 전도여행을 떠나게 되었다. 찰스는 더블린에서 형을 만나 함께 일했는데 전과 같은 박해는 많이 사라지고 1년 전에 뿌린 씨앗이 싹을 틔워 건강하게 자라나는 모습을 보면서 기뻐하였다. 두 달 후 1748년 10월 찰스는 다시 가트로 왔다. 찰스는 사라에게 청혼하였고 브리스톨로 가서 존의 동의를 얻었고 다시 가트로 와서 사라 부모의 결혼 승낙을 받는 일을 추진하였다. 그런데 사라의 어머니가 찰스의 1년 수입 백 파운드를 보장하기 전에는 승낙할 수 없다고 주장하여 난관에 봉착했다. 찰스는 형의 도움을 얻어 형제가 출판한 찬송가책의 인세 수입으로 1년에 백 파운드의 수입을 보장하는 법적인 문서에 서약하고 부모의 승낙을 얻어내는 데 성공하여 드디어 결혼을 정하였다.

2) 천국 같은 결혼, 지옥 같은 결혼

사라의 부모로부터 결혼 승낙을 받았을 때 찰스는 기쁜 마음을 찬송시로 쏟아냈다. 그는 일생 동안 열일곱 편의 결혼 찬송을 지어 메도디스트 결혼식에서 부르게 하였다. 그래서 메도디스트 결혼식은 '노래하는 결혼식'(singing wedding)이 되었다. 찰스는 사라가 자신의 목회를 방해하기보다는 크게 도움이 되리라는 믿음과 희망을 갖고 첫 번째 결혼 찬송을 지었다.

찰스 웨슬리의 집(브리스톨)

하나보다 둘이 훨씬 좋지요.
의논할 때나 싸울 때나 둘이 낫지요.
어떻게 혼자 따뜻할 수 있나요.
어떻게 혼자 하나님을 바르게 섬길 수 있나요.
그러니 서로 마음과 손을 함께 해요.
서로를 사랑하도록 노력해요.
서로가 명하는 길을 달려
끝까지 함께 해요.64)

 찰스는 사라가 자신의 목회에 꼭 필요하다는 사실을 이미 경험하고 있었다. 사라와 마마듀크 씨는 찰스와 함께 런던의 파운더리에 가서 웨슬리 형제의 전도 사업을 직접 눈으로 보고 대단히 기뻐하였다. 두 부녀는 찰스의 일하는 모습과 설교하는 모습을 보고 매료되어 자신들도 하나님께 헌신한 그리스도인으로서 복음을 위해서라면 찰스와 함께 고난도 기쁘게 받을 것이라고 말하였다. 그리고 파운더리에서 나오는데 사라는 방에 무언가를 두고 나왔다는 것을 깨달았다. 그녀는 다시 방으로 갔는데 그만 문이 잠기고 말았다. 그러나 자세히 보니 자물쇠가 고장이 나서 방으로 들어갈 수가 있었던 것이다. 그때 사라는 침대에 불이 붙는 것을 발견하였다. 깜짝 놀란 그녀는 즉시 불을 껐다. 하녀가 실수로 촛불을 끄지 않고 나왔기 때문에 일어난 일이었다. 만약 사라가 아니었더라면 파운더리 예배당은 불에 타버렸을 것이다. 존은 사라와 그녀의 어머니로부터 결혼 후에도 찰스의 순회목회를 반대하지 않는다는 약속을 받았고 다시 한 번 결혼을 승낙했다. 찰스와 사라는 마마듀크 가족의 작은 예배당에서 1748년 4월 8일에 결혼하였다. 찰스는 42세, 살리는 23세로 열아홉 살 차이였다. 이날은 '구름 한 점도 없이 아침부터 저녁까지 맑은' 날이었다. 찰스는 결혼 직후 허니문 설교여행을 떠났다. 찰스는 가트 주변 지역을 사라와 함께 말을 타고 돌면서 설교했는데, 이전에는 전혀 느끼지 못했던 '더 많은 열심, 더 많은 능력, 더 많은 기쁨'을 가지고 복음을 전하게 되었으며 결혼은 하나님의 일에 방해가 아니라는 것을 증명하는 것이라고 말했다.

이후 찰스와 사라는 브리스톨로 와서 뉴룸 건너편 수수한 붉은 벽돌집에서 신혼생활을 시작하였다. 그 집은 4층이었는데, 1층은 응접실과 부엌, 2층은 오르간과 하프시코드를 둔 음악실, 3층은 침실, 그리고 4층은 지붕 밑 다락방이었다. 찰스는 하늘이 보이는 반 평도 안 되는 이 작은 다락방에서 35년 동안 기도하고 공부하며 수천 개의 찬송을 지었다. 찰스는 사라를 말에 태우고 설교여행을 다녔다. 설교 횟수도 줄이지 않았다. 찰스의 결혼은 그의 목회를 더욱 활발하게 만들었다. 찰스의 결혼은 완전하고 행복한 것이었다. 찰스의 성공적인 결혼은 존이 독신주의를 계속 지킬 것인지 아니면 자기도 결혼할 것인지에 대하여 더욱 진지한 생각을 하게 만들었다.

존은 '형언 못할 만큼 부드러운' 32세의 매력적인 미모의 과부 그레이스 머레이와 결혼하려고 결심하였지만 그녀를 자신의 제자이며 자신이 고용한 설교자 존 베네트에게 빼앗겨 버리고 한동안 깊은 상실감에 괴로워하였다. 찰스는 그레이스가 신분이 천한 여인이며 그러한 결혼이 메도디스트 신도회에 좋지 않은 영향을 줄 것이라고 생각하여 그녀와의 결혼을 반대하였다. 사실상 존의 입장에서는 자기에게 가장 이상적이라고 생각하며 사랑하는 그레이스를 놓친 데에는 찰스의 방해가 크게 작용했다는 생각을 떨쳐버릴 수가 없었다. 이번에 존은 런던 다리를 걸어가다가 빙판에 미끄러져 발목을 삐어 근처에 사는 마흔한 살의 과부 메어리 바질의 간호를 받게 되었다. 그러다가 그녀와 사랑에 빠져 그녀와 결혼할 것을 선언하였다. 찰스는 그녀가 '슬픈 영혼의 여자'로 보인다는 이유로 반대하였다. 그러나 존은 이번이야말로 찰스가 방해하지 못하도록 하기 위해 아무에게도 알리지 않고 비밀리에 1751년 2월 18일 메어리와 결혼하였다. 마흔한 살 과부와 마흔여덟 살 늙은 총각의 결혼이었다. 찰스는 형이 결혼했다는 말을 듣고 믿지 않았다. 그는 벼락을 맞은 것 같은 충격을 느꼈다. 그러나 이는 시작에 불과하고 앞으로 더 엄청난 풍파가 닥칠 것이라는 불길한 생각이 머리를 때렸다. 그는 예배당으로 가던 길을 돌려 집으로 가서 사라와 함께 펑펑 울어버리고 말았다. 그리고 며칠 동안 이상한 슬픔에 빠져 우울해하며 제대로 먹지도 못하고 설교도 못하고 잠도 못 잤다. 그런데 찰스의 예감은 정확했다. 메어리 바질은 세상에 보기 드문 악처였다. 존의 결혼은 대재앙이었고 가장 불행한 결혼으로 꼽히며 그의 생애 중에 최악의 실패작이었다. 존은 결혼에 실패했고 불행한 결혼은 그의 성자적 인생에 결정적인 흠이 되었으며, 행복한 가정의 본을 보여주지 못했다. 반대로 찰스는 행복한 결혼을 하였고 그의 가정은 행복한 가정의 본이 되었다. 그래서 메도디스트들은 찰스의 결혼이 천국 같은 결혼(heavenly marriage)이었다면 존의 결혼은 지옥 같은 결혼(hellish marriage)이었다고 비유하였다.[65]

3) 여전히 더욱 더 사랑해 – Still More Love

사라 권

찰스와 사라는 결혼 직후 브리스톨에 보금자리를 마련하였고 행복한 결혼생활을 시작하였다. 그리고 찰스는 브리스톨과 런던의 메도디스트 본부와 수백 개로 늘어난 신도회들을 돌보면서 이전보다 더욱 박력 있고 부지런한 부흥운동의 지도자로 지도력을 펼쳐 나갔다. 언제나 그랬듯이 찰스는 여전히 병든 사람들과 죽어가는 사람들과 감옥에 갇힌 사람들을 돌보는 일에 열심이었다. 찰스가 이러한 자선활동과 순회설교를 계속적으로 잘할 수 있었던 것은 사라의 이해와 협력이 있었기 때문이었다. 결혼 후 처음 2년 동안 사라는 남편의 전도여행에 동행하였다. 순회설교는 언제나 고된 일이었으나 즐거운 일과 보람 있는 일도 많이 경험하였다. 사라는 가는 곳마다 신도회의 환대와 사랑과 존경을 독차지하였다. 한번은 맨체스터를 여행하다가 어느 마을의 조그만 식당에서 점심식사를 하였다. 식사를 마친 후, 사라가 정원을 거닐면서 노래를 부르고 있었는데, 젊은 여인들이 사라의 노랫소리를 듣고 매료되어 그 동네 교구 목사인 그들의 아버지를 불러왔고 더 많은 사람들이 모여들었다. 사라는 그다음 주일 그 교구교회의 초청을 받아 노래를 부르게 되었고 마을 전체에 광고가 나갔다. 그러나 교구 목사는 사라가 메도디스트 설교자의 부인이라는 사실을 알고 즉시로 취소하였다.

1751년 가을, 사라는 찰스의 약 두 달 간의 설교여행에 동행하는 동안 여러 가지 고통스런 경험을 하게 되었다. 긴 여행을 통해 사라는 순회설교자의 삶이 얼마나 고된 것인지 깊이 경험하였다. 리즈에서 사라는 찰스가 하루 종일 설교하고 밤늦게 작은 방에 들어와 자고 새벽 4시에 일어나 새벽기도회를 인도하는 것을 보게 되었다. 바로 옆방에는 험상궂은 노동자들이 술판을 벌이고 있었으므로 사라는 불안해하며 밤을 지새워야 했다. 종종 폭도들의 난폭한 행동을 겪을 때마다 사라는 공포에 질려 급히 숨을 곳을 찾곤 했다. 1753년 찰스와 사라는 북부 전도여행에 나섰다가 찰스는 과로하여 아팠고 사라는 여행에 지쳐서 계획한 순회설교를 계속 할 수 없어 여행을 취소하고 돌아와야만 했다. 그때 이후로 사라는 계속해서 남편의 설교여행에 동행하는 것이 불가능하다는 사실을 알게 되었고 그 후로는 주로 찰스 혼자서 다니게 되었다. 그해 말, 찰스는 콘월에서 사라에게 기쁜 소식과 함께 사라를 그리워하는 안타까운 마음을 전하는 편지를 보냈다. 찰스는 콘월에서 부흥운동이 10여 년 진행되는 동안 희생어린 수고의 열매가 나타나 콘월은 '젖과 꿀이 흐르는 가나안 땅'이 되고 있는데, 사라가 와서 이런 모습을 보고 사랑스런 친구들을 만나지 못하고 함께 있지 못하는 것이 아쉽다고 전하면서 두 주간 동안이나 사라를 홀로 있게 만든 것이 미안하여 용서를 구한다고 말했다.

찰스가 브리스톨에 와 있을 때 런던에서 사람들이 와서 존이 중병을 앓고 있어

위독하다고 전했다. 찰스는 급히 런던으로 가서 죽음의 문턱에서 신음하는 형을 보고 충격을 받았다. 존이 누워 있는 침대를 둘러싸고 있는 모든 사람들이 눈물을 흘리며 존의 죽음을 예견하였으며, 존은 이미 묘비문까지 써놓은 상태였다. 찰스는 형이 살아날 것이라는 작은 희망을 갖고 기도했는데, 다음 날 기적처럼 존이 기운을 얻어 위기를 넘겼다. 찰스는 형 대신 런던에서 신도회 일들을 처리하고 형이 약속해 놓은 집회에서 대신 설교를 하였다.

이틀 후 찰스는 사라가 천연두에 걸려 위험한 상태라는 슬픈 소식을 들었다. 찰스가 급히 브리스톨로 내려가 보니 사라는 고통이 너무 심해 말도 못하는 상태였다. 의사는 이미 와 있었고 레이디 헌팅돈과 다른 신도들이 사라를 간호하고 있었다. 의사 미들톤은 찰스에게 병이 전염될지도 모르니 사라로부터 떨어져 다른 집으로 가서 피해 있으라고 말했다. 그러나 찰스는 이렇게 이야기하였다. "나에게 사라보다 더 중요한 게 뭐가 있단 말입니까? 나는 죽더라도 사라 곁에 있어야 합니다. 내가 사라를 내버려두고 다른 곳에 가 있는다면 그것은 세상에서 가장 잔인한 일이 될 것입니다."[66] 사라는 간절하게 찰스를 찾고 있었으며 찰스를 보자마자 큰 위로를 얻었다. 이때 조지 휫필드와 레이디 헌팅돈이 사라와 존을 위해서 간절하고 강력한 기도를 해주었고 다른 신도회 회원들이 연합하여 기도를 드렸다. 사라는 고열에서 조금씩 벗어났고 기적적으로 죽음의 문턱에서 되돌아왔다. 사라는 스무날 이상 이런 고통을 견디다 살아났다. 그런데 이때 런던에서 형 존이 죽었다는 잘못된 비보가 날아와 찰스는 또다시 런던으로 날아가 형이 해야 할 모든 일을 다 감당해야 했다. 존은 약 보름 후 건강을 회복하고 일어나 활동을 재개할 수 있었다. 형과 아내가 사경을 헤매고 있는 동안 찰스는 런던과 브리스톨을 오가면서 아내와 형 모두를 살리기 위하여 최선을 다하였다.

며칠 후 찰스가 돌아와 사라를 보았을 때 사라는 천연두를 너무나 심하게 앓았기 때문에 다른 사람이 전혀 알아보지 못할 정도로 얼굴이 변해 있었다. 행복한 결혼 생활 5년 후에 일어난 일이었다. 사라는 아직도 스물여덟 살 젊은 나이였는데 얼굴이 너무 많이 상해서 그 고운 피부와 고상한 미모가 완전히 파괴되었다. 역병이 남긴 상처와 자국은 사라 얼굴의 젊음과 아름다움을 빼앗아 버렸다. 사라의 상한 마음은 이루 말할 수 없이 절망적이고 비극적이었다. 사라는 생명을 구했지만 생명 다음으로 귀중한 것을 잃어버린 듯 허망해하였다. 찰스는 사라의 침상 곁에서 그녀의 두 손을 꼭 잡고 이렇게 말해 주었다. "당신의 미모를 잃어버린 것을 슬퍼하지만은 말아요. 나는 당신을 여전히 더 많이 사랑해요."(I love you still more) 사라는 이 말을 들을 때 죽음에서 부활하는 것 같은 빛을 보았고 위로를 얻었다. 사라는 얼굴이 변해서 그녀의 나이를 알아보기가 어려울 정도가 되었고 찰스와 나이 차이를 구분하지 못할 정도가 되었다. 찰스는 사라에게 "이제 당신이 젊은 얼굴을 잃어 버렸기 때문에 늙은 남편과 함께 다닐 때 겪어야 하는 당혹스러움도 잃어버렸네요."라는 농담(joke)을 말하기도 하였다.67) 찰스는 사라의 회복을 위해 기도하는 시를 지어 읽어주었다.

> "주의 천사들은 그녀의 침상을 지키게 하시고
> 주의 손을 그녀의 머리에 얹어 주소서
> 주의 능력은 고통이 기쁨 되게 하시고
> 주의 사랑으로 그녀의 몸과 영혼을 치료하소서
> 매순간 믿음을 주시고 속죄의 피로 적셔 주시며
> 예수의 허리에서 흐르는 향유를 부어 주소서"68)

1753년은 찰스 가정에 고난풍파가 끊이질 않았다. 같은 해 말 16개월 된 어린 아들 존이 천연두에 걸려 며칠을 고생하다가 죽었다. 찰스와 사라는 첫아이를 잃어버린 슬픔을 견디기 어려웠지만 "주신 분도 하나님이시요 데려가신 분도 하나님이시다."라는 욥기의 말씀을 통해 위로를 받으며 그를 떠나보냈다. 찰스는 모두 여덟 아이를 낳았는데, 다섯 아이가 어려서 죽어 브리스톨 뉴룸 건너편 성 제임스 교회 묘지에 묻혔다.

4) 내 아들의 연주회에 초대합니다 - 자녀들의 음악교육

찰스 웨슬리의 맏아들, 찰스

찰스 웨슬리의 딸, 살리

찰스는 사라에게 가장 좋은 남편이 되기 위해서 모든 노력을 다했고, 사라도 평생토록 찰스에게 가장 좋은 아내가 되어주었다. 그녀는 찰스에게 따뜻하고 성실하고 헌신적인 아내, 친구, 내조자, 동반자 그리고 동역자였다. 그렇지만 사라는 천연두를 앓고 난 후부터 마음이 약해져 찰스가 설교여행을 떠나 집을 비울 때면 홀로 지내는 것을 무척이나 힘들어하였다. 사라에게 남편 없이 혼자서 아이들을 키우는 것은 거의 불가능한 일이었다. 특별히 아이들이 병이 나서 아플 때에는 사라 혼자서 아이들을 감당할 수가 없었다. 찰스는 아내를 생각해서 설교여행을 줄일 수밖에 없었고 가족과 함께 지내는 날을 늘려 갔다. 1756년에 들어서 찰스는 순회설교를 중단하기로 결심하고 형에게 자신의 사정을 알렸다. 대신 브리스톨과 런던의 신도회를 지도하고 집을 비우지 않아도 되는 가까운 곳을 다니며 설교하였다. 형은 찰스에게 전과 같이 순회설교에 적극적으로 나오라고 촉구하였지만 찰스는 자신의 형편이 돌보아야 할 가족이 없는 형과는 많이 다르다는 것을 설명하고 공손하게 거절하였다.

찰스가 이처럼 순회 목회를 중단한 데에는 여러 가지 이유들이 있었다. 첫째는 가족을 돌봐야 하는 의무가 있었기 때문이다. 둘째는 자신의 건강이 나빠져 더 이상 순회목회를 하기 힘들어졌기 때문이다. 셋째는 자녀들 교육 때문이었다. 넷째는 안정되고 조용한 생활 속에서 찬송을 쓰기 위함이었다. 찰스는 1771년, 20년 동안의 브리스톨 생활을 정리하고 런던으로 이사했는데 가장 큰 이유는 자녀들에게 음악교육을 위해 더 좋은 기회를 제공하고 더 좋은 음악가들을 만나게 해주기 위해서였다. 찰스 가족은 런던의 메도디스트 본부인 파운더리 예배당 가까운 메릴본 교구에 작은 집을 마련하고 정착하여 세상을 떠날 때까지 그곳에서 살았다.

순회설교를 중단한 후 찰스의 활동은 주로 런던의 메도디스트 본부인 파운더리와 브리스톨의 본부 뉴룸에서 형과 함께 메도디스트 운동을 지도하고 신도회를 돌보며 설교하는 일에 집중되었다. 존이 먼 곳에 순회설교를 나가거나 다른 지역 신도회를 방문하기 위해서 본부를 비울 때에는 찰스가 모든 일을 맡았다. 형은 모든 것을 동생에게 맡기고 마음 놓고 다른 일을 할 수 있었다. 존과 찰스는 언제나 메도디스트 운동의 공동 지도자였다. 신도들은 존을 존경하고 그에게 순종하였지만 찰스를 더 친근하게 따르고 좋아하였다. 존이 자리를 비울 때면 신도들은 찰스의 설교를 즐겨 들었다. 신도들은 존과 찰스의 지도력과 권위를 똑같이 인정하고 존중하였던 것이다. 존에게 찰스는 최고의 동역자요 조력자였다. 찰스가 없었다면 존은 아무것도 잘할 수 없었을 것이다.

찰스는 언제나 가장 훌륭한 아버지였다. 찰스는 아이들을 학교에 보내지 않고 집에서 직접 가르치거나 가정교사들을 두어 가르쳤다. 그는 보통 목사들처럼 자녀들을 기숙학교에 보내지도 않았고 메도디스트 학교인 킹스우드에 보내지도 않았다. 두 아들 찰스와 사무엘은 음악에 천재적인 재능을 보였고, 딸 사라는 탁월한 라틴어 실력을 갖추었으며 문학적 소질을 타고났다. 맏아들 찰스는 오르간과 플루트를 전공했고, 둘째 사무엘은 어려서부터 작곡의 천재였으며 바이올린과 하프시코드(harpsichord)를 전공했다. 찰스는 두 아들의 음악교육에 헌신적이었다. 메도디스트 신도들은 찰스가 자녀들을 목사로 키우지 않는다고 불평했지만 찰스는 아이들을 천성과 재능에 따라 키우는 것이 최선이라고 주장하면서 두 아들이 음악가가 되는 것을 막는 것은 그들의 손가락을 자르는 것과 같다고 말했다. 그리고 그들도 교회음악을 좋아하였고 오르간 연주자가 되고 싶어 하였기 때문에 그것도 성직자

가 되는 것처럼 거룩한 소명이라고 설명하였다.69)

　찰스는 자녀들의 음악교육 이전에 신앙교육을 언제나 우선시하는 경건한 아버지였다. 그는 아이들에게 성경과 기도를 가르치고 기도문을 써주며 매일 기도생활을 하도록 훈련하였다. 찰스는 자녀들을 위한 수십 개의 기도와 찬송을 썼는데 거기에는 그의 어머니 수산나의 신앙교육의 정신이 분명히 반영되어 있었다.

　　"미끄러운 악의 길에 가까이 갈 때에
　　발걸음을 조심하여 멀리 피하게 하시며
　　바른 걸음 안전한 길 지켜주시어
　　생명과 양심을 순결하게 하소서
　　어리석은 놀이에는 시간을 아끼고
　　젊음의 정욕과 오만에는 마음을 닫고
　　광야의 방랑을 모르게 하시고
　　육욕과 허영과 죄에는 담을 쌓게 하소서"70)

　이처럼 찰스의 가족은 시인의 가족(poetic family)인 동시에 음악 가족(musical family), 노래하는 가족(singing family)이었기 때문에 집에서 함께 악기를 연주하고 노래를 부르는 즐거운 시간을 자주 가졌다. 특별히 찰스는 166곡의 「가족을 위한 찬송집」(*Hymns for the Use of Families*)을 만들어 가족기도회에서 찬송을 연주하고 노래하였다. 찰스는 새로운 찬송을 지을 때에는 반드시 온 가족을 모아서 함께 악기와 목소리로 연습하였다. 메도디스트들은 찰스의 가족을 '메도디스트 음악의 샘'이라고 불렀다. 사라의 목소리는 부드럽고 고상한 소프라노여서 누구든지 한번 들으면 또 다시 듣고 싶어 하였다. 두 아들은 자주 오르간과 플루트와 바이올린과 하프시코드를 연주하였고 어머니는 노래를 하였으며 종종 신도회 앞에서도 그렇게 하였다.

맏아들 찰스는 세 살 때부터 연주를 시작했고 아무런 연습 없이도 한번 들은 노래를 연주했다. 그는 당대 유명한 음악가들에게서 배웠고, 특히 영국에서 대표적인 헨델 음악가로 알려졌을 뿐 아니라, '영국의 모차르트'라는 별명을 얻기도 했다. 그는 런던의 여러 교회와 홀에서 종종 연주회를 가졌지만 국교회의 상징인 성 바울 성당과 웨스트민스터 사원에서는 그의 아버지와 큰 아버지가 메도디스트라는 이유로 연주회가 취소되기도 하였다. 그는 또 왕실 예배당의 전속 연주자가 되기 위해 지원했지만 역시 메도디스트라는 이유로 거절당하였으며, 평생 런던 하이드 파크 건너편 로크 예배당과 메릴본 예배당의 오르간 연주자로 일했다. 메도디스트에 대한 부당한 차별은 그의 음악활동에 계속적인 방해요소로 작용하였다. 맏아들 찰스는 끝까지 독신으로 살았다.

찰스 웨슬리의 둘째 아들, 사무엘

둘째 아들 사무엘은 바이올린과 오르간 연주자였으며, 그레고리안 찬트를 무척 좋아하여 아버지의 신앙적 유산을 버리고 로만 가톨릭교회로 옮겨가 부모와 메도디스트 신도회의 걱정거리가 되기도 하였다. 하지만 아버지가 죽은 뒤에 다시 메도디스트 교회로 돌아왔다. 그는 당대 영국 최고의 오르간 연주자라는 평가를 받기도 했는데, 1787년 스물한 살 때 밤길 귀가 중에 구덩이에 빠지는 사고로 머리를 심하게 다쳐 우울증을 앓게 되어 타고난 재능을 더 발전시키지 못하였다. 두 아들의 오르간 연주회와 바이올린 연주회와 하프시코드 연주회에는 존 웨슬리와 조지 휫필드와 레이디 헌팅돈을 비롯하여 많은 메도디스트들이 참석하였으며, 왕실의 왕자와 공주와 귀족들과 국회의원이며 유명한 노예해방가 윌리엄 윌버포스, 조지 오글토프, 철학자 사무엘 존슨, 런던 대주교, 캔터베리 대주교, 철학자이며 시인인 한나 무어, 헨델의 친구 그란빌, 웰링톤 공작 찰스 모닝톤 경, 작곡가 람페와 윌리엄 보이스 등 유명한 음악가들이 참석하였다. 두 아들의 연주회는 때로 메릴본에 있는 찰스의 집에서도 작은 음악회로 열렸는데 가족과 친지와 신도회의 가까운 신자들이 참석하였다. 한번은 존 웨슬리가 조카들의 연주회에 참석한 후 자신은 보통 사람들이 이해하기 어려운 헨델이나 바흐의 음악보다는 단순하고 평이한 음악을 더 좋아하며 동생 찰스의 찬송가가 제일 좋다고 말하기도 하였다.

딸 살리는 런던과 브리스톨의 유수한 학교에서 교육을 받았지만 어려서 천연두를 앓아 어머니처럼 얼굴에 흔적을 지니게 되었고 사교적인 성격이 아니어서 평생 결혼하지 않고 부모와 함께 살면서 부모에게 가장 좋은 딸이요 친구요 동반자가 되었다. 그녀는 부모에게 언제나 가장 큰 위로와 힘이 되는 딸이었다. 그녀는 라틴어와 시문학에 뛰어난 재능이 있어서 아버지와 함께 시를 쓰면서 아버지의 일을 많이 도왔을 뿐 아니라 큰아버지 존 웨슬리를 존경하여 도왔고 그의 홀란드 여행에 동행하기도 하였다. 그녀는 찰스 웨슬리의 세 자녀들 중에서 진정한 웨슬리안 신앙인으로서, 감리교회에 충성하였고 일평생 성실하게 메도디스트 속회에 헌신하였으며 평생 모은 수백 장의 속회 회원 출석표(class tickets)를 남겼다.[71] 그녀는 임종할 때 큰아버지 존 웨슬리의 유언 "나는 죄인 중에 가장 큰 죄인, 예수 나를 위해 죽으셨도다."를 되뇌었다.

찰스 웨슬리의 아들 사무엘은 자기의 아들의 이름을 '사무엘 세바스찬 웨슬리'(Samuel Sebastian Wesley, 1810~1876)라고 지었다. 그는 평생 요한 세바스찬 바흐(Johann Sebastian Bach, 1685~1750)를 흠모하였기 때문에 그의 아들이 바흐와 같은 음악가가 되기를 바라는 소원을 가지고 아들의 이름을 바흐의 중간 이름을 따서 지은 것이었다. 그 이름대로 그의 아들은 19세기 영국에서 최고의 바흐 음악가가 되어 교회음악의 발전에 위대한 공적을 남겼고, 그가 작곡한 오르간 음악은 또 교회음악사에 빛나고 있으며 지금까지도 연주되고 있다. 찰스의 손자 사무엘은 아홉 살

찰스 웨슬리의 손자, 사무엘 세바스찬 웨슬리

에 왕실 예배당 성가대원이 되었고 거기서 음악훈련을 받았다. 그는 열다섯 살에 오르간 연주자의 직위를 얻었으며, 옥스퍼드 대학에서 음악석사와 음악박사 학위를 받았다. 그는 평생 네 개의 유명한 성당의 오르간 연주자였으며, 왕실 극장의 지휘자이기도 하였다. 일생 교회음악을 위한 오르간음악 작곡자와 연주자로 영국과 유럽에서 유명하였다. 자녀를 위대한 교회음악가로 키우려는 찰스 웨슬리의 기도와 꿈은 아들들과 손자로 대를 이어가면서 이루어졌던 것이다.72)

5) 매일 걸어라 – 너는 나보다 오래 살아야

노년의 찰스 웨슬리

찰스의 말년에 가장 큰 고통은 메도디스트 신도회와 영국 국교회와의 관계에 대한 것이었다. 1784년 존 웨슬리는 메도디스트 총회 백 명의 대표를 대법원에 등록시키고 자신과 찰스가 죽은 후 메도디스트 예배당에 설교자들을 임명할 수 있는 권한을 보장하는 '선언'(Deed of Declaration)을 발표하였다. 이 메도디스즘의 헌장은 1년 후 존 웨슬리의 성직 임명을 낳고야 말았다. 1784년 9월 아메리카의 메도디스트들을 위하여 영국 국교회의 장로(elder)인 토마스 코크(Thomas Coke)를 감리사(superintendent)로 임명하고 다른 두 평신도 설교자들도 장로의 성직에 임명하였다. 이어서 그는 스코틀랜드를 위하여 세 명의 설교자들에게 성직 임명을 하였다. 이러한 존의 성직 안수는 찰스를 대단히 불쾌하게 하였다. 찰스는 존보다 훨씬 더 고교회주의자여서 메도디스즘이 국교회로부터 분리된다는 것을 꿈에도 생각할 수 없었기 때문이다. 더욱이 존은 찰스에게 사전에 아무런 암시도 주지 않고 성직 안수를 행하였고, 이것이 찰스를 더 불편하게 만들었다. 찰스는 "나는 82세 된 나의 가장 사랑하는 동역자인 형이 자기 손으로 성직 안수를 주었다는 소식을 듣고 벼락을 맞은 것처럼 정신을 차릴 수가 없었다."고 말했다. 찰스는 스코틀랜드에서 일하던 목사가 잉글랜드로 넘어오는 것은 시간문제라고 여겼으며, '성직 안수는 분리이다.'(Ordination is separation)라는 생각을 떨쳐버릴 수가 없었다. 그는 자신의 생전에 분리가 일어나든지 아니면 자신이 죽은 후 곧 일어날 것이라고 내다보았다. 찰스가 존에게 "모 교회와 메도디즘 사이의 다리가 완전히 파괴되는 것을 보기 전에 나는 무덤으로 가고 싶다."고 말했을 때 존은 "나는 성경적이었다."고 반박하였다. 일부 감리교 역사가들은 1784년부터 찰스가 죽을 때까지 4년간 존 웨슬리는 연합신도회의 중대한 일에 찰스를 의도적으로 소외시켰으며 찰스의 영향력을 제한시켰다고 주장하였다.[73]

그럼에도 불구하고 웨슬리 형제는 찰스가 죽기 몇 달 전까지도 함께 여행하고 만나서 즐거운 시간을 보내기도 하였다. 찰스는 죽기 1년 전에도 형과 함께 런던과 브리스톨에서 예배를 인도하고 설교도 하며 성만찬을 집례하였다. 80세를 넘어서도 찰스는 파운더리에서 설교했으며, 조랑말을 타고 작은 목소리로 찬송을 부르면서 집에서 예배당 사이를 왕래하였다. 그는 평생토록 방문하던 뉴게이트 감옥의 죄수들을 찾아가 돌보아주기도 하였다. 그렇지만 존의 활동에 비하면 찰스는 1756년 야외설교를 중단한 이래 집에 머무는 시간이 더 많았고 늙을수록 더욱 그러하였다.

존은 동생의 건강을 대단히 염려하여 늘 애정 깊은 조언을 해주곤 하였다. 1788년 찰스의 건강이 급격히 쇠약해졌을 때 존은 자주 동생에게 편지하여 건강에 대한 조언과 함께 위로해 주었다. 존은 동생에게 "매일 밖에 나가서 걸어라. 그렇지 않으면 죽는다. 너는 나보다 더 오래 살아야 한다."는 말로 동생의 건강을 염려하였다. 이틀 후에 존은 "너도 나처럼 건강할 수 있다고 믿어라."고 말했으며, 찰스가 죽기 한 달 전에도 "밖에 나가서 적어도 하루 한 시간이라도 걸어라. 너의 생활비는 걱정 말아라. 내가 다 준다."라고 격려했다. 그리고 죽기 두 주 전에도 존은 동생에게 "나는 네가 죽음을 준비하고 있음을 안다. 그러나 주 안에서 강하고 담대하여라. 그리고 성령의 능력 안에 굳게 서라."고 격려했다.74) 찰스는 네 살 위인 형의 건강한 모습을 존경했다. 찰스는 형의 건강 비결이 매일 설교하고 부지런히 순회 설교 활동을 하는 규칙적인 생활이라고 말했다.

인류 역사에 웨슬리 형제처럼 형제애가 좋았던 형제도 드물 것이다. 그들은 삶의 모든 면에서 가장 아름다운 형제애를 보여주었다. 성직 임명에 있어서 그들은 조금의 의견의 차이를 드러냈으며, 존의 결혼에 있어서도 약간의 오해가 있었지만 그것이 형제의 사랑을 상하게 한 것은 아니었다. 두 형제는 일평생 약 60년 동안 같은 길을 걸으며 같은 일을 하며 함께 연합하고(brothers in arms) 동역하여 인류역사에 아름다운 형제애의 위대한 발자취를 남겼다.

6) 나의 사랑 예수여! – 내 영혼을 받으소서!

웨슬리 형제 기념상(런던 웨스트민스터 사원)

찰스는 1788년 3월 29일에 하나님의 부르심을 받았다. 그는 병으로 죽지 않고 육체의 기운이 다하여 생을 마치었다. 찰스는 죽기 전 혼자서도 종종 '나는 그저 죄인일 뿐, 나의 구주의 은혜로 구원 받았다.'라는 말을 중얼거렸으며, 그에게 성경을 읽어주는 사람에게 '나의 기도는 인내, 그리고 평안한 죽음이오.'라고 말했다. 그의 딸 살리의 증언에 의하면 찰스는 생의 마지막 날들을 조금의 아쉬움이나 불안도 없이 천국에 대한 생각으로 가득 차 영생에 대한 확신 가운데 완전한 평안과 기쁨을 누렸다고 한다. 찰스의 딸 살리는 큰아버지 존에게 아버지의 마지막 모습에 대하여 자세하게 전하였다.

"사랑하는 아버지가 임종하실 때 우리는 모두 그 자리에 있었습니다. 아버지의 마지막 순간은 당신이 항상 원하셨던 것처럼 평화로웠습니다. … 돌아가시기 일주일 전 아버지는 어머니에게 아무도 들이지 말라고 하시며 우리 모두에게 '복된 희망이 있다.'고 말씀하셨습니다. 우리가 무슨 남길 말이 있느냐고 물었을 때 '그리스도밖에는 아무것도 없다.'고 말씀하셨습니다. … 28일 어머니는 아버지에게 다시 무슨 남길 말이 있느냐고 물으셨고 아버지는 '오직 감사! 사랑! 축복!'이라 답하셨습니다. … 제가 들을 수 있었던 아버지의 마지막 말씀은 '주님, 나의 마음, 나의 하나님!'이었습니다. 그런 후 숨을 짧게 내쉬셨습니다. 아주 부드럽게 마지막 숨을 내쉬었기에 우리는 아버지의 행복한 영혼이 언제 날아갔는지 정확히 알지 못합니다. 그는 아주 조용하고 평화롭게 잠드셨습니다. 지상에서 가장 행복했던 그의 순례의 발걸음이 멈췄습니다."[75]

존 웨슬리는 동생의 장례식에 참석하지 못했다. 장례를 알리는 편지가 잘못 전달되어 존은 일주일 후에나 동생의 장례식을 알았고 북쪽 지방을 여행하는 중이어서 참석할 수도 없었다. 그는 동생의 소천 소식을 들은 직후 동생의 아내에게 "아무 걱정 마십시오. 내가 당신과 당신의 가족을 책임지고 도울 것입니다. 나의 능력 안에서 나의 동생의 가족을 돕는 것은 나의 기쁨입니다."라고 따뜻한 위로의 편지를 보냈다. 존 웨슬리는 찰스가 죽은 직후 '찰스 웨슬리의 생애'를 쓰기로 계획을 세웠지만 노쇠한 이유로 이루지 못하였다. 찰스가 죽은 지 두 주 후에 존은 중부 볼튼에서 예배 인도 중에 교인들에게 찰스의 찬송 "씨름하는 야곱"(Wrestling Jacob)을 부르자고 한 다음 '나의 친구들은 다 떠나고 나만 홀로 남았구나'라는 가사의 한 부분에 와서 슬픔을 참지 못하고 강단 앞에 쓰러져 펑펑 울었다. 존의 감정이 이렇게 한꺼번에 무너진 것은 처음이자 마지막이었고, 이것은 존이 평생토록 동생 찰스를 얼마나 사랑하고 의지했는지를 보여주는 것이었다. 찰스가 떠난 후 그의 아내 사라는 홀로 34년을 더 살았고 1822년 12월 28일, 96세에 천국에서 찰스와 다시 연합하였다. 사라가 사는 날 동안 감리교 총회는 찰스의 찬송가 판매 인세로 매년 50파운드를 그녀에게 주었다. 레이디 헌팅돈 역시 찰스의 가족의 생활비를 도왔다. 국회의원이며 노예해방 운동가이며 찰스의 절친한 친구인 윌리엄 윌버포스도 찰스의 아내가 34년을 사는 동안 찰스의 가족에게 힘써 생활비를 지원하며 많은 힘이 되어주었다.

찰스는 평소의 유언대로 자신이 소속한 메릴본 교구교회의 앞마당 묘지에 묻혔다. 존 웨슬리가 시티 로드의 파운더리 예배당 묘지에 찰스의 자리를 마련해 놓았지만 찰스가 그곳은 영국교회에 의하여 성별되지 않았다는 이유로 사양했기 때문이었다. 존은 찰스를 감리교 묘지에 묻지 못한 것을 매우 아쉽게 생각했다. 찰스의 영국교회에 대한 충성심과 애정은 죽어서도 변하지 않고 확고했다. 메릴본 교구 묘지에는 다음과 같은 비문이 새겨 있다.

    가난한 영혼으로 행복한 성자
    여기 예수 안에서 안식하도다.
    은혜로 용서받은 죄인이
    땅에서 구원받고 하늘에서 통치하도다.
    그대 일생의 사랑의 수고로
    하늘에서 면류관을 받아쓰도다.
    세상에 비교할 것 없이 고귀하고
    영원한 상급으로 영광의 면류관 받아쓰도다.

찰스는 회심을 경험한 이후로 일평생 변함없이 영적인 행복을 누리며 살았다. 그리고 그의 영적인 행복은 그의 찬송시들에 잘 나타나 있다.

"아! 주님께 순종하여 하늘에 보화를 쌓은 자들은 얼마나 행복한가?
주님과 첫사랑을 맛본 자들은 형언 못할 위로와 평화를 누리도다.
내가 처음으로 어린 양의 피를 믿었을 때 그 이름을 얼마나 기뻐했는가?

나의 주님을 믿음으로 아는 것은 천국을 얻는 것이니
천사들은 엎드려 그 이름을 찬양하고 구원 얻은 자들은 그에게 영광을 돌리는도다.
예수는 항상 나의 기쁨 나의 노래가 되시니 내가 늘 즐거이 부르는도다.

나 같은 반역자 구원하려고 고난당하고 죽으셨도다.
오, 나에게 생명을 주는 보혈 내가 느끼는 거룩한 기쁨
나는 주님을 모심으로 하늘의 행복을 누리는도다."76)

웨스트민스터 사원 안에 존의 기념비와 나란히 있는 찰스의 기념비에는 다음과 같이 새겨 있다.

"하나님께서는 당신의 일꾼을 땅에 묻지만 당신의 일을 계속하신다."

옥스퍼드 크라이스트처치 대학의 학생이었던
문학 석사 찰스 웨슬리 목사를
기념하기 위해 이를 바치며

설교자로서
그는 능력, 열심, 유용성에 있어 탁월했고
학식은 많으나 교만하지 않았고

경건했지만 드러내지 않았다.
신실하고 충성된 그리스도인에게
위로의 아들이었지만,
헛되이 자랑하는 자, 위선자, 신성 모독자들에게
우뢰의 아들이었다.

메도디스트라 불린 첫 번째 사람이며
형 존 웨슬리 목사와 함께
순회설교를 하며
그리스도의 좋은 군사로서
고난과 박해, 치욕을 견디었다.
그의 수고의 유용함으로
감리교 신도회의 첫 번째 형성에 공헌했다.
이 왕국에서.

기독교 시인으로 겨룰 자가 없이 우뚝 섰으며,
영어가 사용되는 한
예수 그리스도 안에서 충성된 자들에게
그의 찬송시는 가르침과 위로를 줄 것이다.

그는 1707년 12월 18일에 출생하여
1788년 3월 24일에 죽었다.
복음의 교리를 믿는 확고하고 경건한 신자이자
영국교회의 신실한 친구이다.

찰스 웨슬리가 죽었을 때 존 웨슬리의 친구요 전기 작가인 헨리 무어(H. Moore)는 장례식에 모인 신도회 회원들을 향하여 "이제 이스라엘의 행복한 가수(sweet singer) 너희 아버지를 잃었다."라는 애도의 말을 하였다. 이때 한 여신도는 "아, 이제 누가 우리를 위해서 찬송을 쓸 것인가요?"라고 탄식했다. 찰스 웨슬리는 '경건한 목사', '용감한 설교자', '사랑의 성자', '거룩한 시인', '위대한 찬송작가', '신학자', '노래하는 전도자'(singing evangelist), '좋은 남편', '좋은 아버지'였으며, 무엇보다도 그는 '행복한 가수'(sweet singer)였다. 찰스는 그리스도 교회의 찬송의 발전과 예배 갱신에 위대하고 영구한 공헌을 남겼다. 그가 지은 찬송은 만인의 입으로 구주를 찬양하고 복음을 전파하는 거룩한 도구가 되었다. 찰스는 그가 지은 찬송을 통하여 만인의 가슴속으로 들어가 지금도 숨 쉬고 노래하면서 인류 역사에 살아 있다.

제2부

만인의 가슴속으로
- 찰스의 시와 찬송

찰스 웨슬리(1707~1788)

1. 노래 속에 탄생한 메도디즘

1) 존의 설교에 날개를 달아주다

메도디스트 부흥운동에서 존이 머리였다면 찰스는 가슴이었다. 존 웨슬리는 자신과 동생 찰스가 서로 아주 다른 기질을 가진 형제라는 사실을 잘 인식하고 있었다. 1766년에 쓴 편지에서 존은 찰스에게 "우리의 다른 기질이 서로에게 방해가 되게 하지 말고 서로 보충이 되도록 하자."고 호소하면서 이렇게 전했다.

"(어떤 의미에서) 부흥운동을 위해서 만약 나는 머리이고 너는 가슴이라고 할 때 머리 전체가 병들었다고 해서 가슴 전체도 약해지는 일은 없어야 할 것이다. 하나님의 이름으로 일어나서 흙먼지를 털어버리자! 하나님 안에서 우리 서로의 손을 잡고 서로에게 힘이 되자. 머뭇거리거나 지체하지 말고 하나님 안에서 서로 손을 잡아 주고 서로에게 힘이 되어 주자. 어떤 면에서 나는 너보다 나을 수도 있고 또 어떤 면에서 너는 나보다 훨씬 더 낫다."1)

존의 설교는 정확한 논리로 꽉 차 있었고, 찰스의 설교는 직관적이고 따뜻한 감성으로 채워져 있었다. 존이 더욱 이성적인 사람이었다면 찰스는 더욱 감성적인 사람이었다. 특별히 찰스는 종교적 정서와 감성이 발달된 사람이었다. 존은 주로 설교와 논문을 썼고 찰스는 찬송을 썼다. 웨슬리 형제가 출판한 설교 1백 50편 중 단 한 개만 찰스의 것이고 나머지는 모두 존의 것이었다. 반면에 존은 10여 편의 찬송을 지었고 독일어 찬송과 스페인 찬송을 번역하여 출판하기도 하였다. 찰스도 위대한 전도자요 탁월한 설교자였지만 그보다는 교회사에 위대한 찬송작가 또는 찬송시인이었다고 말해야 적합할 것이다. 존은 자신의 모든 경험과 메도디스트 신도회의 신앙, 교리, 생활을 설교로 표현하고 전파하였으며, 찰스는 그것들을 찬송으로 표현하고 노래하여 전파하였다. 찰스는 일마다 때마다 자신의 모든 경험과 사건을 찬송으로 지어 묘사하였다. 찰스는 자신과 메도디스트 신도들의 신앙체험이나 중요한 사건이 일어날 때마다 그 자리에서 즉흥적으로 그것들을 시로 옮겼다. 그래서 찰스의 찬송은 존의 설교보다 빨랐으며, 존은 자신의 설교나 논문에서 찰스의 찬송을 자주 인용하였다. 찰스는 교회 역사상 회중찬송을 처음 시작한 사람이라고 할 수 있다. 당시 이미 청교도의 자손이며 회중교회 목사인 아이작 왓츠(Issac Watts, 1674~1748)가 회중찬송을 시도하고 있었지만 아직도 영국교회의 예전적인 성가(anthem)의 수준을 완전히 극복하지 못하고 있었다. 물론 찰스도 왓츠로부터 많은 것을 배웠으며, 초기 메도디스트들은 왓츠의 찬송을 찰스의 찬송 다음으로 즐겨 불렀다. 그렇지만 찰스가 등장함으로써 회중찬송이 주일예배를 비롯한 각종 예배에 적극적으로 활용되기 시작한 것이다. 회중찬송이란 신자들이 마음과 목소리로 마음껏 부르는 찬송을 말한다. 즉 신자들이 자신의 신앙을 시와 노래로 자유롭게 표현하며 마음으로 충분하게 고백하여 전파하는 찬송을 의미하는 것이다. 이런 의미에서 찰스는 '마음의 찬송'(hymns of heart)의 선구자인 동시에 왓츠와 함께 회중찬송을 시작한 사람이라고 할 수 있다.2)

찰스의 찬송은 기독교를 마음의 종교 또는 심정의 종교(religion of heart)로 만들었으며, 메도디스트 부흥운동에서 신앙의 생명력과 역동성을 불어넣어 주었다. 또한 기독교를 보통사람들(common people)의 종교 - 평민의 종교 - 대중의 종교(folk religion)로 만들었다. 이것은 부흥운동이 성공하게 된 가장 강력한 요소가 되었다. 존의 설교만 있었다면 부흥운동은 결코 성공할 수 없었을 것이다. 존은 본래 빈틈없이 정확한 성품에다 옥스퍼드의 학자여서 그의 설교는 대체로 논리적이고 신학적인 요소가 강했다. 그러나 당시의 청중은 주로 가난한 노동자 계층의 보통 사람들로 지식과 교양이 약하였기 때문에 존의 설교를 충분히 이해하지 못하였다. 그래서 학문에서는 존보다 훨씬 뒤지지만 사교성과 웅변력과 유머에서 훨씬 강한 휫필드의 설교가 더욱 감동적이었고 인기를 끌었던 것이다.

이러한 까닭에 찰스의 찬송은 다소 무겁고 딱딱한 존의 설교에 날개를 달아주었다고 할 수 있다. 찰스는 시와 노래를 좋아하는 감성적인 사람이었고 춤추는 가슴(dancing heart)3)을 가진 행복한 가수(sweet singer)였다. 존의 설교보다 찰스의 찬송이 청중으로 하여금 신앙을 체험하고 교리를 배우는 데 훨씬 도움을 주었다. 그래서 웨슬리 형제의 청중 가운데에는 설교보다 찬송을 더 좋아하는 사람들이 많았다. 존도 이 사실을 발견한 후 설교 전후와 중간에 찬송을 자주 불렀다. 실제로 사람들은 존의 설교를 통해서뿐 아니라 찰스의 찬송을 통해서 더 많은 은혜를 경험하였고 성경과 교리를 더 잘 이해하고 배웠다. 그래서 설교보다 찬송을 통해서 구원받은 사람들이 더 많았다.

웨슬리 형제의 부흥운동에는 두 가지 영광스런 소리가 들렸다. 사람들은 길거리나 시장터나 공원이나 광산촌에서 웨슬리 형제가 야외설교를 할 때 그들의 설교 소리도 들었지만 무리가 부르는 찬송 소리를 더 잘 들었고 찬송 소리에 끌려 집회에 다가가기도 하였다. 찰스의 찬송이 복음전파와 그리스도인의 신앙생활 교육에 가장 효과적인 방편으로 사용된 것이었다. 문맹자들은 찰스의 찬송을 통해서 읽고 쓰는 것을 배웠고, 가난하고 배우지 못한 사람들과 하루에 열두 시간 이상이나 노동에 시달리는 노동자들에게는 찬송이 가장 좋은 신앙생활의 교과서가 되어 주었다. 존 웨슬리는 노래 부르는 것이 힘든 사람들에게는 찬송시를 눈으로 보고 소리내어 읽으라고 권면하면서, 읽는 것만으로도 찬송 속에 들어 있는 모든 기독교 신앙의 교리와 생활을 배우고 은혜를 얻을 수 있을 것이라고 역설하였다. 찰스의 찬송은 성경과 교리를 시와 노래로 가르치는 방편이었기 때문에 대체로 찬송 한 편은 10절에서 20절씩이나 될 정도로 길었다. 가장 긴 찬송은 29절이나 되었다. 그래서 찰스의 찬송 한 편은 사실상 한 편의 설교와 다름없었다.

또 같은 주제에 관하여 존은 설교를 썼고 찰스는 찬송을 썼다. 존의 한 편 설교를 요약하면 찰스의 찬송의 내용과 거의 같았다. 같은 주제를 존은 설교를 통해 논리적이고 신학적으로 표현하였고 찰스는 시와 노래를 지어 감성적이고 문학적으로 표현한 것이었다. 실제로 찬송시를 즐겨 읽다가 찬송 전체를 암송하는 신자들이 많았다. 웨슬리 형제는 신자에게 찬송은 기도의 책이요 경건의 필수품(handmaid of piety)으로서 중대한 은혜의 방편(a grand means of grace)이라고 강조하였다. 다른 교회의 교인들은 예배당에 갈 때 빈손으로 갔지만 메도디스트들은 성경과 찬송가책을 반드시 가지고 다녔으며, 때로는 찬송가책만 가지고 가는 신자들도 많았다. 진실로 '메도디즘은 노래 속에서 탄생하였다.'(Methodism was born into songs)4)

2) 만일 성경을 잃어버린다면

찰스는 옥스퍼드 신성회에서 처음으로 성경 좀벌레(Bible moth)라는 별명을 얻었을 정도로 성경을 많이 읽었다. 그는 성경 전체를 마음속에 소화하여 성경의 사건과 이야기를 완전하고 분명하게 알고 있었으며 중요한 성경구절들을 암송하고 있었기 때문에 그것들을 적재적소에 자유롭게 사용하였다. 그의 찬송시는 성경을 그의 시문학적 재능으로 요약하고 변형하여 지극히 쉽고 아름답고 감동적인 언어로 재창조한 복음의 메시지였다. 여기에다 누구든지 즉흥적으로 쉽게 배우고 따라 부를 수 있는 곡조가 붙여졌기 때문에 찰스의 찬송은 복음을 가장 빠르게 전달하는 매개체가 되었다. 프랑크 베이커는 찰스가 지은 찬송 8천 9백 개를 읽었다고 말했으며, 프랑크 베이커를 포함한 대부분의 학자들은 찰스가 일생 약 9천 개의 찬송을 썼다고 주장했다. 찰스는 영국 문학사에 가장 유명한 시인인 윌리엄 워즈워드와 로버트 브라우닝이 지은 모든 시를 합한 것보다 더 많은 시를 썼다. 다만 모두가 신앙 시기 때문에 교회 밖 세상에는 알려지지 않았을 뿐이다.

존 웨슬리는 찰스가 지은 찬송을 편집하고 출판하는 일을 맡았다. 존은 편집과 출판에 탁월한 은사를 가졌다. 그래서 웨슬리 형제는 일생 53개의 찬송집을 출판하였는데, 그중에 가장 위대한 것은 1780년에 출판한 「메도디스트들을 위한 찬송가 모음」(A Collection of Hymns for the Use of the People Called Methodists)이었다. 존 웨슬리는 이 찬송집을 '메도디스트 선언'(Methodist Manifesto)이라고 했는데, 이 말은 이 찬송집을 통해 메도디스트 신앙과 교리와 신학을 집대성하여 세상에 발표했다는 의미다.

찰스의 찬송집을 보면 모든 찬송에 성경적 주제와 성경적 내용이 명백하게 담겨 있다는 것을 알 수 있다. 그래서 모든 설교에는 성경 본문이 있듯이 찰스의 모든 찬송에도 그 출처와 주제에 따라 행마다 성경 본문이 담겨 있었다. 예를 들면 찰스의 대표적인 찬송 '내 어찌 감당하리요'의 가사에는 열한 개의 신약성경 구절이 포함되어 있었다. 찰스의 찬송은 '시와 노래로 만들어진 성경'이요 '시와 노래로 만들어진 성경주석'이요 '시와 노래로 만들어진 교리문답'이요 '시와 노래로 만들어진 교회교의학'이며 '노래로 된 신조'(the sung creeds of the methodists)였다. 메도디스트에게 찬송은 교리문답과 같은 역할을 하였다. 실제로 많은 메도디스트들은 찰스의 찬송을 통해서 성경적인 메도디스트 교리를 쉽게 요약적으로 잘 배웠다. 이와 같이 찬송은 1780년 찬송집의 부제와 같이 실제로 '메도디스트들의 경험적이고 실천적인 신학'(experimental-practical divinity of the people called methodists)이었다. 라텐베리는 찰스의 찬송에 대하여 가장 아름다운 찬사를 보냈다. "그의 찬송은 난해한 조직신학이 아니요 박물관의 전시품도 아니며 정원에 아름답게 핀 꽃들과 같은(flowers in flowery garden) 교리다."5) 웨슬리 형제는 찬송을 복음전파와 신앙생활 교육에 최대한 활용하였고, 실제로 최대의 효과를 보았던 것이다. 찰스는 교회사에 위대한 실천신학자요 시가적 신학자라고 할 수 있다.

메도디스트 찬송집은 찰스의 영성과 신학의 진수요 집대성이었다. 그의 찬송시는 모두 다 성경 말씀의 시적인 번역이었다. 그의 찬송집은 성경적 언어와 경건한 언어와 시문학적 언어로 튼튼하고 아름답게 직조된 옷감과도 같았다. 그의 찬송집은 '성스러운 시집'(sacred poetry)이었다. 찰스의 찬송시를 읽다 보면 존보다 찰스가 더 '한 책의 사람'(a man of one book)이었다고 할 만큼 찰스가 성경에 정통하고 성경으로 충만한 사람이었다는 사실을 발견하게 된다. 그래서 초기 메도디스트들은 '만일 우리가 성경을 잃어버리게 된다면 찰스의 찬송에서 뽑아내면 된다.'⁶⁾ 는 말로 찰스의 찬송을 자랑스럽게 여겼다. 실제로 존 웨슬리는 그의 설교나 논문에서 찰스의 찬송시를 자주 인용하였으며, 때로는 찰스의 찬송시를 읽다가 영감을 얻고 그 찬송시의 주제를 이용하여 설교하기도 하였다. 찰스 웨슬리는 당대 가장 좋은 시인이요 실천신학자였으며, 찬송을 통하여 시가적인 신앙을 전파하고 기독교를 '평이한 기독교'(plain Christianity)로 만들었다. '복음적인 시인'(evangelical poet)이요 '노래하는 전도자'(singing evangelist) 찰스는 온 세계에 '노래하는 메도디스트들'(singing methodists)을 불러일으켜 만인구원의 복음을 전파하였다. 초기 메도디스트들은 찰스의 별명을 따라 '거룩한 가수'(holy singing)요 '행복한 가수'(sweet singer)라고 불리었다. 메도디스트에게 찬송이란 시, 노래, 신앙고백, 간증, 기도, 은혜의 방편, 예배, 복음전도, 교리 그리고 신학이었다.

3) 내 동생의 찬송이 최고 – 1780년 메도디스트 선언

웨슬리 형제가 만든 「메도디스트를 위한 찬송가 모음」에는 총 539편의 찬송가가 들어 있는데, 대부분이 찰스의 작품이었다. 찰스는 찬송을 썼고 존은 편집하여 출판하였다.⁷⁾ 그런 의미에서 이것은 찰스와 존의 합작품이었다. 이것은 찰스가 죽기 7년 전 출판한 것으로서 찰스의 찬송의 집대성이며, 찰스의 중요한 찬송이 거의 모두 수록된 것으로 약 반세기 동안 사용되었다. 이 찬송집은 교회사적으로 성경의 시편(the Psalms)과 영국교회의 공동기도서(the Book of Common Prayer)와 가톨릭교회의 미사대본(the Canon of the Mass)과 같은 수준의 예전적인 가치와 성스러운(sacred literature) 가치를 인정할 만한 작품이었다.⁸⁾ 존 웨슬리는 이 찬송집을 '메도디스트 선언'(Methodist Manifesto)이라고 말했는데, 이것은 메도디스트 신앙의 선언, 교리의 선언, 신학의 선언, 실천의 선언이라는 뜻이다.

웨슬리 형제는 이 찬송집에 '메도디스트들의 경험적이고 실천적인 신학소전

집'(A Little Body of the experimental-practical divinity of the people called Methodists) 이라는 부제목을 달았는데, 찬송을 실천신학이라고 말한 것은 교회사적으로나 신학적으로 아주 중요한 의미를 지닌다고 할 수 있다. 메도디스트들에게 이러한 부제목이 갖는 의미는 대단히 크고 중요했다. 이론적이고 논리적인 것만을 신학이라고 인정하던 시대에 찬송이 실천신학이라는 찬송집의 부제는 참으로 특이하고도 의미심장한 것이었다. 칼튼 영(K. Young)은 찰스의 찬송은 교회사에 대표적인 서정적 시가신학(poetic-lyrical theology)이라고 말했다.9) 존 웨슬리는 서문에서 동생의 찬송을 다음과 같이 격찬하였다.

첫째로, 이 찬송시들은 질적인 면에서 거의 완벽하다. 시와 곡에 있어서 결코 졸렬하거나 서투른 점이 없고 군더더기도 없다.

둘째로, 과장이 없고 교만한 요소가 없다.

셋째로, 세속적이고 은어적이거나 무익한 언어가 없고 성경적인 신앙과 영적인 생활을 세워주는 확고하고 강한 힘이 있다.

넷째로, 순수하고 우아하고 강하면서도 간결하고 명쾌한 것이 특징이다.

다섯째로, 깊고 섬세한 서정성과 진실한 영성을 겸비하고 있다.

여섯째로, 겸비하면서도 생동력이 있다.

일곱째로, 신학적이면서 동시에 서정적이다. 이것은 성경적인 정통의 교리를 집대성해 놓은 것으로서 신학적이다. 그리고 인간의 마음과 영혼에 위로와 평안과 기쁨을 주는 서정적인 요소가 강하다.

여덟째로, 추상적인 것이 아니라 일상생활에서 나온 경험적이고 실제적인 것들이다.

아홉째로, 교리적이면서 동시에 실천적이다.

열 번째로, 서정적이면서 동시에 이성적이다. 인간의 감성적인 감동을 불러일으키어 마음과 영혼에 평화와 기쁨과 행복을 느끼게 하면서도 결코 감정에 도취되거나 흥분되지 않도록 적절히 서정적이면서 적절히 이성적이다. 찰스의 찬송은 인간의 서정성을 충분히 살리면서 과도하지 않도록 감정을 절제하는 감성과 이성의 균형과 조화를 이루고 있다.10)

존은 동생 찰스의 찬송이 세상에서 최고라고 생각했으며, 찰스의 찬송은 언제나 존의 필수품인 동시에 기쁨이고 영원한 자랑이었다.

4) 찰스가 람페와 헨델을 만나다 – 곡은 어디서 왔나?

찰스의 찬송시에 붙은 음악은 어디서 온 것인가? 그의 찬송의 곡조의 출처와 성격에 대하여 알아보는 것은 흥미롭고 중요한 일이다. 어떤 사람들은 찰스가 대부분의 곡조들을 당시의 민요나 대중적인 노래에서 가져왔을 것이라고 생각하는데 이것은 아주 잘못된 추측이다. 찰스는 매우 폭넓고 다양한 종류의 음악을 사용하였다. 우선 찰스는 여러 나라의 코랄(chorale: 성가)과 민요를 많이 사용하였다. 그는 독일 개신교 경건주의와 모라비아교의 멜로디와 코랄, 영국의 시편송들과 영국과 아일랜드와 스코틀랜드의 민요 멜로디를 사용하였다. 프랑크 베이커는 찰스의 찬송은 문학적인 가치와 음악적 가치와 종교적, 영적 가치에 있어서 완벽했다고 평하였다.11)

찰스의 찬송에 가장 많은 곡을 붙인 음악가는 존 웨슬리를 통해서 회심한 람페(John Frederick Rampe, 1703~1751)였다. 1740년 런던의 최상급 극장인 코벤트 가든에 있는 오페라 하우스 소유주의 아내이며 유명한 여배우였던 리치 부인(Mrs. Rich)이 찰스의 설교를 듣고 회심하여 충실한 메도디스트가 되었다. 그리고 찰스는 리치 부인을 통하여 당대 영국의 유명한 음악가들과 교제를 갖게 되었다. 찰스가 만난 음악가들 중 당대 영국의 유명한 오페라 작곡가인 람페가 있었다. 람페는 헨델의 친구인데 이신론을 신봉하는 음악가였다. 그는 리치 부인을 통하여 존 웨슬리의 논문 "이성적이고 종교적인 사람들에게 보내는 진지한 호소"를 빌려 읽고 감화를 받아 회심하여 기독교 신자가 되었다.12) 회심 이후 람페는 찰스의 찬송을 위해서 작곡하는 것이 하나님이 자신에게 주신 사명으로 믿고 죽을 때까지 찰스의 찬송시를 위해 노래를 짓는 데 일생을 바쳤다. 찰스에게 람페는 형 존 다음으로 중요한 동역자였고, 찰스는 람페가 없었다면 메도디스트 찬송도 없었을 것이라고 말했다. 찰스는 람페를, 찬송을 위해서 하나님이 맺어주신 형제라고 여기고 그와 특별한 우정을 맺고 지냈다. 메도디스트 찬송은 찰스의 시와 람페의 음악이 결합하여 탄생된 것이었다고 할 수 있다.

그다음으로 찰스는 헨델(George F. Handel, 1685~1750), 퍼셀(Henry Purcell, 1659~1695), 하이든(Franz Joseph Haydn, 1732~1809)과 다른 음악가들의 노래를 사용하였다. 찰스는 리치 부인의 소개로 당시 영국에 살고 있었던 당대 유럽 최고의 독일 음악가 헨델을 만났다. 헨델은 리치 부인의 자녀들의 음악 선생이었다. 찰스는 리치 부인의 집에서 헨델과 교제하며 시와 음악에 관한 이야기를 나눌 수 있는 특별한 기회를 여러 번 가졌다. 리치 부인은 헨델에게 찰스의 시를 위해 곡을 만들어주면 사례하겠다고 제안하였다. 헨델은 적어도 열 곡 이상 찰스의 시를 위해서 직접 작곡해 주었고 메도디스트 찬송음악에 깊은 관심을 갖고 찰스에게 많은 영향을 끼쳤다. 찰스와 헨델의 밀접한 관계는 찰스의 둘째 아들 사무엘 웨슬리의 증언에 의해서 잘 알려졌다. 그는 자기의 아버지 찰스와 헨델의 만남이 '시와 음악의 가장 적절한 결합'이라고 표현했다. 찰스는 헨델과 여러 번 만났으며, 만날 때마다 헨델은 찰스의 찬송을 위해 귀중한 조언을 해주었다.13) 헨델이 곡을 붙인 찰스의 찬송 중에 가장 잘 알려진 것은 '오 거룩한 사랑, 당신은 얼마나 감미로운지요'(O Love divine, How Sweet Thou Art)와 '기뻐하라, 주는 왕이시로다'(Rejoice, the Lord is King)이다.

찰스는 영국 전역으로 여행하면서 각 지방의 민요와 일반대중이 부르는 노래를 귀담아 듣고 때로는 그러한 세속 음악(secular music)을 과감하게 거룩한 음악(sacred music)으로 사용하였다. 그렇지만 찰스는 세속음악을 그대로 사용하지 않았고 그 것을 교회음악에 맞도록 변형시켜 찬송으로 만들어 사용하였다. 이것이 바로 찰스의 천재적인 은사였다. 사람들은 이렇게 만들어진 찰스의 찬송을 들을 때 그것을 친근하게 느꼈으며 쉽게 따라 부를 수 있었다.

찰스가 세속음악을 찬송으로 만들어 사용한 가장 유명한 이야기가 있다. 찰스가 콘월 서부 해안가에서 설교하고 있을 때 술 취한 선원 몇 명이 당시 가장 유행하던 대중가요 '낸시 도우슨'(The Ballad of Nancy Dowson)이라는 노래를 불렀다. 그들이 노래를 부르며 괴성을 지르는 바람에 찰스는 설교를 계속할 수가 없었다. 그러자 찰스는 회중에게 자신이 최근에 지은 찬송을 '낸시 도우슨'의 곡에 맞추어 부르자고 제안하였다. 온 회중은 찰스의 지휘에 따라 힘을 다하여 큰 소리로 찬송을 불렀다. 그러자 술 취한 선원들도 더 크게 소리를 지르며 노래를 불러댔다. 그렇지만 찰스의 회중이 힘차고 진지하게 계속 찬송을 부르자 선원들의 목소리는 다 쉬어버렸고 더 이상 들리지 않았다. 마침내 선원들은 자기들의 패배를 인정하였고, 지쳐서 그 자리에 주저앉고 말았다. 이때부터 콘월에서 메도디스트들은 '거룩한 가수'(holy singer), '행복한 가수'(sweet singer)라는 별명을 얻게 되었다.14)

찰스는 '왜 세상의 좋은 음악을 사탄이 다 차지해서 악한 목적에 사용하도록 내버려 두는가?'라고 말하면서 교회가 세상의 좋은 음악을 하나님을 찬양하고 복음을 전파하는 데 사용해야 한다고 역설하였다.15) 이런 의미에서 찰스의 찬송음악의 특징은 다음과 같다.

첫째로, 마음의 음악으로 구원의 은혜에 감격한 심정을 자유롭게 표현할 수 있는 것이었다.

둘째로, 영혼을 고양시켜주는 승리에 찬 노래(triumphant songs)였다.

셋째로, 거룩하고 경건한 교회의 음악이었다. 즉 세속적인 음악을 사용하였으나 그것을 거룩한 교회의 음악으로 변형시켰기 때문에 세속적인 요소도 세속적인 오염도 없었다.

넷째로, 적절히 심정적이며 동시에 이성적이었다. 즉 사람의 마음이 음악에 도취되어 흥분케 만들지 않았다.

다섯째로, 누구나 쉽게 배우고 함께 부를 수 있는 단순한 것이었다.

찰스의 찬송은 야외설교 현장에서 누구든지, 심지어 문맹자들까지도 즉시 따라 부를 수 있었다. 심지어는 웨슬리 형제를 방해하는 폭도들까지도 거리를 다니면서 찰스의 찬송을 불렀다. 광부들도 광산에 올라가고 내려올 때 찰스의 찬송을 불렀다고 한다.16)

웨슬리 형제는 1780년 찬송집에 다음과 같은 찬송 부르기의 일곱 가지 규칙을 제시하였다.

첫째, 다른 노래를 배우기 전에 이 노래들부터 먼저 배우라.
둘째, 정확하게 부르라.
셋째, 끝 절까지 전부 부르라.
넷째, 열심히 용기를 내어 부르라.
다섯째, 겸손하게 부르라.
여섯째, 박자에 맞추어 부르라.
일곱째, 무엇보다도 영적으로 부르라.17)

2. 온 천지에 울리는 복음의 트럼펫 - 찬송의 주제들

1) 주여, 나를 불쌍히 여기소서!

(1) 원죄와 전적 타락

찰스의 찬송시에는 모든 사람이 아담의 원죄 가운데 태어나고 전적으로 타락하여 영원한 저주와 멸망으로 가는 우주 안에 가장 가련한 존재라는 성경적인 인간이해가 매우 분명하게 표현되어 있다. 즉 인간의 본성은 근본적으로 부패하고 전적으로 타락하여 죄악으로 깊이 오염되고 가득 차 있다는 인간의 절망적 상태를 그림처럼 보여주고 있다. 찰스는 이것을 성경적이고도 경험적인 언어와 시적인 언어로 간결하고도 명백하게 그려주고 있다. 찰스의 찬송시는 존의 설교보다도 더욱 설득력 있게 우리를 인간의 비참한 죄악성과 그로 인한 온갖 불행에 대하여 마음을 찌르는 감화와 확신으로 이끌어준다.[18]

1744년 존 웨슬리는 옥스퍼드 대학에서 원죄를 부인하는 테일러 교수 앞에서 '성경적 기독교'라는 제목으로 설교하였다. 찰스가 이때 주제로 삼은 '주여, 우리를 구원하소서. 그렇지 않으면 우리는 멸망합니다.'라는 호소는 자신의 찬송시의 한 가지 대주제라고 역설하였다. 찰스의 찬송은 영원한 죽음으로 달려가는 죄인들을 부르는 긴급한 복음의 초청이요 복음의 트럼펫이었다.

나의 이름은 재와 먼지요.
나의 모든 것은 죄와 가련함뿐이어라.
죄인들의 친구, 죄 없는 어린 양,
주님은 나를 위해 피를 흘렸네.

당신의 은혜를 얻을 만한 것 전혀 없어라.
생각도 말도 행위도 죄악뿐이네.
(Dust and ashes is my name,
My all is sin and misery.

Friend of sinners, spotless Lamb,
Thy blood was shed for me.

No good word, or work, or thought
bring I to gain thy grace)19)

나는 불의로 가득하나
당신의 이름은 의롭고 거룩하시네,
나는 거짓과 죄로 가득하나
당신께는 진리와 은혜가 가득하도다.20)
(Just and holy is Thy Name,
I am all unrighteousness;
False and full of sin I am,
Thou art full of truth and grace.)

(2) 은혜를 믿음으로 - 이신칭의

메도디스트 부흥운동의 강한 동력이 되었던 네 가지 교리가 있다. 이는 이신칭의(以信稱義; justification by faith), 신생(新生; new birth), 성령의 증거(witness of the holy spirit) 그리고 완전성화(entire sanctification)였다. 이 교리를 가르치고 전파하기 위해서 존은 설교를 썼고, 찰스는 찬송을 썼다. 메도디스트 부흥운동이 일어나게 된 두 가지 획기적인 사건이 있는데 그것은 웨슬리 형제의 회심체험 사건과 두 형제의 야외설교 사건이었다. 회심 사건은 바로 이신칭의의 구원을 체험한 사건이었고 야외설교는 이신칭의를 전하는 부흥운동이었다. 찰스는 성경에서 이신칭의를 뜻하는 성경구절들을 간결하고 서정적인 찬송시로 지어 하나님의 구원의 은혜(saving grace)를 전파하였다. 그는 한량없이 부어주시는 하나님의 사랑을 찬송으로 전하였다. 우리가 용서와 사랑과 구원과 복을 얻는 데 필요한 것은 오로지 믿음(saving faith)뿐이다. 다른 아무것도 필요 없다. 다만 은혜를 믿기만 하면 되는 것이다. 이러한 은혜의 복음을 감미로운 노래로 전할 때 뭇 생명들의 마음이 성령으로 감동, 감화되어 회개하였고 '값없이 주시는 은혜'(free grace)를 체험하였다. 수백 수천의 영혼들이 모여들었고 헤아릴 수 없이 무한하고 충만하며 값없는 하나님의 사랑(unbounded, immense, full, free love of God)을 기뻐하고 소리치며 회개하였고 찬송으로 화답하였다. 사람들은 큰 소리로 '아멘', '할렐루야', '주님을 찬양합니다', '나를 도우소서', '나를 구원하소서', '감사합니다', '나를 받아주소서'라고 외치곤 하였다. 이신칭의의 복음전파는 수많은 영혼이 구원을 받고 변화되는 놀라운 부흥운동으로 불길처럼 타올라 전국으로 세계로 퍼져 나갔다.

> 사람들아 영혼들아 사랑의 주님이 오신다.
> 눈을 뜨고 바라보아라. 마음을 열고 모셔 들여라.
> 일어나 나오라, 오로지 믿기만 하라.
> 은혜로 의롭게 되어 값없이 구원을 얻으라.21)

> 예수가 전파되는 소리 온 천지의 기쁨이어라.
> 다른 도움 없도다, 다른 이름 없도다.
> 세상의 구원 오직 예수, 세상의 구원 오직 예수.22)

> 하늘 영광 버리고 땅 위에 오신 주
> 영원한 은혜 값없이 주신 주
> 사랑 때문에 모든 것 버리시고
> 가련한 인류 위하여 피 흘리셨네.

완전한 사랑 놀라운 은혜
오 나의 하나님 날 구하셨도다. 23)

값없이 의롭다 받아주시니
하늘의 평화, 믿음으로 얻네.
(By faith we posses thy unspeakable peace.)
주님은 우리에게 천국잔치를 열어주시고
성령은 우리에게 천국을 맛보게 하시니
주의 영광 주의 은혜 내 맘에 가득하여라. 24)

예수는 온 세상 위해 죽으셨나?
아니, 사랑은 어떤 사람만 위해 죽을 수 없네.
사랑은 어떤 죄인도 더럽다고 거절치 않네.
캄캄한 죄악 속에 탄식하며 절망하는 온 세상 위해
예수는 죽으셨네.
이토록 큰사랑 믿는 자 누구든지
값없이 의롭다 구원 얻겠네. 25)
(And all who dare believe it, may
with me be freely justified.)

    존 웨슬리는 자신의 설교 '값없이 주시는 은혜'(free grace)에서 차별이 없고 한량없는 구원의 은혜를 찬양하고 전파하는 찰스의 찬송을 인용하였다. 이 찬송은 '값없이 주시는 은혜'라는 제목이 붙은 25절이나 되는 긴 찬송이었다. 웨슬리 형제는 각각 '값없이 주시는 은혜'라는 똑같은 제목으로 설교와 찬송을 지어 예정론을 반대하고 만인구원의 복음을 전파하였다.

날마다 은혜의 기적에 의지하여
매 순간 한 걸음씩 살아갑니다.
주님의 값없이 주시는 은혜에만
우리의 모든 구원이 달려 있나이다.

은혜를 입어 매순간 숨을 쉽니다.
은혜를 입어 사탄과 싸워 승리합니다.
은혜를 입어 걸어가며 살아갑니다.
은혜를 입어 당신의 은혜를 선포합니다.

강하신 주님의 오른손에 붙들렸으니
주님의 속죄의 사랑 노래하면서
은혜의 기념비를 높이 세우리이다.
차별 없이 값없이 주시는 은혜를 찬양합니다.
주님이 내 맘을 감동해 알게 하시네.
은혜, 값비싼 은혜 값없이 주시네.
그대들은 눈을 들어 나를 보시오.
하나님은 사랑이라 온 세상에 알리네. 26)

(3) 감격한 내 영혼, 어디서 시작할까?

초대교회 제자들이 오순절에 성령을 받고 입이 열린 것처럼 찰스도 성령강림절에 은혜를 받고 입이 열렸다. 찰스는 성령을 받고 입이 열려 기도가 터지고 찬송이 터졌다. 그리고 초대교회 제자들이 성령 받고 '예수가 그리스도이다.'라고 말하기를 시작하면서 전도에 헌신한 것처럼 찰스도 성령을 받고 전도자가 되었다. 찰스의 찬송은 1738년 5월 21일 회심하던 날에 터졌다. 이틀 후인 화요일 아침 9시 그는 구원의 은혜(saving grace)를 마음속에 체험한 감사와 감격을 찬송으로 쓰기 시작하였고, 브레이가 찾아와 함께 기도하자 더 깊고 맑은 영감으로 충만하여 회심을 기념하는 첫 번째 찬송을 완성하였다. 그리고 다음 날 아침 리틀 브리튼에 있는 브레이의 집, 작고 초라한 방에서 그 찬송이 울려 퍼졌다. 그날 밤 10시쯤 형 존이 친구들과 함께 감격한 모습으로 찰스를 찾아왔다. 존이 회심을 체험한 기쁨을 함께 나누기 위함이었다. 두 형제는 구원의 은혜를 경험한 기쁨을 함께 나누고 그 찬송을 불렀고 통성기도를 하고 헤어졌다. 존이 이성적이고 논리적이고 신학적인 면이 강했던 반면 감성적이고 명랑하고 직감적이었던 찰스는 자신의 영적 체험을 자연스럽고 가장 힘 있게 시와 찬송으로 표현하였다.

감격한 내 영혼

감격한 내 영혼 어디서 시작할까?
천국에 올라가기까지 무엇을 어떻게 할까?
불쌍한 노예 죄와 죽음에서 구원받았네.
영원한 불 속에서 건짐 받은 막대기
승리의 노래를 어떻게 부를까?
나의 위대한 구원의 주님을 어떻게 찬양할까?
(Or sing my great redeemer's praise?)

오 당신이 내게 내려주신 이 행복을
무엇으로 어떻게 말할까?
저주와 지옥의 자식을

하나님의 자녀라 부르네.
나의 죄 용서하심 알았네 느꼈네.
천국의 축복을 미리 맛보네.

내 아버지의 사랑을 가볍게 할 수 있으랴
주님의 은사 받기를 피할 수 있으랴
풍성한 은혜를 모른 체할 수 있으랴
거룩한 십자가를 막을 수 있으랴
주님의 의 전하기를 거절할 수 있으랴
구원의 은혜를 내 맘속에 감출 수 있으랴.27)

찰스가 처음으로 지은 이 찬송은 자신과 형의 회심을 기념하기 위해서 지은 것이며, 첫 번째로 울려 퍼진 부흥운동의 목소리가 되었다. 이 찬송에서 가장 의미 심장한 구절은 '나의 위대한 구원의 주님을 어떻게 찬양할까?'(How shall I sing my great redeemer's praise?)이다. 이 구절은 찰스가 존의 회심 일주년을 기념하기 위해 지은 찬송에서도 똑같이 나타난다. '내게 천 개의 입이 있다면 그 입 다 가지고 나의 위대한 구원의 주님을 찬양하리라.'(O for a thousand tongues to sing my great redeemer's praise) 이 찬송은 찰스가 회심의 체험을 한 때부터 찬송을 짓고 부르게 되었다는 것을 보여준다.

(4) 나를 위해 죽으신 예수

찰스 웨슬리가 가장 좋아했던 찬송시의 말들은 '나의 위대한 구원의 주님'(My great Redeemer), '나는 노래하고 찬양하리라'(I will sing… praise) 그리고 '나를 위하여 나를 위하여 주님이 죽으셨도다'(For me, for me He died) 등이다. 회심한 지 한 달 후 찰스는 친구 델라모트와 함께 마차를 타고 가는 길에 즉흥적으로 찬송을 불렀다. 그때 찰스는 영혼 깊은 곳에서 '나를 위해 나를 위해 주님이 죽으셨네'라는 말과 함께 영감이 떠오르는 대로 찬송을 지었다.

> 오 신실하신 하나님
> 새롭게 탄생한 내 영혼의 외침을 받으소서.
> 당신 영혼의 고난의 열매를 보소서.
> 내 영혼의 구주 기뻐하소서.
> 지금 나를 취하소서. 온전히 당신의 것 만드소서.
> 주님은 나를 위하여 나를 위하여 죽으셨도다![28]
> (Who for me, for me, hast died!)

이 찬송은 1741년 출판된 찰스의 첫 번째 찬송집인 「찬송과 성시 모음」(*Hymns and Sacred Poems*)에 실린 이래 모든 찬송가에 실린 것으로 총 9절인데 첫 절과 마지막 절은 가사가 같았다. 이 찬송의 주제는 '나를 위하여'(for me)라는 한마디 말로 표현될 수 있다. 찰스가 자신의 회심을 기념하기 위하여 지은 찬송 '내 어찌 감당하리요'(And can it be that I should gain)는 '나를 위한 구원의 은혜'(saving grace for me)를 가장 잘 묘사한 대표적인 찬송이었다. 이 찬송은 갈보리 산 위에 십자가의 희생을 한 폭의 풍경화처럼 선명하게 그려주어 실제 사건을 눈으로 보는 것처럼 느끼게 해 주었고 그리스도의 대속의 죽음과 속죄의 은총을 온 영혼과 마음과 몸으로 느끼게 해주는 강력한 힘을 발휘하였다. 그것은 그리스도의 구원의 은혜를 영혼으로 전율하고 마음으로 뜨겁게 경험하고 몸으로 춤추게 하는 영적이고 서정적이며 문학적인 시와 노래였다. 그 찬송에서 '나를 위하여'(for me)라는 주제와 관련된 구절들은 다음과 같다.

주님은 나를 위하여(for me) 죽으셨도다. 나 때문에 고통 당하셨도다.[29]

나의 주 나의 하나님이 나를 위하여(for me) 죽으셔야 했나?[30]

죄인들의 친구, 흠이 없는 어린양 주님은 나를 위하여(for me) 죽으셨도다.[31]

오 예수, 나를 위해(for me) 희생당하신 나의 소망 나의 사랑
갈보리까지 나아가 당신을 따르리이다.
당신이 주신 당신의 아들이 우리를 대신하여(for us) 죽으셨네.
위로부터 내려와 우리의 저주를 없애주셨네.
주님은 우리를 사랑하셨네 사랑하셨네 당신이 원하시어 사랑하셨네.
사랑이 주님을 죽게 하였네 우리는 그 사랑을 믿고 의지하도다.
주님이 사랑하셨네 주님이 사랑하셨네 왜 사랑했는지 다 말할 수 없으나
말할 수 있는 것 한마디 주님은 우리를 너무나 사랑하셨도다.
그 생명 버리어 우리를 지옥에서 건지셨네.
오 나의 하나님, 주님은 나 위해(for me) 내 대신 죽으셨도다.[32]

    찰스의 또 다른 많은 찬송들도 그리스도의 속죄의 피의 신비하고 놀라운 효력과 능력과 중요성을 보여주고 있다. 특히 그의 성만찬 찬송에 '나를 위하여'(for me)의 영성이 강하게 나타난다.

내가 예수의 피를 믿음으로 구원 얻네
나를 위하여 나를 위하여 상하신 주님
나를 위하여 나를 위하여 흘리신 피
모든 사람을 위하여 흘리신 피

내 영혼 당신의 소유 삼으소서
그리스도는 나의 소유 되소서.33)

찰스의 '나를 위하여'(for me)는 개혁자 마틴 루터에게서 받은 영감으로 루터의 신앙고백의 핵심이라고도 할 수 있다. 찰스는 회심하기 직전 루터의 갈라디아 주석을 읽었는데, 그는 이 책이 믿음으로 가득 찼고 구원의 은혜가 흘러넘친다고 말하며 그 책을 읽는 시간은 루터와 만나서 축복을 받는 시간이라고 고백하였다. 찰스는 갈라디아서 2장을 읽은 후에 무릎을 꿇고 기도했으며, '나를 사랑하고 나를 위하여 생명을 주신 주님'(Who loved me, and gave Himself for me)을 마음으로 경험하기 위하여 기도했다. 그리고 그런 희망 가운데 기뻐하였다. 이후로 이 말은 찰스의 찬송의 첫 번째 중심 주제가 되었는데, 이것은 루터의 신앙체험에서 감화를 받은 것이었다. 루터는 어려서부터 하나님에 관해, 율법을 주시고 심판하시는 분으로만 배웠고 하나님의 이름만 들어도 무서워하였다. 루터는 다른 사람들에게도 이러한 잘못을 하지 않도록 다음과 같이 가르쳤다.

"당신들은 '나를'(me) 그리고 '나를 위하여'(for me), 이 단어를 섬세한 영혼의 감각으로 읽고 그 신비하고 풍성한 의미를 깊이 생각해야 합니다. 확실한 신뢰를 갖고 '나를'이라는 이 짧은 말을 이해하고 그것을 당신 자신에게 적용시켜야 합니다. 당신 자신도 이 작은 단어 '나를'에 속해 있다는 사실을 의심하지 마십시오. 또한 당신은 그리스도가 단지 베드로와 바울과 다른 사도들과 예언자들만을 사랑하고 죽으신 것이 아니라 당신 자신과 우리를 위해서도 그런 은혜를 주셨다는 것과 그러므로 이 작은 말 '나를'이 진정 나를 의미한다는 것을 분명히 깨달아야 합니다. '나를 사랑하시고 나를 위해서 죽으셨다.'는 말은 위대하고 권세 있는 위로로 가득하고 우리 안에 믿음을 불러일으키는 능력이 됩니다."34)

2) 주여, 죽음을 이기게 하소서!

(1) 마지막 날에 내 영혼이

찰스의 찬송의 가장 큰 관심과 주제는 인간의 지상에서의 순례와 구원에 관한 것이다. 그는 인간의 궁극적 관심사인 죽음과 죽음의 준비, 재림과 심판, 지옥과 영생 등 '종말적 사실들'(last things)에 관하여 성경과 실제적인 경험에 비추어서 찬송을 지었다. 이러한 것은 찰스에게서만 볼 수 있는 독특한 요소다. 이런 점에서 찰스의 찬송은 지극히 종교적이고 영적이고 실제적이며 경험적이다.

찰스는 옥스퍼드에서부터 제레미 테일러, 윌리엄 로우, 토마스 아 켐피스, 드 렝티 등 신비주의적 경건주의자들의 영향을 받아 기독교 신앙이란 '거룩한 삶과 거룩한 죽음의 기술'(The Art of Holy Living and Holy Dying)이라고 믿었다. 그는 이러한 영성의 실천을 위해서 거룩한 삶의 규칙만이 아니라 거룩한 죽음의 규칙도 만들었다. 찰스의 행복한 죽음의 규칙은 다음과 같다.

첫째, 죽음을 두려워하지 않고 완전한 평안으로 환영하는 것이다.
둘째, 어떤 종류의 재물도 남기지 않고 하나님께 드리고 이웃에게 다 주고 가는 것이다.
셋째, 거룩한 찬송을 부르면서 임종을 맞이하는 것이다.
넷째, 예수 그리스도의 얼굴과 같은 얼굴로 작별인사를 하는 것이다.
다섯째, 그리스도께서 십자가 위에서 남긴 말씀과 같은 거룩한 말을 남기는 것이다.
여섯째, 죽음의 장막 너머에 있는 천국을 믿음의 눈으로 바라보며 기쁨으로 천국을 환영하는 것이다.35)

찰스는 이와 같은 죽음을 '뜨거운 믿음의 손가락으로 죽음의 장막을 찌르는 것'(faith's warm finger thro' the veil!)이라고 표현하였다. 죽음에 대한 찰스의 찬송에 의하면 거룩한 죽음이란 '현세에 대한 환멸도 아니고 내세에 대한 음울한 호기심'도 아니다. 오히려 그것은 '놀라움과 사랑과 찬양으로 맞이하는 환희에 찬 기대'(the jubilant expectation of being 'lost in wonder, love, and praise)다.36)

사랑스런 죽음이여

아, 사랑스런 죽음의 모습이여
땅 위에 어떤 광경이 그처럼 아름다울 수 있을까?
(Ah, lovely appearance of death
What sight upon earth is so fair?)
세상의 아무리 장엄한 행사도
한 사람의 죽음에 비교할 수 없으리.
아무리 아름다운 육체라 해도
진흙으로 옷 입은 육체여
그대 영혼이 떠나는 순간에
영원한 영광의 옷 입기를 갈망하도다.37)

나에게 당신의 영광의 형상을 입게 하소서.
영혼이 하늘로 날아가는 엄숙한 환희여
하늘의 뭇 천사들 빛나는 눈으로 올려다보네.
하나님 나라에 준비된 백발의 성자는
세상의 흙덩어리 단번에 떨어버리고
하나님의 얼굴 영광의 얼굴을 맞이하네.38)

형제의 떠나감을 축하합시다.
우리의 손실은 그에게는 무한한 이득이네.
그의 영혼이 감옥에서 풀려났도다.
육체의 사슬에서 자유 얻었네.
찬송하며 그의 비상을 따라갑시다.
그 영혼이 올라간 성산까지
빛의 궁전으로 들어가
사랑의 에덴에 영원히 거합시다.

우리의 형제가 천국을 얻었네.
태풍과 폭우를 넘어 날아갔도다.
그는 더 빨리 안식을 얻었으나
동료들은 아직 고난의 바다를 항해하네.
축복의 해안에 다다르려고 땀흘리며 노저어가네.
죄와 슬픔 더 없고 사랑과 평안이 가득한 나라를 향해

배 안에 계신 주님과 함께 항해하는
모든 순례자들 모이네.
고난 풍파 죽음을 이긴 여행자들
승리를 외치며 만나네.
인생의 항해는 끝나고
세상의 환란도 지나갔도다.
천국에서 사는 세월은
영원하고 끝이 없어라.39)

(There all the ship's company meet,
Who sailed with the Saviour beneath;
With shouting each other they greet,
And triumph o'er trouble and death;
The voyage of life's end,
The mortal affliction is past;
The age that in heaven they spend,
Forever and ever shall last.)

(2) 죽음을 준비하라

1772년 찰스는 '죽음을 위한 준비'라는 제목의 작은 찬송집을 출판하였다. 이 찬송집에서 특별히 주목되는 특징은 찰스가 그리스도의 죽음이 온 인류와 죽을 수밖에 없는 죄인의 유일한 소망이라는 것을 지속적으로 강조한 점이다.

당신의 갈보리를 기억합니다

예수, 의로우신 주님 선하신 주님,
당신의 갈보리를 기억합니다.
나를 위하여 다 쏟으신
당신의 보혈의 은혜 입기를 원하옵니다.
(Jesus, the just, the good,
Remember the Calvary,
And claim the purchase of Thy blood,
Expended all for me;)[40]

피 흘리는 사랑이 울려 퍼지네.
죄인이 감당하기 너무나 강하여라.
그 피의 사랑으로 내 마음을 정화하고 깨뜨리소서.
당신의 십자가에 입 맞추고 경배하고
피 흘리는 사랑을 찬송합니다.41)

승리는 내 것일세

눈물을 거두어라! 구주가 나타나신다.
나와 모든 범죄 대신하여 바쳐진 예수
나무에 달려 피 흘리실 때
내 모든 물음에 답이 되셨네.
내가 받을 형벌을 당신이 받으셨네.

다 이루었다 그가 외치셨네 우리의 구원자가 죽으셨네.
속죄양이 도살되었고 죗값이 치러져 내 구원이 되었네.
파괴자 무덤은 예수가 정복했고 공포의 왕은 넘어졌네.

어린양의 희생으로 그 피로 속죄받아 승리는 내 것일세.
나는 만족하신 하나님 앞에 아무것도 두려워할 것 없네.
거룩한 사랑이여, 성자를 받을 때 성부와 연합하여 영생하네.42)

속죄의 피로 덮어주소서

겸손한 믿음으로 주님의 죽음에 내 영혼을 부탁하오니
당신의 속죄의 피로 덮어주소서.
죽음을 통과해 하나님께 영생하는 자들 가운데로
고요히 내려가오니 위대한 그날에 일어나
하늘에서 당신의 나라에 함께 살리라. **43)**

찰스는 천국과 영원한 생명(heaven and the life everlasting)에 관하여 작은 찬송집을 지었다. 찰스는 이러한 찬송을 부르는 데에는 네 가지 목적이 있다고 말했다.

첫째, 천국과 영생을 성경이 증언하는 대로 '천국을 그려보는'(describe heaven) 것이다.

둘째, 죽음에 대한 두려움과 사후세계에 대한 불안으로 인하여 어둡고 절망적으로 살아가는 사람들에게 천국에 대한 소망과 확신을 전해주는 것이다.

셋째, 이 세상의 삶 외에는 아무것도 없으며 영원한 천국은 없다고 생각하고 허무주의 혹은 쾌락주의에 빠져서 방탕하게 사는 사람들에게 영원한 천국을 알게 해주어 거룩한 삶을 살도록 안내하는 것이다.

넷째, 신자들이 마음속에 천국을 소유하고 이 세상에서부터 천국의 삶을 살도록 돕는 것이다.

오 행복한 날, 행복한 날, 당신의 자녀들이 집에 오는 날! **44)**
(O happy, happy day That calls thy exiles home!)

주님, 당신 위에 영원한 집을 짓는 우리는 얼마나 행복한지요.

땅이 꺼지고 떠나가도 우리의 기초는 흔들리지 않아요.
반석 위에 우리의 도시를 세우고 하나님의 사랑 위에 집을 지어요.**45)**
(Stands our city on a rock, On the rock of heavenly love.)

하늘의 영원한 성소가 이 땅에 내려오네.
성자의 피로 만들어진 거룩한 세계가 지어지네.
하늘의 사랑이 내려와 내 마음에 부어진 사랑
하늘 위에 하늘이 내 마음속에 가득 차오네.
(The earnest of heaven is love in the heart.)**46)**
내게 주신 당신의 이름은 용서, 성결, 천국.
(Thy name given me; pardon, holiness and, heaven.)

하늘의 사랑이 내 마음에 부어지고
구주의 약속이 땅에서 하늘까지 이뤄지네.
당신의 모든 보물 나에게 주시니
내 마음의 천국 당신의 나라.**47)**
(To me be all thy treasures given,
The kingdom of an inward heaven.)

오 하나님 구주의 보혈의 사랑 내 마음에 부으사
사랑으로, 천국으로, 하나님으로 가득 차네.**48)**

우리는 여기서 세상을 지나는 나그네요 순례자들
여기가 우리의 집이 아님을 우리는 아네.
두려움의 골짜기를 지나 서둘러 가세.

당신의 얼굴을 바라보며 곧은 길 가네.
우리의 하늘나라, 위에 있는 영원한 집을 향하여.49)

    찰스는 죽음의 준비를 위한 찬송집에 지옥에 관한 찬송도 포함시켰다. 지옥에 관한 찬송시는 단테의 「신곡」(*The Divine Comedy*)의 지옥과 연옥의 묘사를 닮았다. 찰스는 신앙과 불신앙 사이에서 머뭇거리는 영혼들과 낙오자들을 깨우치는 목적과, 동시에 신자들이 불신앙의 가족을 구원하게 하는 책임을 불러일으키려는 목적을 가지고 이러한 찬송을 지었다.

나, 나, 아직도 어두움 속에 앉아 있는 나는
죄와 불신앙에 갇혀 문을 닫고 있네.
어서 속히 지옥의 구렁텅이에서 나오라.
절망과 탄식의 감옥에서 나오라.

지옥의 세월로, 지나간 고통의 인생 되뇌이면서
무서운 지옥의 말로 내 입을 채웠네.
구주의 말씀을 뒤로 던져 버리고
방탕자의 노래로 발악하며 불렀네.50)

오 방탕한 죄인이 사랑 없이 죽으려 하네.
세상 죄악의 저주를 안고 지옥으로 가네.
죽음의 공포는 조여오고 사탄이 찌르려 하네.
영원한 저주가 문을 여네. 영혼들 비명이 들리네.
아직도 구주가 날 부르네. 사랑의 빛이 나를 찾네.51)

(3) 모든 사람이 구원 받을 수 있다 – 만인구원

예정론 논쟁은 종종 찰스의 시적인 감성을 자극하여 예정론을 반대하고 만인구원(salvation for all)을 전파하는 찬송을 많이 쓰게 만들었다. 찰스는 형 존이 적대자들의 공격을 받을 때마다 형을 변호하고 지지하면서 논쟁에 참여하였다. 1741년 찰스는 예정론을 반대하고 성경적 만인구원론을 주장하는 「하나님의 영원한 사랑에 대한 찬송집」(*Hymns on God's Everlasting Love*)을 출판하였다. 이 찬송집의 모든 찬송은 온 인류에 대한 하나님의 사랑의 열정과 그 사랑은 영원토록 변함이 없고 차별과 제한이 없으며 순수하고 완전함을 보여주었다. 동시에 이 찬송은 영혼 구원의 복음전도에 대한 찰스의 열정을 잘 드러내고 있다.

모든 사람을 위한 구원

온 인류의 아버지여 영원한 사랑이여
그리스도 안에서 모든 사람이 자유하도다.
(Father of mankind, whose love
In Christ for all is free)
위로부터 오신 구주 모든 사람을 당신께 인도하도다.
모든 사람이 은혜로 구원받을 수 있도다.
(All may be saved by grace)

아버지, 당신의 영원한 사랑이
모든 사람을(for all) 위하여 외아들을 주셨도다.
값없이 베푸시는 당신의 은혜가
외아들을 보내시어 세상을 구원하도다.

무한한 사랑, 영원한 사랑, 완전한 사랑
우리를 도우사 얻게 하소서.
모든 사람(for all)을 위하여 죽으신
온 인류(all mankind)의 구주를 찬양하게 하소서.

당신의 차별 없는 사랑이
멸망할 아담의 후손에게 내려왔도다.
그리스도 안에서 모든 사람(for all)을
충만한 은혜, 승리의 은혜로 구원하도다.

성부와 성자와 성령께 모든 영광을
온 세상의 죄인들(all sinners of the world)의 구원을 기뻐하도다.
천사들과 함께 구원의 승리를 찬양하고
우주적인 은혜(universal grace) 영원한 사랑을 외치도다. 52)

찰스와 존은 칼빈주의 예정론의 가장 잘못되고 거짓된 교리인 '신의 유기론'(reprobation)을 집중적으로 반대하고 공격하였다. 유기론은 세상에 태어나기도 전에 하나님이 어떤 사람들이 영원한 지옥에 들어가도록 그 운명을 결정한다는 교리다. 존은 이 교리를 '마귀의 교리'며 '무시무시한 법령'(horrible decree)이라고 불렀으며, 찰스는 '지옥의 교리'(hellish doctrine)라고 불렀다. 존의 무기는 설교와 논문이었고 찰스의 무기는 찬송이었다. 존의 설교보다도 찰스의 찬송이 수도 많고 내용에서도 더 명확하고 강력하고 효과적이었다.

버림받은 자의 울부짖음

당신의 보좌 앞에 나아가서
어둠을 뚫고 오시는
세상의 심판주 예수를 보도다.
자비의 심판주 정의의 심판주
전능자의 손이 나를 타락시키는 것 아니요.
나의 손으로 타락하니,
나는 지옥 같은 교리를 버리도다.
(the hellish doctrine I disapprove)
죄인들아, 주님의 은혜는
모든 사람 위하여 차별 없도다.
(Sinners, His grace is free for all)
내가 비록 세상에서 저주를 받을지라도
하나님은 여전히 사랑이어라. 53)

무시무시한 법령(Horrible Decree)

아! 온유하고 은혜로운 주님, 죄인들에게 당신의 사랑이 막혔다면
당신의 사랑이 자유롭지 않고 모든 사람을 위하여 자유롭지 않다면
(It is not free; It is not free for all)
대부분의 사람을 모른 체한다면 당신의 죽음은 헛되고 부름도 헛되도다.

오! 무시무시한 법령(horrible decree)을 뿌리째 뽑아 없애주소서.

죄인들을 동정하사 왕좌를 떠나오신 어린양에게
지옥 같은 신성모독(hellish blasphemy)으로 말하는 자들을 용서하소서.
온 인류의 친구요 구주, 영원한 은혜와 사랑의 하나님.
오! 당신의 말씀으로 채우시고 당신의 능력으로 무장하여
모든 사람(for all)이 당신의 사랑의 부름을 듣도록
나는 죽더라도 외치리라.
손뼉을 치며 불을 밝혀 외치리라.
주님은 모든 사람을 위하여 죽으셨도다.[54]
(He Died For All)

존 웨슬리의 예정론 반박 설교 중에 가장 유명한 것은 '값없이 주시는 은혜'(free grace)인데, 찰스는 형의 설교가 나온 지 일 년 후 똑같은 제목의 찬송을 지어 불렀다. 이 찬송은 총 25절이나 되는 긴 것으로 존의 설교와 거의 같은 내용을 찬송시로 표현한 것이다. 존의 설교보다 훨씬 더 간결하고 명쾌하고 쉽고 힘이 있어서 적대자들에게 더욱 위협적이었다. 찰스는 이 찬송에서 예정론을 '무시무시한 법령'이라고 부른 반면 '값없이 주시는 은혜'의 교리를 '사랑의 법령'이라고 부른다.

값없이 주시는 은혜(free grace)

오라, 친구들이여 연합하세.
우리 구원의 하나님을 찬양하세.
영원한 사랑의 하나님.
우주적인 은혜(universal grace)의 하나님.

주님은 모든 인류(all mankind)에게 사랑을 약속하셨네.

모든 사람(for all)을 위해 죽으신 사랑.
위로부터 오는 사랑을 밝히 보도다.
사랑의 법령(decree of love)을 널리 알리세.55)

3) 주여, 내 마음 해방되었나이다!

(1) 내 마음 해방되었네(A Heart Set Free) – 회심 기념

씨름하는 야곱(Wrestling Jacob)

오라, 그대 이름을 모르는 여행자여
내가 붙들고 있으나 볼 수 없네.
나의 동료들은 다 가고
나만 홀로 남아 그대와 함께 있네.
여기서 나는 온 밤을 지새우며
동 틀 때까지 그대와 씨름하겠노라.

내가 누구인지 말할 필요 없네.
나는 비참함 혹은 죄라고 하겠네.
그대는 내 손바닥에 쓰인 것을 읽고
내 이름을 알아내고 불렀지.
그러면 그댄 누구요 누구인가 묻노니
그대의 이름을 말하라 지금 말하라.

그대는 날 떠나가려 하지만 소용없네.

내가 잡은 것을 결코 풀어주지 않을 것이야
그대는 나를 위해 죽었던 그 사람인가?
그대의 사랑의 비밀을 알려주게.
그대와 씨름하면서, 놓아주지 않을 것이야.
그대의 이름, 그대의 본성을 알 때까지.

아직도 밝히지 않을 것인가?
그대의 새 이름, 놀라운 이름을!
말하게 간청하노니 말해 주게.
이제 이름을 알아내기로 결심했네.
그대와 씨름하면서 놓아주지 않을 것이야.
그대의 이름, 그대의 본성을 알 때까지.

입을 굳게 닫아도 소용이 없네.
내 허벅지 깊은 곳을 만져도 소용없네.
네 온 몸의 근육이 약해지더라도
그댄 내 팔을 이기고 날아갈 수 없네.
그대와 씨름하면서 놓아주지 않을 것이야.
그대의 이름, 그대의 본성을 알 때까지.

내 몸이 부서질지라도 상관없네.
오랜 싸움에 지쳐 말을 못해도 좋네.
난 온갖 고통을 이기고 일어나리.
내가 약할 때 바로 그때 내가 강한 때야
내 모든 힘이 다하여 쓰러지는 그때

난 사람도 하나님도 내 편으로 만들 것이야.

이제 나에게 항복하게, 심히 약하지만
나는 절망 중에도 승리를 확신한다네.
내 마음에 말하고 나에게 축복의 말을 하라.
나의 간절한 기도에 항복하라. 속히 말하라.
그렇지 않으면 그대는 움직일 수도 없을 것이야.
내게 말하라. 그대의 이름이 사랑인지를.

사랑이구나! 사랑이구나! 당신은 나를 위하여 죽었지.
나의 마음속에 당신의 속삭임 듣고 있나니.
아침이 오고 그림자가 사라지네.
순수한 사랑 우주적 사랑, 당신의 이름이구려.
나에게, 모든 이에게 당신의 창자가 움직이네.
그대의 본성, 그대의 이름은 사랑이어라.
('Tis Love!' Tis Love! Thou diedst for me;
I hear thy whisper in my heart.
The morning breaks, the shadows flee,
Pure Universal Love thou art;
To me, to all, thy bowels move-
Thy nature, and thy name, is Love.)

내 기도는 하나님의 힘을 갖고 있지.
이제 나는 형언 못할 은혜를 받았네.
믿음으로 그대의 얼굴을 마주 보네.

그대의 얼굴을 보고 난 살아나네!
울부짖고 몸부림친 것 헛되지 않네.
그대의 본성, 그대의 이름은 사랑이지.

이제 당신을 압니다. 당신은 구주.
예수, 가련한 죄인의 친구.
밤이 새도록 날 떠나지 마시고
나와 함께 머물러 날 사랑하소서.
당신의 사랑은 영원히 사라지지 않으리.
당신의 본성, 당신의 이름은 사랑이어라.

의의 태양이 내 위에 떠오르며
나를 날개로 품어 치유하시네.
내 본성의 힘을 마르게 하시어
당신으로부터 내 영혼 구원 얻습니다.
날 위한 모든 도움은 저 높은 곳에 쌓였습니다.
당신의 본성, 당신의 이름은 사랑입니다.

다리를 절면서도 나는 행복합니다.
지옥, 땅, 죄를 넉넉히 이겨냅니다.
나는 기쁨으로 뛰어오르고 길을 달려갑니다.
뛰어노는 수사슴처럼 집으로 날아갑니다.
나는 영원토록 증거하오리다.
당신의 본성, 당신 이름이 사랑인 것을.56)
(Lame as I am, I take the prey,

Hell, earth, and sin, with ease o'ercome:

I leap for joy, pursue my way,

And as a bounding hart fly home,

Through all eternity to prove

Thy nature and Thy Name is Love.)

    찰스는 자신의 회심을 기념하기 위한 목적으로 여러 개의 찬송을 지었다. 회심을 축하할 목적으로 지었다는 분명한 언급은 없지만 지을 때의 상황과 주제와 내용으로 볼 때에 거의 그렇다고 할 수 있다. 찰스의 찬송 중에는 자신의 회심을 야곱의 회심에 비유하여 지은 찬송이 있다. 그것이 바로 '씨름하는 야곱'(Wrestling Jacob)이란 제목으로 알려진 찬송인데, 이 찬송은 총 14절이며 각 절이 여섯 줄로 된 긴 찬송이다. 이 찬송은 찰스 자신이 회심에 이르기까지의 영적 체험에 대한 장엄한 묘사다. 찰스는 하나님의 구원의 은혜를 얻기 위하여 애쓰고 몸부림치는 야곱의 모습을 자신의 영적인 순례와 회심의 과정에 비유하였다. 찰스는 자신이 하나님의 사랑을 얻고 하나님의 용서와 구원의 확신을 경험하기 위하여 고뇌하며 애썼던 경험을 야곱이 강가에서 천사와 씨름하는 모습과 동일시하며, 야곱이 천사로부터 축복을 받았을 때의 기쁨을 자신이 회심을 경험한 기쁨에 비추어 찬송을 지었다.

    이 찬송에는 찰스의 '복음주의적 아르미니아니즘'(evangelical arminianism)이 명백하게 나타나 있으며, 메도디스트 구원론 신학을 선명하게 보여주는 찬송으로도 유명하다. 즉 인간이 하나님의 은혜를 갈망하고 열심히 구하고 애쓸 때 구원의 은혜와 돕는 은혜를 얻는다는 경험적인 진리를 표현한 것이다. 이 찬송시는 웨슬리안 메도디스트 신앙이 이와 같이 체험적이며 신인협동적이라는 것을 가장 잘 나타내고 있다.

    이 찬송에서 '밤'은 찰스가 회심에 이르기까지 몸부림치며 지나야 했던 영혼의 어둔 밤을 의미하고, '이름 모를 여행자'(traveller unknown)는 사실상 하나님을 의미하였다. 하나님은 인간을 구원하시려고 하늘에서 땅으로 찾아오신 여행자이시다. 캄캄한 밤에 광야에 홀로 남아 두려워 떠는 야곱을 찾아 먼 여행을 떠나오신 여행자 하나님이시다. 그분은 성육신하여 인간을 찾아오신 하나님, 즉 성자 그리스도다. 이름 모를 여행자는 얍복강가에 홀로 남은 야곱, 두려움과 절망과 고독에 벌벌 떠는 야곱, 캄캄한 밤중에 구원을 갈망하고 몸부림치는 야곱을 찾아오신 하나님이다. 또한 이름 모를 여행자는 병들어 고통하며 죽음의 공포와 불안과 죄의식과 절망에 빠져 고뇌하며 방황하는 연약한 찰스 자신에게까지 찾아오신 그리스도이시다.

이 시는 씨름을 하는 상대방의 본성과 이름을 알아내려는 과정(1~8절), 그것들을 알게 되는 깨달음의 순간(9절), 그리고 이름과 본성을 알게 된 후의 신앙고백(10~14절)의 세 가지 단계로 구성되어 있다. 이 찬송시의 제목이나 전반적인 이미지는 씨름(wrestling)이지만, 그 핵심이 되는 단어나 주제는 본성(nature)과 이름(name)이다.[57] 찰스가 하나님의 용서와 구원의 도움을 씨름하듯 필사적으로 구했을 때, 그는 마침내 '이름 모를 여행자'가 자기를 찾아와 축복하는 순간을 맞이하였다. 그리고 그는 하나님의 본성과 이름이 사랑이라는 사실을 깨달아 알게 되었다. 찰스는 자신뿐만 아니라 다른 모든 사람에게도 하나님은 본질적으로 사랑이며, 우주적인 사랑이라는 사실을 발견한 영적인 체험을 노래하고 있다. 야곱이 계시를 통하여 하나님의 사랑을 알게 된 것처럼 찰스도 계시를 통하여 하나님은 사랑이라는 것을 알게 되었고, 그 사랑을 체험하고 하나님과의 평화를 얻었다고 고백한다.

찰스는 이러한 하나님 사랑의 계시를 이렇게 노래했다. '이 사랑! 이 사랑! 당신은 나를 위하여 죽으셨네! … 당신은 순전하고 우주적인 사랑이어라.'(Tis Love! Tis Love! Thou diedst for me! …Pure, universal love thou art)[58] 찰스는 하나님이 사랑이시며, 그 이름도 사랑이라는 사실을 발견하였다. 찰스는 이 우주적인 사랑이 자기 자신을 포함하는 사랑이라는 사실도 깨달았다. 그는 '나같이 죄 많고 약한 인간도 포함하는 우주처럼 넓고 큰 사랑'을 체험한 것이다. 찰스는 이 찬송을 통하여 모든 사람들에게 야곱처럼 구원의 은혜를 갈망하고 구하라고 촉구하였다. 왜냐하면 하나님은 사랑이시고 그 이름도 사랑이며 모든 사람을 포함하는 우주적인 사랑이시기 때문이다. 즉 찰스는 누구든지 야곱처럼 진실한 마음으로 회개하고 하나님의 구원의 은혜를 간절하게 구하면 우주적이고 영원한 사랑의 하나님을 경험하게 된다는 메시지를 전한 것이었다.

본래 찰스는 이 찬송을 공중예배에서 부르기 위해서가 아니라, 아마도 개인이나 가족 기도회에서 또는 속회와 반회에서 읽으려는 목적으로 지었다고 여겨진다. 이 찬송의 성경 본문인 창세기 32장의 야곱이 천사와 씨름하는 이야기는 찰스가 설교에서 가장 애용하는 본문 중의 하나였다. 찰스의 일기에는 '씨름하는 야곱'이란 제목으로 설교했다는 기록이 자주 나온다. 뉴카슬 광산촌에서 이 제목으로 자신의 영적인 고뇌와 회심의 체험을 간증하며 설교할 때 수백 명의 광부들과 그들의 가족들이 함께 눈물을 흘리며 큰 소리로 울어 찰스는 설교를 중단하고 한동안 찬송을 불렀다.59) 또한 이 찬송은 영어로 된 가장 아름다운 시라는 평을 얻기도 했으며, 아이작 왓츠는 이 찬송이 자신이 지은 모든 찬송보다 더 가치 있다고 극찬하면서, 찰스를 부러워했다.60)

(2) 만 입이 내게 있으면

'만 입이 내게 있으면'(O for a thousand tongues to sing)이란 제목으로 알려진 찬송은 찰스의 모든 찬송 중에 가장 유명하고 가장 위대한 것으로 평가된다. 이 찬송은 총 18절이며 각 절은 네 줄로 이루어져 있다. 이것은 일주년을 맞이한 존의 회심을 축하하기 위하여 지은 것으로 알려졌다. 이 찬송은 초기 감리교 찬송에서 늘 제일 중요한 위치에 실렸으며, 1905년 미국감리교회 찬송가에는 첫 번째 위치에 실렸다. 그 이유는 이 찬송이 메도디스트 신앙과 신학을 가장 잘 표현하고 가장 잘 전하는 것이었기 때문이다. 이 찬송이야말로 메도디즘을 가장 간결하면서도 가장 강력하게 전달하는 '작은 메도디스트 선언'(a small methodist manifesto)이라고 할 수 있다. 이 찬송은 감리교회만 아니라 온 세계의 교회들이 제일 애송하는 찬송이 되었으며, 적어도 다섯 개의 다른 곡으로 불리고 있다.

프랑크 베이커는 이 찬송이 존 뉴튼이 지은 찬송 '나 같은 죄인 살리신'과 함께 지구상의 모든 교회들이 주일예배에서 가장 많이 부르는 찬송일 것이라고 말했다. 찰스는 죽기 전에 침상에서 이 찬송을 작은 소리로 반복하여 불렀다. 초기 감리교 역사가 사우티(R. Southey)의 말에 의하면 이 찬송은 신자들이 가장 기억하기 쉬운 시와 노래이기 때문에 언제든지 마음으로 입으로 부를 수 있었으며, 그래서 수많은 신자들이 임종 때에 부르는 찬송이 되었다는 것이다. 찬송작가 아이작 테일러는 이 찬송의 장점 중 하나는 노래가 시를 압도하지 않으며 동시에 시가 노래를 압도하지 않을 정도로 시와 노래가 사람의 감정과 이성에 잘 새겨지는 것이라고 말했다.

이 찬송은 메도디스트 복음주의 신앙을 가장 잘 보여준다. 신자들은 이 찬송을 통해서 회심의 경험과 죄인을 구원하신 하나님의 은혜를 노래하고 구원 얻은 기쁨과 감사를 승리에 찬 마음으로 찬양하는 것이다. 이 찬송은 메도디스트의 마음의 신앙, 체험적인 신앙을 강하게 표현하였다. '만 입이 내게 있으면'이란 말은 이 찬송의 제7절 첫 줄이다. 찰스는 회심하기 며칠 전 피터 뵐러와 대화 중에 그가 "내게 천 개의 입이 있다면 그 모든 입을 가지고 내 구주를 찬양하고 싶다."고 하는 말을 들었다. 일 년 후 찰스는 그 말을 기억하고 주제를 삼아 이 위대한 찬송을 지었던 것이다. 이런 점에서 웨슬리 형제가 모라비안들에게 진 빚은 무척 크다.

만 입이 내게 있으면

이 기쁜 날에 영광스런 의로운 태양이 솟아올라

내 어두운 영혼에 비추어서 안식으로 채우시네.

내 주님 속죄의 보혈을 내 영혼에 느꼈네.
성자는 나를 사랑하여 나를 위해 나를 위해 죽으셨네.

오! 만 입이 내게 있으면 그 모든 입으로 나의 구주를 찬송하겠네.
나의 하나님, 나의 왕을 영화롭게 그 은혜의 승리를 찬송하겠네.

주는 죄의 권세를 파멸하시고 죄수를 놓아 풀어주시네.
아무리 더러운 피라도 깨끗이 씻는 주의 피 내 죄를 씻었네.

예수! 모든 두려움을 이기게 하는 이름이 모든 슬픔을 멈추게 했네.
그 이름 죄인의 귀에 음악, 그 이름 생명, 건강, 평화이어라.

만인이여 주를 바라보아라, 타락한 인류여 네 하나님을 만나라.
오직 믿음으로 생명을 얻고 오직 은혜로 천국을 얻도다. 61)

(3) 내 어찌 감당하리요

'내 어찌 감당하리요'(And Can It Be That I Should Gain)라는 찬송은 '만 입이 내게 있으면'과 함께 가장 애송되는 찰스의 찬송이다. 이 찬송은 찰스가 자신의 회심 1주년을 맞이하여 지은 것으로 가장 대표적인 회심 찬송이다. 이 찬송은 존 웨슬리의 임종에 관련된 이야기가 얽혀 있다. 죽기 일주일 전 그는 침대에 누워서 "이제 나에게는 이 말밖에는 더 이상 아무것도 필요 없다. 나는 죄인 중에 가장 큰 죄인이다. 그러나 예수는 나를 위해 죽으셨도다."(I the chief of the sinners am, But Jesus died for me.)라는 말들을 하곤 했다. 그리고 "이것으로 충분하다. 주는 모든 것을 이루셨고 약속하셨다. 주님이 전부이시다. 주님이 전부이시다."(He is all, He is all.) 이 말은 존 웨슬리가 임종하기 전 침상에서 몇 번씩이나 반복한 고백인데, 바로 찰스의 이 찬송에서 가져온 말들이었다. 1739년 찰스가 이브샴에서 설교할 때 씨워드의 술주정뱅이 하인이 회심하고 새로운 사람이 되었다. 그는 세상 사람들이 의심할 정도로 전혀 다른 사람으로 변화되었다. 찰스는 이 사람을 보고 그 자리에서 영감을 얻어 이 찬송의 주제가 되는 구절을 쏟아 놓았다.

내 어찌 감당하리요

이 모든 것이 주님의 한량없이 값없이 주시는 자비로다.
오 나의 하나님, 나를 찾으셨도다.
(Tis mercy all, immense and free,
For, O my God, it found out me.)

찰스 웨슬리의 친구 그레고리 박사의 아버지는 글로스터 주에서 교구 목사였다. 어느 날 그의 아버지는 교구 심방을 마치고 집에 들어오면서 이 찬송을 불러달라고 말하였고 침상에 누워 이 찬송의 한 구절을 따라서 부르고 숨을 거두었다. '내가 두려워할 저주는 없다. 그렇다. 예수는 나의 소망의 근거이시다.'(No Condemnation, now I dread, … Yes Jesus is my foundation of my hope.) 이 찬송은 수많은 신자들에게 예수의 구원의 은혜(saving grace)에 대한 고백과 간증, 그리고 감사와 찬양이 되었다.

이 찬송의 핵심적인 주제는 마음으로 체험한 그리스도의 대리적 희생의 죽음과 대속의 은혜를 찬양하는 것이다. 또한 이러한 요소는 찰스의 신학의 핵심이며, 그의 찬송에서 나타나는 가장 강한 주제였다. 라텐베리(E. Rattenbury)는, 이 찬송의 가장 강한 요소는 그리스도의 갈보리 십자가의 희생 사건을 생생하게 그려주는 것과 그것을 마음에 체험하도록 해주는 것 그리고 그것을 체험한 심정의 감격과 기쁨을 최고조로 고백하고 전하는 것이라고 말했다.62) '만 입이 내게 있으면'과 함께 이 찬송은 모든 찬송 중에 가장 아름답고 애송되는 '마음의 찬송'이었다. 찰스는 이 두 찬송을 위하여 가장 밝고 생동감과 역동성이 넘치는 곡조를 선택하였다. 부흥 운동 초기부터 신자들은 찰스의 마음의 찬송을 노래와 함께 춤을 추면서 불렀다. 그래서 찰스를 '춤추는 가슴'(the dancing heart)이라고 불렀다. 찰스의 찬송은 기독교의 생명력 있는 진리를 인간의 마음에 새기는 가장 효과적인 방편이었으며, 놀라운 진리에 '감미로움과 아름다움'(sweetness and beauty)을 더해 주었다. 그래서 예배자의 마음과 얼굴을 천사의 자리에까지 고양시켰다. 특별히 회심 찬송이 가장 그러하였다.63)

내 어찌 감당하리요.
나 같은 사람이 구주의 피로 구원을 얻다니
내가 찌르고 내가 죽인 주님이 나를 살리셨네.
나를 위하여 주님이 버림받고 죽임 당하셨네.
놀라운 사랑! 어찌 그럴 수가 있나?
나의 하나님이 나를 위하여 죽으셨도다.
(And can it be that I should gain
An interest in the Saviour's blood?
Died He for me? Who caused His pain!
For me? who Him to death pursued.
Amazing love! How can it be
That Thou, my God, should die for me?)
이 모든 신비여! 죽을 수 없으신 주님이 죽으셨네.

하늘의 천사도 모르네 거룩한 사랑의 깊이를
누구도 알지 못하리 주님의 기묘한 계획을
이 모든 자비를! 땅이여 천사여 찬양하라.

주는 성부의 보좌를 버리고 떠나오셨네.
그 은혜 무한하고 값없이 주시네.
자신의 모든 것 비우고 사랑으로 채우셨네.
절망에 빠진 인류 위해 피 흘리셨네.
모든 것이 은혜, 값없이 주시는 무한한 은혜.
('Tis mercy all! Let earth adore)
오 나의 하나님! 그 자비로 나를 구하셨네.
(For, O my God! it found out me!)

오랫동안 감옥에 갇혔던 내 마음은 자유
죄에 묶이고 타락한 본성에 캄캄한 내 영혼 해방되어
당신의 눈이 빛을 발하여 나를 깨우셨네.
나는 깨어나고 캄캄한 밤이 밝은 낮이 되었네.
나의 사슬은 끊어지고 내 마음은 자유
(My chains fell off, my heart was free,)
나는 일어나 앞으로 나가 주님을 따르네. **64)**

찰스는 마틴 루터의 믿음에 관한 해설을 완벽하게 파악하고 이 영광스러운 말의 효력을 정확하게 이해하였다. '나를 위하여'(for me), '너를 위하여'(for you), '우리를 위하여'(for us), '모든 사람을 위하여'(for all), '온 세상을 위하여'(for the world), 이 말들은 찰스의 찬송의 중심 주제이며 영원한 주제였다.

4) 주여, 나를 완전하게 하소서!

(1) 구원은 새로운 탄생이다 - 신생

찰스에게 구원이란 새로운 탄생이다. 즉 그리스도를 믿음으로 하나님 자녀의 새로운 신분으로 탄생하는 사건이요 동시에 새로운 삶의 시작이다. 그것은 그리스도 안에서 그리스도와 함께 그리스도를 위하여 새로운 생명으로 출생하는 것이다. 찰스는 존 웨슬리를 따라서 중생(重生: regeneration)이란 말보다도 신생(新生: new birth)이라는 용어를 즐겨 사용했는데, 그 이유는 중생이 새로운 탄생의 사건이요, 새로운 삶(new life)의 시작이라는 의미를 명백하게 밝히려는 의도였다. 즉 새로운 탄생과 새로운 삶이 없는 칭의(구원)를 반대하고 경계하려는 분명한 뜻이 담겨 있다. 또한 칭의는 성화의 시작이지 성화 자체가 아니라는 뜻이다. 칭의를 얻은 후에는 새로운 삶이 시작되고 완전한 성화를 향하여 노력하고 전진할 것을 촉구하는 뜻이다. 찰스는 모라비안들과 예정론자들의 주장, 즉 칭의가 구원의 전부요 구원의 마침이라는 주장을 정면으로 반대하고 그 오류를 교정하려고 하였다.[65]

특히 칼빈주의자들은 칭의에 너무 많은 의미를 두었다. 존 웨슬리는 신생에 관하여 세 편의 설교를 썼으나 찰스는 신생에 관하여 수십 개의 찬송을 지었다. 찰스는 존의 신생에 관한 설교에서 핵심적인 사상과 용어를 가져와 간결하고 정감 있는 찬송을 지어냈다. 존 웨슬리는 신생의 교리를 어린아이가 어머니의 뱃속에서 출생하는 것에 비유하여 설명하였다.

"그가 하나님으로부터 태어나자마자 이 모든 것들에 전적인 변화가 일어납니다. 이해의 눈이 열립니다. … 하나님께서 우리 마음속을 비추어 주셔서 그는 예수 그리스도의 얼굴에 나타난 하나님의 영광의 빛, 즉 주님의 영광의 모습을 바라보게 됩니다. 그의 귀가 열립니다. … 그는 하나님이 계시하시는 말씀을 들을 수 있습니다. 이제 하나님의 사랑으로 하나님의 자녀의 모습으로 자라나고 있습니다."66)

만약 칭의의 구원을 받고도 위와 같은 변화와 자라남이 없다면 그것은 죽은 아이를 낳은 것이나 다름없는 것이다. 찰스는 신생(새로운 탄생, 새로운 삶)이 없는 칭의·구원은 생명 없는 몸이나 마찬가지라고 보았다. 찰스는 잘못된 구원관을 바로잡고 성경적으로 바른 구원의 의미를 전하기 위해서 그리스도인의 신생(Christian new birth)을 강조하려고 이에 관한 찬송을 많이 지어 불렀다.

> 땅 위에 사는 동안
> 당신을 향해 살고 싶어라.
> 감사와 행복으로
> 숨 쉬게 하소서.
> 당신의 형상 다시 찾았으니
> 영원히 당신을 찬양합니다.
>
> 이전의 모든 것 헛되옵니다.
> 당신이 나를 낳으시고
> 신령한 소망으로 날 높이시니
> 두 번째 탄생을 축하하면서
> 땅 위에서 천국을 살으렵니다.
>
> 천사가 하늘에서 주를 섬기듯
> 이제는 기쁨으로 당신의 뜻 행하렵니다.
> 예수 안에서 새 생명 시작되오니
> 완전한 사랑으로 주를 섬겨 완전성화 이루렵니다.67)

나의 주님 내 안에 계심을 내가 느끼고
내 죄악이 다 깨어지고
내 마음 내 삶이 새로워졌네.
내가 소리 높여 주의 은혜를 찬양합니다.

예수의 사랑 성결의 씨앗
내 맘에 심겨져 자라나고
발걸음 확실하고 내 길이 환하네.
전능하신 주님과 연합하였도다.

예수의 피로 정결케 되고
내 안에 거룩한 불 사랑의 불이 타올라
내 속에 더러운 것들 다 태우고
당신의 복된 성소를 지으소서.

물과 성령으로 거듭나고
내 눈은 날마다 천국을 보고
내 안에 주님의 완전한 사랑 있어
발걸음 완전한 행복이어라. 68)

위로부터 오신 주님 하늘의 정결한 불로써
내 마음 작은 제단에 거룩한 사랑의 불을 밝히소서.

주의 영광 영원히 타오르게 하소서.

주님을 향해 떨리는 마음, 겸손히 기도하고 뜨겁게 찬양하리.

마음의 소망 주님 위하여 생각하고 말하고 일하리라.
내 마음에 거룩한 불 밝히어 당신의 은사를 깨우소서.

주님의 뜻 온전히 이루려고 사랑과 정성을 바치옵니다.
평생에 한없는 주의 사랑 의지해 완전한 희생을 바치오리라.[69]

(2) 어떻게 아는가 – 성령의 증거

성령의 역사(works of the holy spirit)는 웨슬리의 부흥운동을 가능하게 만든 강력한 동인이었다. 성령은 하나님의 사랑과 예수 그리스도의 구원의 은혜를 우리에게 증거하는 '증거의 영'(the spirit of witness)이다. 성령의 증거는 신자에게 구원의 확신(assurance)을 주며 신앙의 열매를 맺게 한다. 이것이 성령의 역사다. 웨슬리 형제는 성령의 증거와 구원의 확신을 강조하는 부흥운동을 일으켰다. 이것이 메도디스트 신앙의 생동력이 되고 역동성이 되었다. 즉 성령의 체험은 생명력으로 가득하고 살아 움직이고 활발하게 실천하는 능력 있는 신앙을 일으켰다. 성령의 증거는 신자에게 구원의 확신과 신앙의 능력을 주는 것이다. 웨슬리 형제는 성령의 증거를 통하여 자신이 구원을 얻었다는 사실을 알 수 있고 이에 대한 확실한 증거를 얻을 수 있다고 가르쳤다. 정상적인 경우라면 모든 하나님의 자녀는 자신이 하나님의 자녀라는 분명한 증거와 표적을 지니게 되며 신자는 이것을 구해야 한다고 역설하였다.

찰스 웨슬리는 아버지의 유언을 통하여 내적인 종교(inward religion), 즉 마음의 신앙(religion of heart)을 유산으로 물려받았다. 찰스는 1738년 5월 21일 성령의 은사를 마음에 체험하고 용서의 확신과 하나님의 평화를 얻었고 영혼과 몸이 치유되는 귀중한 체험을 하였다. 성령의 증거는 내적 증거와 외적 증거가 있는데 용서의 확신, 위로, 평화, 기쁨, 온유, 겸손, 절제, 인내 등은 내적인 증거고, 온갖 의와 선을 행함, 빛 가운데 걸음, 순종, 모든 계명을 지킴 등은 외적인 증거다. 또한 찰스는 신자의 생활 속에 나타는 성령의 열매를 강조하였다. 특별히 신자가 마음에 하나님의 사랑과 예수 그리스도의 구원의 은혜(saving grace)를 뜨겁게 느끼는 체험적인 신앙(experimental religion)은 메도디스트 신앙의 가장 특징적인 요소인 동시에 교회사에 끼친 특유의 공헌이다. 그래서 '마음 뜨거움'(warm-heartedness)은 찰스의 모든 찬송에 가득 담겨 있다.

 존 웨슬리는 성령의 증거에 관하여 세 편의 설교를 썼고 이것들을 모두 표준설교에 포함시켰다. 찰스는 성령의 증거에 관하여 수십 편의 찬송을 지었다. 이처럼 성령의 증거를 강조하고 이에 관한 설교와 찬송을 많이 지어낸 경우는 교회사에 다시 없는 일이었다.

> 죄 용서 받음 어떻게 아는가? 내 이름 천국에 기록됨을 어떻게 아는가?
> 하나님이 성령을 주시고 성령이 내 안에 계셔서 내가 아네.
> 내 안에 증거가 있으니 성령의 모든 열매를 내가 보네.
>
> 나 위해 죽으신 사랑을 내가 느끼네. 하늘의 평화를 내가 누리네.
> 십자가 피의 능력으로 내가 사네. 내 영혼이 일어나 기뻐하네.
> 하나님의 영광이 나를 둘러 비추니 내가 주님을 보고 천국을 보네.
>
> 성령의 증거와 내 영의 증거는 내 안에 확실한 천국의 표라.
> 성령이 내 안에 내가 성령 안에 완전한 사랑을 보증하도다.
> 놀라운 은혜로 나를 받으신 주님이 천국에 새긴 내 이름 증거하시네.[70]

값없이 의롭다 함 받아 예수 안에 거하는 우리는
성령의 증거 나타내 보이고 진실한 경험 안에서
날마다 은혜를 받아 마시고 더욱 더 예수를 닮아 사네.71)

내 안에 성령의 증거를 밝히소서.
내 맘에 당신의 음성 듣게 하소서.
내 삶에 성령의 열매를 채우소서.
의와 사랑과 평화. 완전한 기쁨.72)

오소서 성령이여, 내 마음 감동하사
나의 중생을 확증하소서.
오소서, 성령의 불세례 내려 주소서.
죄악의 집 헐고 성령의 집 지으소서.
성령의 모든 열매 내 안에 채우소서.
진실로 내 안에 천국 이루소서.

나의 천국 확증토록 의심 없이 인치소서.
능력의 인증 내가 느끼게 하소서.
주님의 손이 써주신 사랑의 서명
오 주님 그것을 내 맘에 부으소서.
사랑으로 가득히 성령으로 가득히
천국으로 가득히 하나님으로 가득히.73)
(The signature of love divine;
O, shed it in my heart abroad,
fullness of love, of heaven.)

불같은 성령 임하사 내 맘을 밝히고
심령의 죄 육체의 정욕 다 태워 주소서.

저 연단하실 성령의 불 날 정결케 하시고
내 영혼에 내리사 완전한 성결 이루소서.

일평생 나의 소원은 주 예수뿐일세.
성령의 세례로 나 완전케 하소서.74)

(3) 완전한 성화

웨슬리 형제의 메도디스트 부흥운동은 구원의 은혜를 전파하는 복음전도 운동인 동시에 성결운동이었다. 성결(holiness)과 성화(sanctification)는 같은 의미의 다른 용어다. 그러나 웨슬리 형제는 성결이란 용어를 더 좋아하였다. 성결의 소극적인 의미는 마음과 삶에서 모든 죄를 몰아내는 것이다. 죄로부터 정결해지는 것이요, 마음의 성결(holiness of heart)과 삶의 성결(holiness of life)을 이루는 것이다. 성결의 적극적 의미는 하나님과 이웃에 대한 완전한 사랑(perfect love of God and neighbor)이다. 부흥운동 초기부터 웨슬리 형제의 구원론은 '그리스도인의 완전'(Christian perfection)에 대한 이해의 문제로 인하여 심한 논쟁에 휘말렸다. 웨슬리 형제는 완전의 의미를 하나님을 사랑하는 동기와 의도와 태도의 순수성으로 이해하였다. 그래서 존과 찰스는 결코 원죄로 인하여 전적으로 타락한 인간의 본성에서 나오는 오류나 실수도 없는 죄 없는 천사와 같은 상태의 완전을 가르치지는 않았다. 그러나 완전이란 개념과 용어 자체가 그런 오해를 낳았으며, 실제로 존 웨슬리의 설교자들 중에 토마스 막스필드와 조지 벨은 절대적인 완전과 천사적인 완전을 주장하는 완전주의자(perfectionist)가 되어 자기들의 구원론을 선전하고 다녀 상당한 물의를 일으켰고, 웨슬리 형제는 이러한 문제로 인하여 숱한 오해와 비난과 공격을 받고 상처를 입었다. 또한 완전성화를 얻어야 하는 필요성과 시기에 대해서도 심한 논쟁이 일어났다.

웨슬리 형제는 점진적인 성화와 순간적인 성화를 모두 인정하였으며 이는 어느 순간, 주로 죽음의 순간에 완전성화가 이뤄진다고 보았다. 찰스는 이러한 오해와 비난을 제거하고 완전성결에 대한 성경적인 올바른 이해를 위해서 이 교리에 대한 이름을 '완전한 사랑'(perfect love) 또는 '그리스도의 마음과 생활의 모방'이라고 하였다. 완전성결의 교리는 웨슬리 형제의 구원론의 중심이요 왕관과 같은 것이었다. 완전성화는 교리와 신학 이전에 메도디스트들의 신앙이요 기도요 실천이고 삶이었다. 그런데 언제나 완전에 대하여 존의 설교보다는 찰스의 찬송이 훨씬 쉽고 분명하여 신자들은 찰스의 찬송을 통해서 완전성결의 의미를 배우고 경험할 수 있었다. 완전성화에 대한 찰스의 찬송은 메도디스트 구원론의 신학을 가장 명쾌하게 가르치는 도구가 되었다. 특별히 찰스가 성령의 세례 또는 불세례를 통하여 완전한 죄악의 소멸과 완전한 성결을 간구하고 완전한 성화 또는 완전한 사랑을 이루기를 소원하고 구하는 찬송을 많이 지은 것을 보면 초기 메도디스트들의 신앙이 이와 같았다는 것을 알 수 있다.

> 주여, 약속하신 당신의 형상을 내 안에 다시 지으사
> 사랑으로 완전한 당신의 마음, 영광의 모습 닮게 하시고
> 영화로운 생명으로 성화하시어 영원히 당신과 함께 살게 하소서.75)
> (Filled with the glorious life unknown, For ever sanctified in one)

> 주님이 죄인들 위하여 흘리신 피로서,
> 우리 맘 가장 깊은 데까지 부으사.

아담의 오염을 씻어주소서.
더러운 본성의 오물을 씻어주소서.
악한 생각 한 가닥까지 태워주시어,
주 안에 완전한 평화 누리게 하소서.

당신 말씀에 생기를 얻고 일어서오니,
보혈로 씻으시고 성령으로 불사르소서.
죄악을 소멸하시고 온갖 은사로 채우소서.
당신의 사랑 내 안에 완성하소서.
이전의 슬픔은 다시 못 오고, 내 맘의 빛이
세상 비추도록 완전히 성화되어 살겠네.76)

예수 시작이요 완성이라, 나의 영혼 주께로 가오니,
주님의 소원 이루소서. 나의 죄 소멸하시고
나의 모든 것 사랑으로 완전케 하소서.

당신의 성화의 영 내게 부으사 영혼을 상쾌하게
몸을 정결하게 은혜의 소낙비를 지금 내리사
죄에서 깨끗하게 나를 씻어주소서.77)

주님만이 내 맘을 통치하소서. 당신만이 내 맘에 거하소서.
내 모든 생각 순결하고 거룩하고 완전한 사랑(perfect love)으로 가득해.
주님처럼 의롭고 순전하게 하소서.

당신의 이름 내 맘에 새기소서. 세상에 제일 좋은 사랑의 이름.

천사들처럼 당신을 섬기고 기도하고 찬양하오니
당신의 완전한 사랑(perfect love) 이루기까지.

당신의 새 창조 완성(new creation)하소서. 우리가 순결하고 흠이 없도록
당신의 위대한 구원(great salvation) 세상에서 보게 하소서.
당신 안에서 완전을 이루고 사랑 안에서 나를 완전케 하소서.(perfect me in love)78)

(4) 에덴동산보다 더 좋은 낙원 - 영화

웨슬리 형제에게 완전성화란 어디까지나 원죄의 뿌리로부터 나오는 무지와 실수와 연약함을 지닌 제한적이고 상대적인 것이다. 그것은 또한 다시 잃어버릴 수도 있는 임시적인 것이지 영원히 보장된 것은 아니었다. 반면 영화(榮化, glorification)는 이러한 세상적이고 육체적인 모든 한계로부터 자유로운 절대적 완전을 의미하였다. 이러한 절대적 완전, 즉 죄와 죽음으로부터의 완전한 구원은 죄악의 본성을 지닌 육체를 떠나 영원한 천국에서만 가능한 것이다. 이것은 죄의 유혹으로부터 완전히 자유로운 상태, 다시는 죽지 않고 썩지 아니할 몸으로 변화하는 것이요, 그리스도의 재림의 날에 부활하여 예수 그리스도의 부활의 생명을 입고 신령한 몸, 즉 예수 그리스도의 영광의 몸과 같이 변화하는 천상의 복을 의미한다. 그러므로 영화는 영원하신 삼위일체 하나님과 함께 내세의 천국에서 영원히 사는 것이다. 웨슬리 형제는 신약성경과 사도들의 케리그마에 나타나는 주의 재림과 죽은 자의 부활과 심판과 형벌과 상급 그리고 영원하고 영광스런 생명을 순수하게 믿고 설교하였다. 웨슬리 형제는 현재적 구원과 내세적 구원을 동시에 성경이 증거하는 대로 설교하였다.79) 존 웨슬리는 신자가 천국에서 받는 상급은 다음과 같은 기준에 따라 분배될 것이라고 가르쳤다.

"① 우리 자신의 내적 성결 – 우리가 얼마나 하나님의 형상을 닮았는가에 따라서
② 우리의 선행에 따라서
③ 우리가 주님을 위해 당한 고난에 따라서 될 것입니다. 그러므로 시간 안에서 당신이 무슨 고난을 당하였든지 그것은 영원 안에서 당신에게 말할 수 없이 큰 유익이 될 것입니다. 당신의 수많은 고난은 지나가고 이제 당신의 기쁨이 다가옵니다. 위를 바라보십시오. 사랑하는 친구여, 위를 바라보십시오. 당신에게 씌어질 당신의 면류관을 보십시오. 잠시 후에 당신은 하나님 오른편에서 영원히 흐르는 기쁨의 강물을 마실 것입니다."80)

존 웨슬리는 '새로운 창조'라는 설교에서 하나님은 아담이 에덴에서 가졌던 것보다 훨씬 더 탁월하고 순수한 성결과 행복을 인간을 위해 만들어 주셨으며, 이것은 하나님이 그의 자녀들을 위해서 새롭게 창조하신 영화의 나라라고 말했다. 찰스 웨슬리는 존의 가르침과 똑같이 에덴동산보다 훨씬 더 좋은 영화에 대하여 장엄한 언어로 여러 편의 찬송을 지었는데, 찰스의 찬송에도 신자의 영화가 하나님이 아담에게 주셨던 에덴동산보다 훨씬 더 좋은 낙원으로 표현되었다.

오! 행복한 영혼이여, 그대의 수고는 끝나고
그대의 싸움도 다하고 달릴 길을 다 마쳤으니
승리한 그대여 이제는 평안히 쉬어라.
이제 여기서 사랑 안에서 완전해졌고
천국의 가족과 연합했으니
영원히 복 받은 자들과 기쁨 중에 거하도다.

그대의 태양은 다시 어둠에 덮이지 않고

그대의 달도 다시 빛을 잃지 않네.
주님 예비하신 처소들은 빛나고
하나님 손으로 지은 집들은
어린 양의 영광으로 빛나네.
그대 영존하시는 주와 함께 여기 거하라.

하늘의 상급을 얻는 그대여
에덴동산보다 더 좋은 약속의 낙원에서
우리 모두 영화를 입는 그때에
천사들은 우리를 하늘 위의 하늘로 이끄네.
예수의 가슴에 안겨
그대와 주님의 기쁨을 맛볼 때까지.[81]

5) 주여, 당신을 사랑합니다

(1) 예수, 내 영혼의 사랑

교회사에는 경건한 신자들이 임종 시에 부르는 몇 개의 찬송이 있다. 유럽에서는 임종찬송을 '백조의 노래'(Swan Song)라고 한다. 백조(swan)는 본래 아름다운 소리로 노래를 부르지만, 죽을 때 가장 아름다운 소리를 내어 노래를 부른다. 유럽에서 임종찬송을 '백조의 노래'(Swan Song)라고 이름 붙인 이유는, 경건한 그리스도인도 백조와 같이 일평생 많은 찬송을 부르지만 임종 시에는 가장 아름다운 찬송을 부르는 사람이기 때문이다. 'Jesu, lover of my soul'(예수, 내 영혼의 사랑) 찬송은 찰스가 메도디스트들을 위하여 지은 임종찬송이다. 임종찬송이 나온 이래 메도디스트들뿐만 아니라 수많은 경건한 신자들은 죽음의 순간, 은혜로운 신앙 고백으로 이 찬송을 많이 불렀다. 찰스도 임종이 가까워 왔을 때, 이 찬송을 많이 불렀으며 임종 시에는 가족들과 교우들이 둘러앉아 함께 불러주었다. 한국교회 찬송가에는 가사의 첫 줄을 그대로 사용하여 '비바람이 칠 때와'라는 제목으로 실려 있다. 그러나 이 제목은 찬송의 본래 의미를 살리기는 어렵다.

웨슬리 전기 작가 존 텔포드는 교회 역사상 신자의 임종을 위해 부르는 찬송으로 이 찬송보다 더 좋은 찬송은 없다고 말했다. 찰스는 그가 생전에 부르던 찬송대로 '내 영혼의 사랑 예수의 품'으로 날아가 안겼다.

웨슬리 형제의 재정 후원자였다가 칼빈주의자가 되어 휫필드를 따라 떠나간 레이디 헌팅돈은 이 찬송을 부르면서 '우리가 교리에서는 헤어졌지만 찬송에서는 영원히 하나다'라고 말하면서 자신이 죽을 때 반드시 찰스의 이 찬송을 부르되 첫 절의 두 줄을 반복해서 불러달라고 유언하였다. 위대한 역사가이며 초기 메도디스트 역사 연구의 대가인 감리교 설교자 조지 스티븐슨(G. Stevenson)은 생애 말년 이 찬송을 매일 밤 잠들기 전에 불렀다고 한다. 19세기 감리교 신학자 휴 프라이스 휴즈(Hugh P. Hughes)는 갑자기 죽음을 맞이하게 되었는데, 가족들이 남길 말이 있느냐고 물었을 때 이 찬송의 두 줄을 자기 묘비에 새겨 달라고 말했다.

> 내 영혼의 사랑 예수여,
> 날아가오니 당신 가슴에 나를 품어주소서.
> (Jesu, Lover of my soul,
> Let me to Thy bosom fly)
> 예수, 당신은 내가 원하는 모든 것이옵니다.[82]
> (Thou, O Christ, art all I want)

찰스 스펄전 목사는 자신의 인생에 가장 행복한 날은 찰스의 이 찬송을 부르면서 세상을 떠나 천국에 들어가는 날일 것이라고 말했다. 이 찬송에 얽힌 아주 감동적인 이야기가 있다. 미국 시민전쟁 때 어느 한 남군의 보초병이 앞뒤로 발을 옮기면서 이 찬송을 은은하게 부르고 있었는데, 숨어있던 북군 수색대 한 병사가 그의 머리에 총을 들이대고 쏘려고 하였다. 이 순간 그 보초병은 죽기 전 마지막으로 자기 영혼을 하나님께 맡기면서 이 찬송을 불렀다. 그가 이 찬송 2절의 '가릴 것 없는 나의 머리를 당신의 날개 그늘로 덮어주소서.'라고 마지막 줄을 부를 때 적군 병사는 방아쇠를 당기지 못하고 쏘려던 총을 떨어뜨렸고 그 초병을 살려주었다. 그리고 전쟁 후 총에 맞아 죽을 뻔했던 그 보초병은 포토믹 강의 유람선 선장이 되었다. 그 사건 후 18년이 지난 어느 날 그가 손님들을 태우고 배를 저어 강을 건너는데 배에 탄 한 사람이 이 찬송을 부르는 소리를 듣게 되었다. 그리고 그 사람을 바라보는 순간 선장은 그 찬송을 부르는 사람이 18년 전 전쟁에서 자기를 살려준 바로 그 사람임을 알게 되었다. 그는 즉시 찬송을 부르는 손님에게로 다가가서 "당신은 18년 전 전쟁터에서 한 보초병의 머리를 총으로 쏘려고 했었지요? 그런데 당신은 그 보초병이 이 찬송을 부르는 소리를 듣고 그 보초병을 살려주었죠?"라고 물었다. 그 사람이 "그렇다."고 대답했다. 선장이 놀라서 "그때 그 찬송을 부른 사람이 바로 나요. 그리고 당신이 나를 살려주었소."라고 말하였다. 두 사람은 너무나 놀라고 반가워 서로 부둥켜안았다. 전쟁 후 보초병을 살려준 사람은 그 찬송소리가 계속 귀에 들려 자기도 늘 이 찬송을 부르게 되었으며, 몇 년 후에는 목사가 되었다고 고백하였다. 이 이야기는 한때 미국교회에서 설교자들이 자주 인용한 이야기였다.[83]

내 영혼의 사랑

내 영혼의 사랑 예수여,
날아가오니 당신 가슴에 나를 품어주소서.
비바람이 치고 물결 높이 일어날 때에
구주여 나를 숨겨주소서.

풍파 지나고 평안의 항구에 다다를 때까지.
안전하게 인도하시고
내 영혼의 연인 예수여,
마침내 내 영혼을 받아주소서.
(Jesu, Lover of my soul,
Let me to Thy bosom fly,
While the nearer waters roll,
While the tempest still is high
Hide me, O my Saviour, hide,
Till the storm of life be past,
Safe into the haven guide,
O receive my soul at last.)

예수밖에는 다른 피난처가 없어
가련한 내 영혼 당신께 매달립니다.
나를 홀로 버려두지 마시고
여전히 나를 도우시고 위로하여 주소서.
나는 당신만을 믿고 의지하오니
할 수 없는 죄인을 도와주소서.
가릴 것 없는 나의 머리를
당신의 날개 그늘로 덮어주소서.
(Other refuge have I none,
Hangs my helpless soul on thee;
Leave, ah leave me not alone,
Still support and comfort me.

All my trust on Thee is stayed;
All my help from Thee I bring;
Cover my defenseless head with
Thy shadow of Thy wing.)

나의 요청을 허락지 않으시려나요?
나의 기도를 응답하지 않으시나요?
오! 나는 지치고 절망하여 쓰러집니다.
오! 제발 날 돌아봐주십시오.
당신의 은혜로운 손을 뻗어주소서!
당신의 자비를 믿으며
끝까지 희망을 갖고 견뎌내며,
죽더라도 당신을 바라고 살겠나이다.
(Wilt Thou not regard my call?
Wilt Thou not accept my prayer?
Lo! I sink, I faint, I fall…,
Lo! on Thee I cast my care:
Reach me out Thy gracious hand!
While I of Thy strength receive,
Hoping against hope I stand,
Dying, and, behold, I live!)

오 주님, 내가 원하는 모든 것 되신
당신 안에서 더 많은 것을 얻으니.
넘어진 자를 일으키시고 약한 자를 살리시고

병든 자와 눈먼 자를 고쳐주소서.
나는 불의로 가득하나
당신의 이름은 의롭고 거룩하도다.
나는 거짓과 죄로 가득하나
당신께는 진리와 은혜가 가득하도다.
(Thou, O Christ, art all I want:
More than all in Thee I find.
Raise the fallen, cheer the faint,
Heal the sick, and lead the blind.
Just and holy is Thy name,
I am all unrighteousness;
False and full of sin I am,
Thou art full of truth and grace.)

당신의 풍성한 은혜로
나의 모든 죄를 덮어주소서.
생명수를 부으시어
나를 치료하시고 순전하게 하소서.
당신은 생명수의 근원이시니
마음껏 마시게 하시고,
나의 맘속에 솟아나서
영원토록 살게 하소서.84)
(Plenteous grace with Thee is found,
Grace to cover all my sin:
Let the healing streams abound,

Make and keep me pure art:
Thou of life the Fountain art:
Freely let me take of Thee,
Spring Thou up within my heart,
Rise to all eternity!)

이 찬송의 영어 원문 제목은 'Jesu, lover of my soul'(예수, 내 영혼의 사랑)인데, 한국 찬송가에는 '비바람이 칠 때와'(388장)라는 제목으로 실려 있고 첫 절의 시작이 아주 다르기 때문에 그 본래 의미를 느끼기 어렵게 되어 있다.

찰스는 세속적인 시를 이용하여 찬송을 짓는 특이한 재능을 갖고 있었다. 앞에서 밝힌 대로 찰스는 찬송을 지을 때 주로 성경에서 영감과 주제를 얻었지만, 때로는 세속적인 시에서도 영감과 아이디어를 얻어 그것을 성경적이고 영적인 주제에 맞추어 활용하였다. 이것은 찰스의 천부적인 재능이었다. 위의 찬송시는 세속적인 연애시를 꼭 닮았다. 구주 예수를 'Lover'(연인)라는 단어로 표현한 것부터 그렇다. '당신의 가슴으로 날아가오니 나를 품어주소서'(Let me to Thy bosom fly), '당신께 매어달립니다'(hangs my helpless soul on Thee) 그리고 '제발 저의 요청을 들어주소서'(Wilt Thou not regard my call)라는 문장도 사랑하는 연인에게 애정을 호소하는 강렬한 표현이다.[85]

찰스는 이러한 세속적인 시문학을 종교적으로 승화시켜 사용하였다. 바로 이러한 요소 때문에 찰스의 찬송은 일반 대중의 가슴에 친근하게 다가가고 직접적으로 심정에 감동을 주는 서정적인 노래가 되어 대중의 인기를 끄는 '마음의 찬송'(hymns of heart)이 되었다.

(2) 주여, 당신은 사랑이십니다

완전성화에 대한 가장 아름다운 찬송은 '거룩한 사랑 초월한 사랑'(Love divine, all loves excelling)이란 제목의 찬송이다. 이 찬송은 완전성화에 대한 성경적인 표현이 우수하고 메도디스트 영성이 명확하고 서정적으로 나타나 있으며, 시문학적 표현에 있어서도 가장 뛰어나서 그 정교함과 장엄함이 돋보인다. 찰스는 자기가 원하는 교회음악(sacred music)의 목적에 맞는 것이라면 세속적인 문학이나 음악을 과감하게 사용하였다. 예를 들면 이 찬송은 영국의 낭만주의 시인이며 드라마 작가인 존 드라이든(John Dryden, 1631~1700)의 시 '제일 아름다운 섬, 모든 섬들보다 아름다운 섬'(Fairest isle, all isles excelling)에서 영감을 얻어서 지은 것이다. 더 자세히 말하면 이 찬송은 찰스가 존 드라이든이 극을 쓰고 당시 영국의 대표적인 교회음악가 헨리 퍼셀(Henry Purcell, 1659~1695)[86]이 곡을 붙인 세미 오페라 '아서 왕'(King Arthur) 5장에서 영감을 얻어서 지은 것이다.[87] 이 오페라의 첫 연은 이렇게 시작한다.

제일 아름다운 섬, 모든 섬들보다 아름다운 섬,
즐거움의 자리, 사랑의 자리,
비너스가 여기를 자기의 거처로 삼았네.
자기의 (아름다운) 고향 시프리안 숲을 버리고.[88]
(Fairest isle, all isles excelling,
Seat of pleasure, and of Loves;
Venus here, will chuse her Dwelling,
And forsake her Cyprian Groves.)

찰스는 이 오페라에서 미의 여신, 사랑의 여신인 비너스가 자신의 아름다운 고향을 버리고 영국의 가장 아름다운 섬을 자기의 거처로 삼았다는 형상화(imagery)를 하나님의 아들이 천국의 영광의 자리를 버리고 세상에 내려와 인간의 마음, 그리고 나의 마음에까지 거처를 삼으시는 하나님의 사랑을 설명하는 비유로 사용하였다.[89] 찰스가 고백한 대로 그의 많은 찬송시들은 존 밀튼의 「실락원」(*Paradise Lost*)과 비교할 때 서사시적인 내용과 표현양식에서 무척 많이 닮았다. 찰스는 존 밀튼(1608~1674)의 시를 수십 번씩 읽고 깊은 영감을 얻었을 뿐 아니라 밀튼의 시문학적 양식을 많이 배워 자신의 시작에 활용하였다. 또한 밀튼이 고백한 대로 그의 '실락원'은 성경의 내용과 표현양식을 많이 닮았다.[90]

또한 이 찬송은 웨슬리 형제가 완전교리에 대한 여러 가지 이름 중에 가장 애용하는 '완전한 사랑'(perfect love)이란 용어와 교리에 대한 섬세하고 간결한 해설을 명확하게 담고 있다. 특별히 이 찬송은 성령이 성화의 영이라는 점을 강조하며 완전한 사랑, 완전한 성화를 이루게 하는 동인이며 신자에게 성화의 능력을 부여주는 사랑의 영(loving spirit)이라는 점을 잘 보여준다. 한번은 존 플레처가 찰스에게 "'죄짓는 권세를 제거해 주소서'(take away the power of sinning)라는 표현이 너무 강하지 않은가?"라고 물었다. 찰스는 "그러면 '죄짓기를 좋아하는 권세를 제거해 주소서.'(take away the love of sinning)라고 고칠까요?"라고 대답했다고 한다.[91] 초기 메도디스트 신앙은 철저하게 완전성화를 현세에서 이루려는 확신과 열심이 가득했다. 이 찬송은 그러한 신앙을 잘 보여준다. 이 찬송은 시적 우수성과 더불어 노래 또한 아름다워 처음부터 온 세계 신자들이 애송하는 찰스의 찬송 몇 개 중 하나였다.

거룩한 사랑 초월한 사랑

거룩한 사랑 초월한 사랑이여,
하늘의 기쁨이여 땅 위에 내려오사.
(Love divine, all loves excelling,
Joy of heaven, to earth come down,)

겸비하신 주님 우리 안에 거하시며
자비의 왕관을 씌워주소서.
(Fix in us Thy humble dwelling,
All Thy mercies crown;)
예수, 당신은 동정심으로 가득하시고
순전하고 무한한 사랑으로 가득하시네.
(Jesu, Thou art all compassion,
Pure, unbounded love Thou art,)
어서 오시어 두려워 떠는 마음에
당신의 구원을 베풀어주소서.
(Visit us with Thy great salvation,
Enter every trembling heart.)

전능하신 하나님 오셔서 구원하시고
당신의 모든 생명 받게 하시고
우리 맘에 속히 임하시어
떠나가지 마시고 영원토록 거하시어
우리가 항상 주님을 축복하며
천사처럼 섬기게 하소서.
끊임없이 기도하며 찬양하며
당신의 완전한 사랑 이루게 하소서.
(Pray, and praise Thee without ceasing,
Glory in Thy perfect love.)

당신의 새로운 창조를 완성하시어

우리가 순전하고 성결케 하소서.

당신 안에서 성화되어

위대한 구원을 보게 하소서.

영광에서 영광으로 변화되어

천국에 이르게 하사

주님께 왕관을 바치며

존경과 사랑과 찬양을 드리게 하소서. 92)

(Finish Thy new salvation,

Pure and spotless let it be;

Let us see Thy great salvation,

Perfectly restored in Thee;

Changed from glory into glory,

Till in heaven we take our place,

Till we cast our crown before Thee,

Lost in wonder, love and praise.)

(3) 이 사람을 보라 – 예수 그리스도

찰스는 예수 그리스도에 관하여 적어도 2천여 개의 찬송을 지었다. 찰스는 그리스도의 오심에 대한 약속과 예언, 성육신과 탄생, 인격과 성품, 생애와 교훈, 복음 선포, 치유와 구원의 사역, 고난, 십자가, 속죄의 죽음, 부활, 승천, 영원한 승리와 통치, 재림, 심판 등 그리스도에 관련된 모든 주제에 관하여 찬송시를 짓고 각 줄마다 성경구절을 달아놓았다. 찰스의 그리스도 찬송은 '시로 쓴 그리스도의 생애'이며 '시로 쓴 그리스도론'이요 '시로 쓴 구원론'이라고 할 수 있다. 실로 찰스의 신학은 그리스도 중심의 신학이며, 그의 기독론은 철저히 성경적이고 순수하게 복음적이었다. 그의 찬송은 성경에 나타난 그리스도의 구원의 은혜(saving grace)를 가장 분명하고 간결하고 쉽고 순수하고 감동적으로 표현하고 가르치고 전파하는 '시로 쓴 성경'이요 '시로 쓴 복음'이었다.

신도들은 찰스의 찬송을 읽고 부르면서 예수 그리스도의 생애와 구원의 도리를 배웠으며, 찬송을 부르는 중에 구주의 은혜(saving grace)를 마음으로 체험하고 구원의 확신을 더하게 되었다. 찰스는 메도디스트 찬송의 효력에 대하여 구원의 확신이 없던 많은 자들이 찬송을 부르다가 성령의 감동으로 구원의 확신을 얻게 되었다고 증언하였다.[93] 신자들은 그리스도 찬송을 부르면서 그리스도의 사랑을 뜨겁게 느꼈으며, 동시에 그리스도 예수를 온 마음으로 사랑하는(Jesu, Lover of My Soul) 경험을 하였다.

찰스의 대표적인 그리스도 찬송 '이 사람을 보라'(Ecce Homo; Behold the Man)에 대한 감동적인 이야기가 있다. 윌리엄 젠킨스라는 사람은 브리스톨에 사는 부유한 무역상인이었다. 그는 무신론자이며 하인들에게 인색하고 거칠게 대하기로 악명이 높았다. 이 사람은 자기의 하인 하나가 종이 한 장을 주머니에 넣고 다니면서 때때로 꺼내어 읽고 작은 목소리로 노래 부르는 것을 보았다. 그 주인은 하인이 메도디스트 신도회에 참석하는 것을 못마땅하게 생각하던 차에 그런 습관을 이유로 그를 해고시키고 말았다. 그 주인은 하인이 떠나간 후 우연히 그 하인이 놓고 간 옷 주머니에서 해어진 종이 한 장을 발견하였다. 그 주인은 자신도 모르게 그 종이에 적힌 찰스의 찬송시 '이 사람을 보라'를 읽게 되었다. 그 주인은 이 시를 읽는 중 마음에 깊이 감동되어 '이 사람이 누구인가? 내가 꼭 찾는 사람이 아닌가?'라고 중얼거렸다. 그 주인은 떠나간 하인을 다시 불러들였다. 그리고 자기도 메도디스트 신도회에 나가게 되었고 유능한 속장이 되어 브리스톨 신도회에 충성하였다.[94]

내 영혼아 일어나라 눈을 들어라 이 사람을 보라!
영원히 사시는 분이 너의 땅에 오셔서

너의 길을 밝게 비추이며 네 발을 안전하게 인도하시네.
그는 너에게 진리를 가르치며 너를 위해 눈물로 간구하시네.
그의 하늘 아버지가 그의 기도를 들으시고 너를 구하셨네.
그는 너의 죗값을 치르기 위해 찔리고 깨어졌네.
그는 십자가에서 너를 용서하고 너의 생명을 사랑했네.

이 사람을 보라! 십자가에 달린 하나님의 아들을 보라!
이제 너는 그의 부드러운 음성을 들으라.
할퀴어 상하고 피 흐르는 그의 얼굴을 보라.
그의 울부짖는 고통의 호소를 들으라.
그는 무덤에 있으나 하나님이 살리셨고
부활의 새 생명으로 새 하늘 새 땅을 열어주시네.
두려움 없고 죽음이 없는 영원한 천국을 너에게 주시네.

그가 지금 너의 집 앞에 서서 네 문을 두드리시네.
너는 이 사람을 모셔 들이라. 그의 얼굴에 입을 맞추라.
더 이상 머뭇거리지 말고 두려워 말라.
믿음으로 그에게 나가고 기쁨으로 그를 맞아들이라.
그는 너의 진리요 너의 사랑 너의 영원한 도움이라.
너는 그를 너의 주님이라 너의 하나님이라 부르라.
이 사람을 보라! 끝 날까지 너와 함께 계시는 너의 하나님을!"[95]

    찰스와 존은 종종 찬송을 함께 짓기도 하고 부흥운동 초기에는 독일 찬송을 함께 번역하여 사용하였다. 두 형제가 공동으로 번역한 독일 찬송 '오 세상이여, 여기에 당신의 생명을 보라'는 초기에 그리스도 찬송으로 애송된 것으로 메도디스트 기독론을 잘 나타내주는 찬송이다.

저주 받은 나무에 달려서 먼지와 땀과 피로
범벅이 되어 더러워진 치욕의 얼굴을 보라.
하나님의 아들이 죽어가며 숨을 거두네.

당신밖에는 아무도 그 일을 하지 못하리.
당신의 거룩한 몸 찢은 것은 바로 나였네.
내가 죄를 짓고 당신이 피 흘리셨네.

내 짐을 내가 질 수 없어 당신이 지셨네.
내 병을 치료하려고 당신이 아프셨네.
나를 축복하려고 당신이 저주 받으셨네.

내가 진 빚을 어떻게 갚아야 할까?
당신의 큰 사랑 어떻게 전해야 하나?
내 모든 것 바쳐 당신을 찬양하리. 96)

찰스가 콘월에서 당시의 유명한 유행가 '낸시 도우슨'의 곡에 맞추어 부른 찬송 '예수의 이름'(Jesu's Name)은 전통적인 기독론을 교회의 용어 대신 세상 사람들이 이해하고 받아들이기 쉬운 일상적 용어를 사용하여 예수 그리스도를 전한 찬송으로 유명하였다. 동시에 이 찬송은 '왜 본래 하나님이 주신 선한 선물인 음악을 사탄이 독차지하여 악한 도구로 사용하는가?'라는 탄식을 담은 찬송이기도 하였다.

왜 선한 것이 악한 것으로 사용되어

죄의 원인이 되고 멸시를 받아야 하는가?
아, 하나님! 음악이 너무 오랫동안
사탄을 섬기는 도구로 악용되었습니다.
(Listed into the cause of sin,
Why should a good be evil?
Music, alas! too long has been
Pressed to obey the devil;)
술 취하고 방탕하고 경박스런 빛이
음악을 타고 영혼에 흘러들어가네.
꽃으로 수놓아 넓은 길로 유혹하여
영혼을 파멸의 구덩이에 떨어뜨리네.

어서 와서, 우리를 높여주는 사랑,
예수의 사랑이 얼마나 좋은지 확인하라.
이 사랑이 하늘에 계신 분들의 마음이요,
땅 위에 사람들을 살려내는 불이라네.
당신이 진정 노래 부르고 싶은 마음이라면
예수의 사랑보다 더 큰 주제가 없을 거예요.
모든 목소리 합하여 만들어낼 화음은
예수의 이름, 제일 감미로운 예수의 이름.
(Say, if your hearts are tuned to sing,
Is there a subject greater?
Harmony all its strains may bring,
Jesu's name is sweeter.)

예수는 영혼의 찬란한 음악;

그의 사랑은 제일 고상한 정열;

예수의 이름은 기쁨이요 평화,

행복과 구원.

예수의 이름은 죽은 자를 살리고

우리 죄를 씻는 권세.

우리를 그 은혜로 가득 채우사,

천국까지 이르게 하소서.

(Jesus the soul of music is;

His is the noblest passion;

Jesu's name is joy and peace,

Happiness and salvation.

Jeus's name the dead can raise,

Show us our sins forgiven,

Fill us with all the life of grace,

Carry us up to heaven.)

오라 우리 마음 합하여

주를 찬양합시다.

주가 우리에게 주신 승리를 노래합시다.

거룩한 사랑에 영광을 돌립시다.

마음을 드려 주를 예배하고 주를 높이세.

천국은 시작되었고 믿는 자의 마음이 열렸네

오직 믿으라, 끊임없이 찬양하라.

천국이 영원히 우리의 것이로다.[97]

(Only believe, and still sing on,

　Heaven is ours forever.)

6) 주여, 당신을 찬양합니다

(1) 당신을 찬양하지 않으면

웨슬리 형제는 형이상학적인 신학에는 별로 관심이 없었다. 그들은 처음부터 끝까지 경건주의요 복음전도자요 목회자로서 생각하고 일하고 살았기 때문이다. 그들은 학문을 연구하는 평생 학자로 살았지만 이론을 위한 학문이 아니라 실천을 위한 학문, 즉 추상적인 신학이 아니라 실천적인 신학(practical divinity)에 부지런한 학자였다. 찰스가 신성회(Holy Club)를 시작할 때에도 그 모임의 목적은 실천적 성결이요 마음과 생활의 성결(holiness of heart and life)이요 성결의 증진이었다. 그래서 그들은 이론적인 학문의 연구나 신학적인 논쟁을 피하고 성결의 실천(practical holiness)을 위해서 함께 생각하고 대화하고 상호 지원하기 위하여 모였다.

찰스는 삼위일체 하나님에 대하여 생각하고 말하는 일도 '경건의 행위'(works of piety)라고 여겼다. 그는 삼위일체 하나님에 관하여 수십 편의 찬송을 지었다. 찰스의 방식은 성경 말씀에 나타난 삼위일체 하나님의 마음, 진리, 사랑, 능력, 영광, 구원의 은혜와 섭리 등을 찬송시로 표현하고 가르치고 선포하고 찬양하는 것이었다. 찰스는 모든 찬송에 행마다 관련 성구를 주석으로 달아놓았는데, 특별히 신학적인 찬송에는 더욱 섬세하게 성구를 선택하였다.

어떤 옥스퍼드의 이신론자(理神論者, deist)가 찰스에게 "당신은 보이지도 않고 알지도 못하는 신을 왜 믿으라고 선전하느냐?"고 물었을 때 "나는 모든 일과 모든 사물에 가득한 하나님을 경험하고 내 마음속에 가득한 하나님을 경험한다. 그리고 나는 내가 경험하는 하나님을 찬양한다. 찬양은 하나님을 경험하는 제일 좋은 길이다. 하나님을 찬양하지 않는 사람은 하나님을 보지도 못하고 알지도 못한다."98)고 대답했다. 찰스에게 하나님은 인간의 이성으로 탐구되는 분이 아니라 자연과 삶 속에서 그리고 인간의 이성과 감성을 통해 경험되는 분이시다. 찰스의 하나님에 관한 찬송시는 아이리쉬 켈틱 기독교(Celtic Christianity)의 성자인 성 패트릭(St. Patrick)의 시와 너무나 닮았다. 찰스의 찬송시는 켈틱 영성(Celtic Spirituality)의 뿌리에서 나온 것임을 알 수 있으며, 그의 찬송시를 읽으면 켈틱 교회의 신학과 영성의 깊은 샘물을 마시는 느낌이다. 하나님 경험에 관한 성 패트릭의 시와 찰스의 찬송시를 비교해 보면 찰스의 하나님 경험을 체험하게 될 것이다.

성 패트릭의 시

성 패트릭의 가슴방패 갑옷(St. Patrick's Breastplate)

나는 오늘도 하늘의 권능으로 나를 두릅니다.

태양의 광선으로,

달빛으로,

불의 영광으로,

바람의 속도로,

바다의 깊이로,

땅의 안정으로,

바위의 단단함으로.

(I gird myself today with the might of heaven:

The rays of the sun,

The beams of the moon,

The glory of fire,

The speed of wind,

The depth of sea,

The stability of the earth,

The hardness of rock.)

나는 오늘도 하나님의 능력으로 나를 두릅니다.

나를 위로하는 하나님의 힘으로,

나를 지탱하는 하나님의 권능으로,

나를 인도할 하나님의 지혜로,

내 앞을 보시는 하나님의 눈으로,

나를 들으시는 하나님의 귀로,

나를 위해 말하시는 하나님의 말씀으로,

나를 지도하시는 하나님의 손으로,

나의 앞길을 예비하시는 하나님의 방법으로,

나를 보호하시는 하나님의 방패로,

마귀의 올무로부터, 죄의 유혹으로부터, 나를 병들게 하는 모든 것들로부터, 멀든지 가깝든지,

혼자 있든지 다른 사람들과 함께 있든지, 나를 구원할 하나님의 천사들로 나를 두릅니다.

(I gird myself today with the power of God:

God's strength to comfort me,

God's might to uphold me,

God's wisdom to guide me,

God's eye to look before me,

God's ear to hear me,

God's word to speak for me,

God's hand to lead me,

God's ways to lie before me,

God's shield to protect me,

God's angels to save me

From the snares of the Devil,

From temptations to sin,

From all who wish me ill,

Both far and near,

Alone and with others.)

그리스도여 오늘도 나를 보호해 주소서, 독과 불로부터,
물에 빠지는 것과 상처 당하는 것으로부터, 나를 보호해 주소서.
그렇게 해서 나의 사명이 풍성한 결실을 맺게 하소서.
내 뒤에도 계시고 앞에도 계신 그리스도여,
내 밑에도 계시고 위에도 계신 그리스도여,
나를 둘러싸시고 주변에 계신 그리스도여,
내 오른쪽에도 계시고 왼쪽에도 계신 그리스도여,
내가 아침에 일어날 때 계신 그리스도여,
내가 밤에 누울 때에 계신 그리스도여,
나를 생각하는 모든 사람의 마음속에 계신 그리스도여,
나에 대하여 말하는 모든 사람의 입에 계신 그리스도여,
나를 보는 모든 사람의 눈에 계신 그리스도여,
나를 듣는 모든 사람의 귀에 계신 그리스도여,
(May Christ guard me today from poison and fire,

From drowning and wounding,

So it may bear fruit in abundance.

Christ behind and before me,

Christ beneath and above me,

Christ around and about me,

Christ on my left and my right,

Christ when I rise in the morning,

Christ when I lie down at night,

Christ in each heart that thinks of me,

Christ in each mouth that speaks of me,

Christ in each eye that sees me,

Christ in each ear that hears me.)

나는 오늘도 일어납니다.

땅의 창조주이시며 하늘의 창조주이신,

삼위일체의 권능을 통하여,

삼위되심을 믿는 믿음을 통하여,

일체되심을 믿는 믿음으로,

나는 오늘도 일어납니다.99)

(I arise today through the power of the trinity,

Through the faith in the threeness,

Through trust in the oneness,

Of the Maker and the Maker of heaven.)

찰스 웨슬리의 찬송시

측량할 수 없는 하나님(The unfathomable God)

깊은 바다처럼 잴 수 없고
높은 하늘처럼 닿을 수 없는 하나님
누가 당신께 마음을 드리지 않는가?
누가 당신을 찬양하지 않는가?
누가 당신을 섬기지 않으려 하는가?
누가 당신의 은혜를 받으려 하지 않는가?

주의 빛은 영원한 곳에서 세상을 비추시는데
주의 은혜는 하늘의 물줄기처럼 흘러나오고
바람처럼 온 하늘에 가득히 퍼져오는데
떠오르는 태양처럼 사람들에게 다가오는데
당신의 빛으로부터 숨으려 하는 자 누구인가?
당신의 은혜를 외면하려는 자 누구인가?

땅이 태양의 열기를 받듯이 별들이 어둠 속에 반짝이듯
꽃들이 꽃잎을 펼치고 바다에 물결 일어나 출렁이듯이
당신의 숨결을 마시고 당신의 손길을 잡기 원하네.
내가 모든 것 잃어버려도 당신으로부터 모든 것 얻으리.
그 이름에 엎드려 경배하고 일어나 높이세 나의 하나님
누가 마음을 다하여 주를 찬양하지 않으려 하는가?

이제와 영원토록 나의 주 나의 하나님이여

나는 우주에 가득한 당신의 영광을 보오며
나를 사방으로 두르시고 앞에서도 뒤에서도 지키시며
위와 아래로 좌우에 나와 함께 계신 나의 하나님
나의 맘속에서도 말씀하시는 나의 영광이시여
누가 당신을 떠나 보호자 없는 허공으로 떨어지려 하는가?

주는 모든 진리와 선의 원천이요 만복을 내리시는데
주는 당신의 사랑을 보잘것없는 내 가슴에 두시려는데
누가 당신을 모시지 않으려 하는가?
누가 당신께 마음을 드리려 하지 않는가?
누가 당신을 사랑하지 않으려 하는가?
당신을 찬양하지 않는 자는 당신의 영광을 보지 못하리.100)

하나님은 나의 평안 나의 안식

오 주는 나의 평안 나의 안식 세상에서 내 모든 행복
나에게 당신의 선하심과 아름다움을 보여주소서.
당신의 영광의 모습 웃음 짓는 얼굴 보기 원하네.
능력의 손으로 나를 덮어주시어 사탄으로부터 보호하소서.
조금만 보여주지 마시고 당신의 빛나는 얼굴을 다 보여주소서.
내 숨찬 영혼을 어루만지시며 당신의 영광으로 들어가게 하소서.
오 하나님 당신의 뒷모습만 보게 마시고
완전한 모습을 보게 하소서.
옛 성자들보다 더욱 당신을 사모하오니

내 눈을 씻어 주의 아름다운 얼굴 보게 하시고
당신의 사랑의 아들을 모시어 섬기게 하소서.
당신의 사랑을 아는 자 당신을 찬양합니다. 101)

(2) 일마다 때마다 - 늘 찬송

찰스 웨슬리는 교회사에서 가장 위대한 시인이자 찬송 작가 중 하나다. 찰스의 가족은 시인의 가족이었다. 그의 아버지도 훌륭한 시인이어서 '예수 그리스도의 생애'를 시로 써 출판하여 메어리 여왕에게 헌정한 적이 있으며, 그의 맏형과 누이 헤티도 시인이었다. 찰스는 웨스트민스터와 옥스퍼드에서 고전과 시문학을 많이 공부했으며, 일생 시와 찬송을 지으며 살았다. 개인이나 신도회나 세상에 모든 일마다 때마다 찬송을 짓고 찬송을 불렀다. 자신의 모든 경험과 신도회의 모든 기쁨과 슬픔, 그리고 세상의 무슨 일이든지 그것들을 시와 노래로 표현하였다.

한번은 존이 찰스가 몹시 마음이 무거울 때 방문하여 함께 기도하게 되었는데, 찰스가 존에게 찬송을 부르자고 요청하면서 찬송을 부르면 성령이 더 속히 내려와 마음을 치료할 것이라고 말했다. 찰스는 존과 함께 찬송을 부를 때 신비하게도 두 절도 부르기 전에 성령의 위로와 힘을 얻었다. 찰스는 가족과 친구들을 만났을 때에도 그랬고 신자들을 심방하고 헤어질 때에도 반드시 찬송을 부르곤 하였다. 그래서 그의 일기에는 '우리는 승리에 찬 찬송을 부르며 작별하였다.'는 말이 종종 나온다. 아름답고 능력 있는 시와 찬송은 찰스의 성품과 영성에서 자연스럽게 흘러 나온 열매였으며, 동시에 영적인 능력을 솟아나게 하는 은혜의 방편이었다. 그는 친구들에게 '나는 중대한 일을 생각하고 결정할 때에는 언제나 찬송을 부르면서 하나님의 계시를 구한다.'고 말했으며, 어려운 일을 당한 사람들에게 보내는 편지에도 찬송시를 지어 보냈는데, 휫필드와 진젠도르프는 찰스의 편지에서 찬송시를 읽고 깊은 영감을 얻었다고 말하였다. 특히 찰스가 자기 아내의 생일을 축하하여 지은 시는 오랫동안 신도회 안팎의 많은 사람들에게 애송되었다.

> 내 가장 사랑하는 이여, 일어나요. 높은 하늘로 날아올라
> (My beloved, arise, Come away to the skies)
> 찬란한 햇빛으로 당신의 얼굴을 밝혀요.
> 축복의 날에 사랑의 날개를 달고
> 피어나는 꽃을 안고 달려오세요.
> 당신의 행복의 나라로 나아갑시다. 102)
> (To thy heavenly country return)

1750년 런던에서는 2월과 3월 두 차례 강한 지진이 발생하여 많은 집들이 무너졌다. 이로 인해 런던은 폐허가 되었으며 많은 사람들이 죽고 부상을 당했다. 기록에 의하면 런던 땅이 남북으로 이동하면서 크게 흔들려 강물도 갈라진 틈새로 흘러들어 강줄기가 바뀌기도 했다고 한다. 땅이 갈라지고 울리는 소리는 너무나 커서 지구가 떠나가는 것처럼 느껴졌다고 한다. 거의 모든 사람들은 이 사건을 인간들의 죄와 회개하지 않은 뻔뻔함에 대한 신의 심판이라고 믿었다. 공포에 질린 시민들은 무너지는 집에 깔리지 않으려고 집에서 탈출하여 거리로 쏟아져 나왔으며, 하이드파크를 비롯하여 모든 공원과 강가에는 인파가 몰려들었고, 천여 대의 마차가 런던을 빠져나가 시골로 이동하는 인구 대이동도 일어났다. 사람들은 신의 용서와 자비를 구하며 울부짖었다. 메도디스트 본부인 파운더리 예배당도 심하게 흔들려 파손되었다. 이때 스스로를 한 예언자라고 자처하는 사람이 4월에 또 한 번의 지진이 있을 것인데 그것이 세상의 종말과 심판일 것이라고 경고하였다. 그러나 그런 일은 일어나지 않았다. 찰스는 그러한 모습을 보면서 즉각적으로 지진에 관련된 찬송을 무려 열아홉 편이나 썼다.

주여, 당신 위에 집을 세운 우리는 복되도다.
세상에 아무것도 우리의 기초를 흔들 수 없도다.
땅이 흔들려 깨어지고 바다가 갈라져 물이 솟아도
우리의 도성은 반석 위에 세우나니
당신의 손으로 당신의 말씀으로 당신의 권능으로
영원한 반석을 하늘에 세우시나이다.
폭풍과 지진과 파괴에도 전능하신 분이 보호하시며
사탄이 침노할 수 없나니 완전하고 영원한 요새라.

땅이 요동하고 별들이 떨어져도
사람의 손이 아니라 하나님의 손으로 지은 집이 있나니
그 집을 너희의 피난처와 영원한 거처로 삼으라.
놀라지 말고 두려워 말라 울지 말고 일어나
그 집에 들어가 구원을 얻으라.
구원의 집 영광의 집을 향하여 찬양하라.103)

찰스는 무서워 소리를 지르는 사람들을 향하여 지진에 관한 찬송을 부르며 설교하였다. 무어필드 공터에서 수천의 사람들에게 "그러므로 땅이 변하든지 산이 흔들려 바다 가운데에 빠지든지 우리는 두려워하지 아니하리로다. 만군의 여호와께서 우리와 함께 하시니 야곱의 하나님은 우리의 피난처시로다."(시편 46)라는 성경 구절을 가지고 설교하였다.

(3) 노래하는 성만찬

웨슬리 형제는 아버지로부터 영국 고교회(High Church)의 성례전적(sacramentarian)

경건주의를 물려받았다. 찰스가 옥스퍼드에서 신성회(Holy Club)를 시작할 때 기본 규칙 중 하나는 매주일 성만찬을 거룩하게 받는 것이었다. 신성회 메도디스트들이 매주일과 지속적으로 가능한 한 자주 성만찬을 받았기 때문에 그들에게는 '열성적인 성만찬주의자들'이라는 별명이 붙었다. 그래서 찰스는 일생 동안 고교회 성례전주의자(High Sacramentarian)로 살았다. 그들은, 성만찬은 모든 신자에게 특권이며 거룩한 의무이기 때문에 매주일과 모든 가능한 기회에 지속적으로 받아야 한다고 가르쳤다.

당시의 메도디스트들은 이러한 가르침을 따라 열성적인 성만찬주의자들이 되었다. 초기 메도디스트들은 말씀과 성만찬이 조화된 예배를 드리고 성례전적 영성생활을 하였다. 찰스는 설교만이 아니라 성만찬도 똑같은 '복음의 잔치'(the gospel feast)라고 여겼다.

그는 1745년 총 166곡이 담긴 「성만찬 찬송가」(*Hymns on the Lord's Supper*)를 출판하여 성례전에서 사용하였다.[104] 그리하여 웨슬리 형제는 말씀과 성만찬과 찬송이 결합된 독특한 성례전적 예배를 창조해냈다. 실로 초기 메도디스트 성만찬은 '노래하는 성만찬'(singing sacrament)이었다. 여기 실린 모든 찬송은 찰스의 작품이었다.

웨슬리 형제의 성만찬론에는 다른 곳에서는 보기 어려운 특이하고 중요한 세 가지 요소가 있다.[105] 첫째, 성만찬은 실제적인 은혜의 방편(real means of grace)이다. 웨슬리 형제는 성만찬이 영적인 체험이 없고 생동력이 사라져버린 의식만 남고 단지 형식으로 굳어버린 것을 탄식하였다. 성만찬은 실제로 그리스도의 살과 피를 먹고 마시는 영적인 식사요 복음의 잔치요 실제적으로 영혼이 그리스도의 생명으로 살아나고 힘을 얻게 하는 은혜의 방편이라고 역설하였다. 존 웨슬리는, 성만찬은 선행적 은혜와 칭의하는 은혜와 성화하는 은혜를 전달하는 거룩한 도구라고 말하였다. 실제로 웨슬리 형제의 일기에는 부흥운동에서 많은 신자들이 성만찬을 통해서 구원의 믿음을 얻고 회심을 체험하였으며, 지속적으로 성만찬을 받음으로 성화의 길을 갔다는 기록이 종종 보인다. 성만찬이 복음전도의 방편이기 때문에 존 웨슬리는 성만찬을 행한 후 신자들에게 '그리스도를 주었다.'(I offered Christ) 또는 '몇 사람이 설교를 듣고 구원을 받았고 몇 사람이 성만찬을 통하여 구원을 받았다.'고 기록하곤 하였다. 이 책의 서문에 존 웨슬리는 성만찬의 효력에 대하여 대단히 장엄한 해설을 실었는데, 그것은 바로 성만찬이 강력한 은혜의 방편이라는 확신을 의미하는 것이었다.

당신 앞에 엎드려 자비를 구하오니, 당신의 교회 안에서
거룩한 교제 가운데, 영혼의 양식을 구하며
주님의 식탁에서 떡을 떼면서 완전한 성결의 은사를 기다리도다.

여기서 주님이 약속하신 방법대로 주님의 뜻을 알기 원하네.
조용히 주님의 얼굴 앞에서 주님의 음성 듣기 원하네.
'너희는 가만히 있으라, 가만히 있어 네 하나님을 알지어다.'

당신의 소원과 진리 알기 원하네, 주님의 완전한 사랑 닮기 원하네.
하나님을 향하여 이웃을 향하여 사랑 안에서 완전케 하소서.
주의 나라에 완전한 사랑으로 살기 원하네.

주님의 은혜에 무릎 꿇고 나아가 날마다 기도하고 찬송하오니,
은혜의 방편을 의지합니다. 온 세상 만인에게 사랑을 알리며,
완전한 사랑 얻는 날까지 은혜의 상 앞에 나아가리라.106)

찰스의 성만찬 찬송은 성만찬이 은혜의 방편이요 방법은 하나님의 신비라고 말한다.

용서의 하나님, 우리를 받아주시어
그리스도의 살을 먹고 피를 마시게 하소서.
생명의 양식으로 우리 영혼을
먹이시고 가득히 채우시어
당신의 구원을 확증하소서. 107)

어떻게 하나님이 빵과 포도주를
사람에게 들어가게 하시는지 알 수 없도다.
어떻게 빵이 주님의 살을 줄 수 있는지
어떻게 포도주가 주님의 피를 줄 수 있는지
어떻게 하나님이 당신의 생명으로
그의 자녀들의 마음을 채우는지 말할 수 없도다. 108)

주님은 자신을 주님의 완전하고
영원한 생명으로 먹여주시네.
성별된 빵과 포도주로 우리를
먹여주시고 하나님과 함께
영원토록 살게 하시네. 109)

찰스의 성만찬 신학에서 가장 본질적이고 실제적인 의미는 첫째로, 성만찬이 그리스도의 살과 피를 먹고 마시는 영혼의 식사(spiritual feeding)라는 것이다. 그리고 이것은 믿음으로 영적인 방식으로 그렇게 되는 것이라고 믿었다. 찰스는 성만찬이 구원의 우물에서 생명수 같은 은혜를 길어 올려서 모든 사람에게 마시게 하는 신비한 그릇(Good mysterious vessels all to draw the grace, out of salvation's well)이라고 표현하였다. 곧 성만찬은 위대한 은혜의 통로로서 실제적인 은혜의 방편이 된다는 것이다.

둘째, 성만찬은 그리스도의 실제적 임재(real presence of Christ)다. 찰스는 그의 찬송을 통하여 성만찬에서 그리스도의 실제적 임재를 섬세한 언어로 장엄하게 표현하였다. 찰스의 실제적 임재론은 가톨릭교회의 화체설과 아주 다르고 루터의 공재설과 비슷하지만 분명히 다른 것이었다. 그것은 칼빈의 영적 임재설(spiritual presence)과 비슷하다. 실제적 임재에 대한 찰스의 순수한 생각은 아마도 '진정한 임재'(true presence)라고 이해하는 것이 좋을 것이다. 존 웨슬리는 성만찬에서 수찬자의 '진실한 믿음'이 필수적이고 중요하다고 말했는데, 수찬자가 진실한 믿음으로 성만찬을 받을 때 그 가운데 그리스도가 진정으로 임재한다고 믿었다. 실제로 초기 메도디스트들은 성만찬을 받을 때 찰스의 성만찬 찬송을 부르면서 갈보리 십자가에 달린 그리스도의 몸을 만지고, 흐르는 그리스도의 피를 손에 적시는 영적인 체험을 하였다. 에블린 언더힐은 초기 메도디스트 성례전 신앙이야말로 사도행전의 초대교회 성만찬에 가장 가깝다고 말했다.110)

성별된 상에 주님이 앉으셨네.
그의 신실한 자녀들 둘러 있도다.
주님은 보이지 않으나 여기 계시니
영혼의 눈이 주님의 거룩한 임재를 보도다.
주님의 마음이 우리 맘에 가득하도다.

주님의 몸이 우리들 사이에 현존하시도다.
천상에서 주님을 만나기 전에
거룩한 잔치에서 천사들 함께 뵈옵는도다.
기쁨의 눈으로 그 얼굴 뵈옵고 경모하오니

우리의 영원한 사랑의 주님.111)

셋째, 성만찬은 우리 자신을 드리는 희생제사(sacrifice of persons)다. 이러한 사상은 찰스가 영국교회의 성만찬 예전에서 항상 배웠던 것이며, 다니엘 브레빈트에게서 빌려온 것이다. 가톨릭교회의 성례전은 사제가 그리스도의 희생제사를 재현하는 것만을 강조하는 데 반해서 웨슬리 형제는 성만찬에서 신자의 참다운 감사와 희생의 제사는 신자 자신의 몸을 드리는 희생제사라는 것을 강조하였다. 이러한 사상은 성만찬이 신자의 성화를 이루게 하는 방편이라는 사실을 가르쳐주고 있다.

당신에게 우리의 영혼을,
당신에게 우리의 몸을 올려 드리나이다.
우리 자신을 희생의 제물로 드림이
선하고 마땅한 일이옵니다.
당신의 뜻을 기뻐하고 섬김으로
우리가 온전히 당신의 소유 되고
당신은 우리의 소유 됩니다.112)

(4) 그리스도를 생생하게 체험하는 절기

찰스는 성탄절, 주현절, 사순절, 부활절, 승천절, 성령강림절 등 교회의 모든 절기를 축하하는 찬송을 지었다. 찰스가 지은 성탄 찬송 중에 가장 유명한 것은 '천사 찬송하기를 거룩하신 구주께'(Hark, the Herald Angels Sing)이며, 부활 찬송으로서는 '예수 부활했으니 할렐루야'(Christ, the Lord Risen Today)와 '내 주는 살아계셔서'(I Know that My Redeemer Lives)이다. 이 찬송들은 찰스가 지은 이래 지금까지 전 세계교회가 교파의 구별 없이 가장 즐겨 부르는 부활찬송이 되었다. 20세기 영국의 신비주의 연구의 대가였던 에블린 언더힐(Everlyn Underhill)은 찰스의 절기 찬송에 대해, 교회의 절기를 딱딱하게 굳어버린 예전과 의식으로부터 해방시켰으며, 그리스도의 생애를 마음과 몸으로 생생하게 경험하도록 만들었다고 평가했다.

찰스는 수십 편의 부활찬송을 지었는데, 그리스도의 수난찬송과 부활찬송은 마치 조지 헨델의 메시아를 닮았으며, 장엄한 대 서사시와도 같고 그리스도의 사건이 파노라마처럼 펼쳐지는 것 같다.

> 그리스도 주님이 오늘 살아나셨다.
> 만민들아 천사들아 찬양하라.
> 기쁨으로 승리의 노래를 외쳐 불러라.
> 하늘이여 땅이여 화답하라.
>
> 완전한 사랑으로 우리의 구원을 이루셨도다.
> 모든 싸움을 다 싸웠네.
> 오. 우리의 일식 현상은 끝이 났도다.
> 오. 그리스도의 몸에는 더 이상 이제 핏자국이 없네.
>
> 바위는 굴러졌고 파수꾼은 떠나가고 봉인은 찢어졌네.
> 주는 영광의 몸으로 다시 살아나셨도다.
> 주는 사탄을 밟았고 죽음을 죽이셨도다.
>
> 오 죽음이여 너의 쏘는 것이 무엇이뇨.
> 무덤이여 너의 이기는 것이 무엇이뇨.
> 우리는 부활의 주를 따라 높이 날으리.
> 십자가를 통하여 무덤을 넘어 천국으로.

우리는 주님이 올라가신 길로 솟아오르네.
높이 올리어진 우리의 머리를 따라서
주님처럼 변화되고 주님처럼 올라가네.
십자가, 무덤, 부활, 천국이 우리의 것이 되었네.[113]
(Soar we now, where Christ has led,
Following our exalted Head,
Made like Him, like Him we arise,
Ours the cross, the grave, the resurrection, the skies!)

7) 주여, 온 세상에 복음 전하게 하소서!

(1) 하늘 궁전에서 함께 살자 하시네 - 복음전도

찰스에게 찬송은 개인적인 신앙의 고백과 찬양인 동시에 설교와 같은 복음전도의 수단이었다. 즉 그에게 찬송은 복음을 노래로 전파하는 복음의 나팔(gospel trumpet)이었다. 그래서 초기 메도디스트 예배당의 벽과 천장에는 반드시 천사가 나팔을 불고 있는 부조나 그림이 장식되어 있었는데, 그것은 노래하는 교회(singing church)의 중요한 상징이요 동시에 찬송으로 복음을 전하는 메도디스트의 특징을 상징하는 것이었다.

찰스의 찬송의 또 한 가지 큰 주제는 복음의 잔치(the gospel feasts)에 죄인들을 부르는 간절한 초청이다. 찰스에게 복음전도는 언제나 가장 긴급한 하나님의 명령이요 의무였다. 그는 언제나 설교 전에 사람들을 초청하는 가슴을 뭉클하게 하는 감미롭고도 감동적인 찬송을 여러 개 불렀다. 웨슬리 형제의 설교는 기본적으로 이중 구조로 만들어졌는데, 다름 아닌 '은혜와 요청'(grace and demand)이었다. 찰스는 찬송을 통하여 하나님의 한량없는 사랑을 제시하며 사람들을 초청하고, 그 다음으로는 하나님의 은혜에 대한 응답을 요청하였다. 이렇게 하나님의 은혜를 제시하고 응답을 요청함에 있어서 찬송은 설교보다도 더욱 효과적이었다. 또한 설교를 돕는 최선의 도구였다. 찰스가 애송하는 복음전도 찬송(the hymns of gospel) 중에 다음의 두 개는 '복음의 나팔'이라는 이름이 붙은 대표적인 찬송이다. 이 찬송은 '그리스도의 우주적인 사랑'이라는 큰 제목 아래 실린 것이며, 부흥운동 초기에 웨슬리 형제의 야외설교 집회에서 성가대가 부르는 애창곡이었다.

너의 창조주가 불타오르는 마음으로 찾으시네.
하늘 높은 궁전에서 함께 살자 하시네.
너의 주가 하늘과 땅에서 부르시네.
영원한 생명을 진정한 행복을 거절하고서
어찌하여 죽음의 지옥으로 내려가는가.

얼굴을 들고 눈을 뜨거라 지옥에서 나오라.
너의 주 예수께서 피 흘리시네 성령이 울고 계시네.
죄악의 구렁에서 속히 나오라.
아버지의 집에서 모든 복을 받으라.114)

온 천지 울리고 천사와 사람들이 연합하여
내 구원 축하해. 만인의 구주여
만인의 어린 양 찬양하라.
예수의 이름을 축복하라.

비할 데 없어라 예수의 은혜는

가련한 영혼들 속히 구원하네.
내 정성 다하여 전파하리라.
인류를 위한 놀라운 사랑

나팔을 불어라.
온 세상 울려라.
구원의 주님을 모두 기뻐하라.
만인 위해 죽으신 예수의 사랑.
만인의 마음에 전파하세. 115)
(O, for a trumpet voice
On all the world to call,
To bid their hearts rejoice
In him who died for all.
For all my Lord was crucified!
For all, for all my Saviour died.)

죄인들아 복음의 잔치에로 나오라.
모든 영혼은 예수의 손님이어라.
초대받지 못한 사람은 아무도 없도다.
하나님 온 인류를 오라 하신다.

주님은 모든 사람 초대하신다.
온 세상 죄인들아 속히 나오라.
예수 안에서 모든 것이 준비되었다.

지금이 구원의 때요 은혜의 날이다.
지체 말고 주님의 부름에 지금 나오라.
모든 사람을 위해서 죽으신
주님의 약속한 복을 받으라.116)

(2) 지옥의 연기가 퍼지지 않게 - 이교도에게 복음을

찰스 웨슬리는 만인구원이 하나님의 불타오르는 소원인 동시에 자신에게 내려주신 평생의 사명이라고 믿었다. 그는 세계에 퍼져 있는 이교도들이 어리석은 우상숭배를 버리고 살아계신 창조주에게로 돌아오도록 그리스도의 피에 호소하였다. 그 당시에도 무슬림 종교는 기독교 세계에 아주 성가시고 불편할 뿐 아니라 두려운 존재였다. 역사적으로 십자군 전쟁과 무슬림들의 예루살렘 성지 탈환 이래 기독교 나라들은 무슬림 민족들에 대하여 증오심과 혐오감을 더욱 키워왔다. 그러나 찰스는 무슬림 종교의 정체에 대하여 신학적으로 바른 판단을 해야 하는 것과 무슬림들에 대한 선교적인 책임을 역설하였다. 그는 무슬림 종교가 성경적으로 분명히 창조주 하나님께 반역하는 사탄의 세력이요 그리스도의 복음을 적대하는 적그리스도 세력이라고 주장하면서 그들의 회개와 구원을 하나님께 호소하였다. 이것은 만인구원의 복음주의와 세계 선교가 찰스의 찬송의 신학적 중심이며, 동시에 찰스의 찬송의 궁극적 사명이라는 사실을 밝혀 보여준다. 찰스는 이교도에 관한 찬송과 특히 무슬림에 관한 찬송을 몇 개씩 지었다.

이교도를 위하여

함의 노예 같은 자손들이,
당신의 보혈을 사게 하소서.

세상의 모든 이교도가 당신의 이름을 알게 하소서.
우상을 버리고 살아계신 하나님께로
아메리카의 어두운 백성들이 속히 회심하여
이교도의 가슴에 빛을 비추게 하소서. 117)

무슬림의 연기

지옥의 동굴에서 피어나는 연기가
기독교 세계의 절반에 퍼져나가네.
맹렬한 사탄같이 공격하는 아랍의 대장이
당신의 아시아 영토를 짓밟고 들어오네.
천국의 빛을 강렬하게 비추사
이단자에게 포획된 영혼들을 구원하소서.

구주의 흘리신 보혈을
모욕하는 자들의 가슴에 뿌려 주사
영광의 하나님을 확인하게 하소서.
당신의 두 팔을 뻗어 구원하소서 삼위일체 하나님이여!
악마 같은 단일신론주의자들을 추방하시어
그의 교리를 지옥으로 떨어지게 하소서. 118)

(O might the blood of sprinkling cry

For those who spurn the sprinkled blood!

Assert Thy glorious Deity,

Stretch out Thine arm, Thou Trine God!

The Unitarian fiend expel,
　　　And chase his doctrine back to hell.)

8) 주여, 행복한 그리스도인으로 살게 하소서

(1) 나와 내 집은 주님만 섬기리 – 가족을 위한 찬송집

　1767년 찰스는 교회 역사상 처음으로 166개의 찬송이 실린 「가족을 위한 찬송집」을 지었다. 찰스의 가정은 모든 신도회의 모범이었다. 웨슬리 전기 작가인 헨리 무어(H. Moore)는 찰스의 가정이야말로 지상에 세워진 작은 천국과 같아서 밝게 빛나고 평화와 즐거움이 가득히 흐르는 스위트 홈(sweet home)이었다고 증언했다. 이것은 찰스와 사라의 인격과 성품과 경건에서 나오는 자연스러운 열매였다. 또한 찰스와 사라, 그리고 그들의 자녀들은 시와 찬송을 노래하고 연주하는 음악 가족을 이루었기에 더욱 행복하였다. 찰스의 아내 사랑과 자녀 사랑은 한없이 깊고 따뜻하고 부드러웠다. 그의 가족 사랑은 세상에서 보기 드물게 아름다웠고 모든 사람이 흠모하고 부러워할 만하였다. 찰스의 가족 찬송집은 우선 자신의 가정에서 사용할 목적으로 만들어진 것이었지만, 신도회로 퍼져 나가면서 모든 신도회의 찬송집이 되었다. 헨리 무어는 이 찬송집 안에는 한 가정의 매일의 생활을 경건과 아름다움과 행복으로 가득 채우는 힘이 번득인다고 평했다. 웨슬리 역사가 토마스 잭슨은 이 찬송집을 읽는 사람은 누구나 그 저자와 가족을 경탄하지 않을 수 없을 것이라는 찬사를 남겼다.119)

　찰스의 가정은 식탁에 둘러앉아서 식사 전에 '나와 내 집은 주님만 섬기리'(I and My House will Serve the Lord)라는 제목의 찬송을 불렀다.

　　　나와 내 집은 주님만 섬기리.

나부터 주의 말씀에 순종하여
말과 행동과 성품으로 나의 주님께 보여드리리.
신실한 마음으로 주를 섬기니 하늘의 장막이 드리웁니다.

내가 올바른 모범이 되면 온 가족이 내게서 기쁨을 얻고
행복을 가로막는 장벽은 소리 없이 무너지네.
내 모든 일에서 사랑의 의무가 너의 얼굴을 빛나게 하네.[120]

예수 안에 연합한 우리는 얼마나 행복한지 천사도 흠모해
포도넝쿨 아래 모여 앉아 주의 놀라운 사랑을 노래하니
하늘에서 주님이 내려와 우리의 기쁨이 되시도다.[121]

(2) 엄격하면서도 온화하게 – 어린이 찬송집

가족 찬송집은 신자들이 가정예배를 위해 사용하도록 하였는데, 이것은 찰스 자신이 가정에서 매일 가족과 함께 지어 부른 찬송을 모아 출판한 것이었다. 찰스는 또한 교회 역사상 처음으로 「어린이 찬송집」을 만들어서 킹스우드 학교와 메도디스트 주일학교에서 어린이 전도와 부흥운동에 적극 사용하였다. 교회사에서 찰스는 어린이 찬송의 선구자였다. 찰스는 어린이 성가대를 조직하여 메도디스트 신도회에서만 아니라 야외설교 집회에서도 찬송을 부르게 하였다. 어린이 성가대는 메도디스트들에게만 아니라 다른 사람들에게도 사랑을 많이 받았는데, 콘월과 북쪽 산업지대에서는 광산촌 광부들의 자녀들로 구성된 어린이 성가대가 대단한 인기를 끌었다.

찰스 웨슬리는 어린이들을 위해서 언제나 과자를 가지고 다녔으며, 과자를 줄 때에는 반드시 어린이들과 함께 찬송을 불렀다. 가장 유명한 찰스의 어린이 찬송

은 '온유하신 예수'(Gentle Jesus, meek and mild)로서 이 찬송은 당시 영국 사람으로서는 모르는 사람이 없을 정도로 주일학교에서 가장 애송되는 찬송이었으며 오늘날까지도 온 세계 교회의 어린이들이 애창하고 있다.

> 온유하신 예수, 겸손하고 친절하셔라.
> 나와 같은 아이
> 사랑의 눈빛으로 굽어보시고
> 사랑으로 부르시고 안아 주셔요. 122)
> (Gentle Jesus, meek and mild,
> Look upon a little child;
> Pity my simplicity,
> Suffer me to come to Thee.)

찰스는 1780년 찬송집 「어린이를 위한 찬송」과 「부모를 위한 찬송」에서 어머니 수산나의 교육사상과 실천을 명백하게 새겨 넣었다.

> 땅 위에 가련한 아이들을 도우소서.
> 아이들의 걸음마다 인도해 주소서.
> 위로부터 지혜를 내려주시어
> 천국의 자녀를 키우게 하소서.
>
> 때에 맞게 미소 짓고 때에 맞게 찌푸리고
> 선과 악의 경계를 확실히 긋게 하소서
> 본성의 교만을 없애주고
> 움트는 의지를 꺾거나 소멸해 주소서. 123)

(To time our every smile and frown,
To mark the bounds of good and ill;
And beat the pride and nature down,
And bend or break his rising will.)

또 다른 찬송에서도 찰스는 엄격하기만 한 교육은 실패하지만, 엄격함과 온화함이 조화된 교육은 좋은 결과를 낳을 수 있다는 수산나의 교육 방법을 정확하고 아름답게 표현하였다.

가장 부드러운 열심으로 감싸 안고 가르치면
아이들의 마음이 순종하네.
결코 가혹한 방법으로는 할 수가 없네.
사랑만이 모든 선행을 낳을 수 있네.
(We would persuade their heart obey;
With mildest zeal proceed;
And never take the harsher way,
When love will do the deed.)

신실한 믿음으로 구하노니
위로부터 지혜를 내려주소서.
존경심과 순수한 사랑으로만
어린이의 마음을 움직일 수 있다네.

아이들의 의지를 지키고 살피어라.
상처 난 마음을 붙들어 주어라.

연약한 마음을 부드럽게 잡아주어라.
아이들의 영혼을 하나님께 인도하세.124)

(3) 여기 천국이 내려왔어요 – 신도회와 집회

찰스는 은혜를 받는 모든 종류의 집회를 위해서 찬송을 지었다. 그는 주일예배, 신도회, 속회, 애찬회, 철야기도회, 계약예배, 새벽기도회, 성만찬, 세례, 결혼, 장례 등 모든 예배와 집회의 목적과 성격에 맞는 찬송을 지어 사용하였다. 애찬회(love feast)는 메도디스트 영성의 특징을 가장 잘 보여주는 집회였다. 신자들은 애찬회에서 애찬과 함께 자유로운 고백과 간증과 기도와 찬양을 하면서 '마음 뜨거운 사랑의 교제'(warm-hearted fellowship)를 마음껏 경험하였다. 찰스는 애찬회를 위해서도 몇 개의 찬송을 지었다.

> 오시오, 우리 모두 거룩한 노래로 감미롭게 주님을 찬양합시다.
> 하나 되어 우리 모두를 드립시다. 우리 모두의 주님께 영광 돌립시다.
> 손을 잡고 마음과 목소리 높여 옛 성도들처럼 노래합시다.
> 하늘의 기쁨을 미리 맛보며
> 사랑의 향연을 축하합시다.
> (Antedate the joys above,
> Celebrate the feast of love.)
>
> 지금 여기서 천국의 사랑을 누리오니
> 주님, 우리는 다른 천국을 바라지 않아요.125)
> (Only Love to us be given,
> Lord, we ask no other heaven.)

우리는 예수 안에 연합하여 하늘나라 가족이 되었고
위로부터 기름 부어 하나가 되었고
신비한 사랑으로 묶이었도다. **126)**
(Join'd by the unction from above,
In mystic fellowship of love.)

철야기도회(Watch Night Service)는 킹스우드 광부들이 처음으로 시작하여 신도회 전체로 퍼져 초기 메도디스트의 기도회와 찬양집회로 발전하였다. 신자들은 밤이 지나도록 자유롭게 마음 뜨거운 기도와 찬양을 하였고 회심을 체험하며 성령의 각양 은사를 체험하였다. 철야기도회에서 가장 많이 불렀던 찬송 '와서 새롭게 합시다'(Come, Let Us Anew)는 해마다 신년 초에 드리는 계약예배를 위해서도 사용되었다.

우리의 인생은 한갓 꿈이어라.
시간은 시냇물처럼
신속히 흘러가네.
순간은 도망치듯 머물기를 거부하고,
화살은 이미 날아갔네. 촌음이 지나가고
천년 세월이
내 눈앞에 확 펼쳐지니 영원이 여기 있네.
(Our life is a dream; Our time, as a stream,
Glides swiftly away;
And the fugitive moment refuses to stay.
The arrow is flown; The moment is gone;

>   The millennial year
>
>   Rushes on to our view, and eternity's here.)

>   우리의 시간을 당신의 말씀에 묶어주시며
>   우리의 마음을 당신의 두 손에 드리게 하소서.
>   한낮에 인도하시고 한밤에 지켜주시어
>   악의 유혹 물리치며 당신의 얼굴빛에 걷게 하시고
>   하루 한 해 일평생 주의 길로 곧게 영원으로 가게 하소서.127)

속회(class-meeting)는 초기 메도디스트 신도회의 가장 기본이며 동시에 가장 중요한 신앙훈련 모임으로서, 신자들은 속회에서 상호 고백과 간증과 교제를 통하여 하나님의 사랑을 마음 가득히 경험하고 마음 뜨거운 사랑의 교제를 나누었다. 신자들은 속회 모임을 통하여 은혜 안에 성장하며 완전한 그리스도인이 되어 갔다. 메도디스트 영성의 특징인 '마음 뜨거움'(warm-heartedness)은 다른 모임에서보다도 매주 모이는 속회에서 가장 강렬하게 경험되었다. 찰스는 속회 모임을 위하여 10여 편의 찬송을 지었는데, 대부분 초대교회 사랑의 교제에 관한 교부들의 증언과 모라비아교도들의 신도회 훈련과 교제에 관한 찬송에서 영감을 얻어 지은 것들이었다.

>   우리를 구원하시는 주님을 찬양하세.
>   그의 은총으로 연합하여 새롭게 된
>   우리에게 서로의 얼굴을 찾으라 명하시네.
>
>   주님은 우리에게 서로를 세워주라 명하시니
>   높은 소명을 따라 영광스런 희망을 향하여

서로의 손을 잡고 마음 엮어 나아가세.

우리는 같은 것을 생각하고 같은 것을 말하여
예수의 이름으로 일치하고 화목을 이루네.
지극히 순결한 사랑의 강물이 영혼의 그릇마다 넘치네.

예수 안에 우리의 교제가 이렇게 좋을진대
영원한 그의 나라에서 만날 때에는
우리가 누릴 기쁨은 얼마나 클까요. 128)

우리 모두 한 주님을 모시게 하시고
주님의 쉬운 멍에 메게 하소서.
사랑의 띠는 세 겹 줄 끊어지지 않네.
우리를 하나의 마음으로 묶어주소서.

사랑의 눈으로만 서로의 눈을 보게 하소서.
우리가 사랑 안에서 진리를 말하며
언제나 따뜻한 말을 하게 하시며
또한 바른 옳은 말을 부드럽게 말하게 하소서. 129)

만남의 자리 거룩한 시간에
모든 영혼에게 전해지는 사랑의 말들
초월한 사랑으로 빛나는 얼굴들
한숨은 한숨짓는 슬픔으로 가버리고
희망은 춤추는 희망으로 다가오네.

마음은 마음을 감싸 안고
새들이 친절한 날갯짓으로
친구들이 나는 것을 서로 돕듯이
성도는 하늘을 날아올라
구름 아래 땅을 발아래 둔다.
힘겨운 발걸음마다 무거운 짐을 내려놓으며
천상의 얘기를 들려주니
하늘의 음식으로 만족하네.130)

(4) 나 맡은 본분은 – 신자의 생활

찰스는 신자들의 일상생활에 관한 찬송을 적어도 수백 개 이상 지었다. 찰스의 찬송에 나타난 지상에서의 신자의 생활은 순례자의 삶, 하나님의 나라를 건설하는 삶, 감사와 이웃 사랑과 섬김과 평화를 만드는 삶, 복음전파와 선행에 힘쓰는 삶, 무엇보다도 교회 모임과 예배와 기도와 찬양에 기쁨으로 참여하며 성도의 교제를 도모하면서 구주 예수 그리스도께 충성을 다하는 삶이다. 그것은 천국의 축복을 지금 여기서 미리 맛보는 하나님의 자녀만이 누리는 특권이다. 찰스가 지은 이래로 지금까지 세계교회가 애송하는 신자의 생활에 관한 찬송은 '나 맡은 본분은'(A Charge To Keep I Have, 한국 찬송가 295장)이란 제목의 찬양이다.

이 찬송은 신자의 거룩한 의무를 강조하는 전형적인 웨슬리안 찬송이다. 일절 첫마디 '나 맡은 본분'(A Charge To Keep I Have)은 처음부터 이 찬송의 제목이 되었는데, 전형적인 메도디스트 신앙을 분명히 보여주고 있다. 또한 첫 절에서 신자의 첫 번째 본분은 '많은 영혼을 구원하는' 복음전도이며, 그다음 절에서는 '시대의 백성을 섬김으로'라는 말로 이웃 사랑과 민족을 개혁하는 신자의 선교적인 책임을 강조하고 있다. 그리고 네 번째 절 '내가 주님을 버리면 영원히 죽으리'라는 고백은 칼빈주의 예정론을 경계하는 의미를 강력하게 명시하고 있다. 특별히 이러한 표현은 예정론의 본질적인 교리인 무조건적 선택론과 불가항력적 은혜론(irresistible grace)과 성도의 견인론(perseverance of the saints)을 반대하면서 동시에 자신의 구원을 이루고자 하는 의지적인 결단과 경건한 삶을 위한 노력과 인생의 순례를 마칠 때까지 성화의 길을 가고자 하는 메도디스트 신앙을 강하게 나타내고 있다.

한때 메도디스트들을 몹시도 싫어하던 영국교회의 주교 토마스 리처드슨은 1760년대에 이르러 이 찬송을 듣고 은혜를 받은 이후부터 메도디스트들의 좋은 친구가 되었다. 그는 메도디즘의 모든 은사와 사명과 능력과 영광이 이 찬송 속에 다 들어 있다고 여겼으며 이 찬송을 매일 불렀다. 또한 그는 일평생 이 찬송을 자기의 '그리스도인 생활의 신조'(a creed of the Christian life)로 삼았다고 고백하였다. 1885년 그는 '성경과 기도 연합회'를 조직하여 성직자 영성운동을 주도하였는데, 그 모임의 개회 찬송가로 이 찬송을 부르게 하였으며, 매일 이 찬송을 즐겨 부르며 살았다. 본래 이 찬송은 네 절이었으나 리처드슨 주교가 이 찬송에다 자신이 지은 두 절을 더 붙여 부르기도 하였다.

나 맡은 본분은
오로지 하나님을 영화롭게 하고
(A charge to keep I have,
A God to glorify,)
많은 영혼 구원하여
하늘나라까지 인도함이라.
주의 소명 따라서
시대의 백성을 섬기어
힘과 정성 다하여
주의 뜻을 행하리.

주의 뜻을 분별하고
주의 눈앞에 행하여
주님이 나를 위해 예비하신
상을 받게 하소서.
항상 깨어 기도하고
주님만 의지하네.
내가 만일 믿음을 버리면
영원히 죽으리.131)
(Assured, if I my trust betray,
I shall for ever die.)

두려움과 충성으로 주님을 섬기고
사랑과 감사로 주님을 따르며
악한 길은 피하고 선한 길만 걸으리.

예수, 나의 모든 것이 되시오니
내 걸음 인도하시어 땅에서 주를 영화롭게 하며
하늘 길을 걸어가리라.132)
(To glorify my God below,
And find my way to heaven.)

제3부

만인이 애송하는 찰스의 찬송

찰스 웨슬리(1707~1788)

1. 찰스 웨슬리 찬송의 20가지 장점

1) 성경적이다(scriptural)
2) 신학적이다(theological)
3) 교리적이다(doctrinal)
4) 교육적이다(educational)
5) 영적이다(spiritual)
6) 거룩하다(sacred)
7) 복음전도적이다(evangelical)
8) 시문학적이다(poetic)
9) 서정적이다(emotional)
10) 이성적이다(reasonable)
11) 주제가 분명하다(thematic)
12) 단순하다(simple)
13) 쉽다(plain)
14) 아름답다(splendid)
15) 밝다(bright)
16) 체험적이다(experimental)
17) 간증적이다(testimonial)
18) 대중적이다(popular)
19) 개인적이다(personal)
20) 회중적이다(congregational)

2. 애송되는 찰스 웨슬리의 찬송 24곡

1) 감당 못할 내 주 은혜(And can it be)
2) 그리스도의 군사들아(Soldiers of Christ, Arise)
3) 내 마음 주를 찬양해(O for a heart to praise my God)
4) 내 영혼의 사랑 예수여(Jesu, Lover of my soul)
5) 내 정성 다해(What shall I do my God to love)
6) 내 주는 살아 계시어(I Know that my redeemer lives)
7) 만 입이 내게 있으면 Ⅰ(O for a thousand tongues Ⅰ)
8) 만 입이 내게 있으면 Ⅱ(O for a thousand tongues Ⅱ)
9) 만 입이 내게 있으면 Ⅲ(O for a thousand tongues Ⅲ)
10) 사랑의 주님 내 모든 두려움(Away with our fears)
11) 영원한 은혜 하나님(Father of everlasting grace)
12) 예수의 이름(Jesus! the Name high over all)
13) 온유하신 예수님(Gentle Jesus)
14) 온 천지 울리고(Let earth and heaven agree)
15) 왕 되신 우리 주(Rejoice, the Lord is King)
16) 우주의 가장 큰 이름(Lo, He comes with clouds descending)
17) 원합니다(I want a principle within)
18) 위로부터 오신 주님(O Thou who camest from above)
19) 이름 모를 순례자여(Come, O Thou traveler unknown) ; 씨름하는 야곱
    (Wrestling Jacob)
20) 주의 백성아 주를 전하라(Ye servants of God)
21) 진리와 사랑의 하나님(Thou God of truth and love)
22) 태산을 옮겨 평지를(Give me the faith which can remove)
23) 하나님의 초월한 사랑(Love divine, all loves excelling)
24) 하늘 가득 주 영광(Christ, whose glory fills the skies)

1. 감당 못할 내 주 은혜
And can it be

작사 Charles Wesley
번역 김진두
작곡 Thomas Campboll

4. 내 영혼의 사랑 예수여
Jesu, Lover of my soul

작사 Charles Wesley
번역 김진두
작곡 Joseph Parry

5. 내 정성 다해
What shall I do my God to love

작사 Charles Wesley
번역 김진두
작곡 Isaac Smith

6. 내 주는 살아 계시어
I know that my redeemer lives

7. 만 입이 내게 있으면 I

O for a thousand tongues I

작사 Charles Wesley
번역 김진두
작곡 T. Haweis

8. 만 입이 내게 있으면 II

O for a thousand tongues II

작사 Charles Wesley
번역 김진두
작곡 T. Jarman

9. 만 입이 내게 있으면 III

O for a thousand tongues III

작사 Charles Wesley
번역 김진두
작곡 T. Phillips

11. 영원한 은혜 하나님
Father of everlasting grace

작사 Charles Wesley
번역 김진두
작곡 Samuel Reay

12. 예수의 이름
Jesus! the Name high over all

작사 Charles Wesley
번역 김진두
작곡 T. Phillips

13. 온유하신 예수님
Gentle Jesus

작사 Charles Wesley
번역 김진두
작곡 Martin F. Shaw

14. 온 천지 울리고
Let earth and heaven agree

15. 왕 되신 우리 주
Rejoice, the Lord is King

작사 Charles Wesley
번역 김진두
작곡 G. F. Handel

16. 우주의 가장 큰 이름
Lo, He comes with clouds descending

작사 Charles Wesley
번역 김진두
작곡 J. Wesley

18. 위로부터 오신 주님
O Thou who camest from above

작사 Charles Wesley
번역 김진두
작곡 S. Wesley

19. 이름 모를 순례자여 ; 씨름하는 야곱
Come, O Thou traveler unknown ; Wrestling Jacob

작사 Charles Wesley
번역 김진두
작곡 C. R. Young

20. 주의 백성아 주를 전하라
Ye servants of God

작사 Charles Wesley
번역 김진두
작곡 C. H. H. Parry

22. 태산을 옮겨 평지를
Give me the faith which can remove

작사 Charles Wesley
번역 김진두
작곡 I. J. Pleyel

- 3부에 실린 24개의 찬송시를 곡에 맞추기 위하여 고심하는 과정에서 과도한 의역을 하였음을 독자들에게 알려드립니다. 때로는 찬송시의 의미를 충분히 살리기 위하여 창작에 가까운 번역을 할 수밖에 없었음을 밝혀둡니다.

- 여기에 실린 모든 찬송의 곡은 다음 다섯 권의 책에서 발췌하여 사용하였음을 밝힙니다.
  ① *Wesley's Hymns : A Collection of Hymns for the Use of the People Called Methodists*, Sometime Fellow of Lincoln College Oxford, by the Rev. John Wesley, M.A., Wesleyan Conference Office, 2, Castle Street, City Road, E.C. London, 1877.
  ② *Hymns and Psalms*, Methodist Publishing House, London, 1983.
  ③ *Mission Praise*, Marshall Morgan, England, 1983.
  ④ *Songs of Praise*, Bbc, London, 1968.
  ⑤ *Songs of Praise*, Christ Church, Bristol.

■ 찰스 웨슬리 생애의 주요 사건

1703. 6. 28.	존 웨슬리, 15번째 아이로 출생
1707. 12. 18.	찰스 웨슬리, 18번째로 출생
1709. 6.	엡윗 교구 목사관 화재
1716. 4.	런던의 웨스트민스터 스쿨에 입학
1726. 6. 13.	왕실 장학생으로 옥스퍼드 크라이스트처치 대학 입학
1726. 10. 12.	찰스 웨슬리의 부인 사라 권 출생
1728. 9. 22.	존 웨슬리, 장로목사 안수
1729. 1.	일기 쓰기 시작
1729. 3.	신성회(Holy Club) 활동 시작
1729. 11.	존 웨슬리, 옥스퍼드에 귀환하여 신성회 지도자 됨
1730. 1.	크라이스트처치 대학 졸업 문학사 학위 수여, 동 대학의 튜터(tutor) 됨
1733. 3. 2.	크라이스트 대학에서 문학석사 학위 수여
1735.	찰스가 조지 휫필드를 신성회에 인도
1735. 4. 25.	부친 사무엘 웨슬리 소천
1735. 9. 24.	조지아 선교사, 오글토프 주지사의 비서로 임명
1735. 9. 29.	런던의 주교에게서 장로목사 안수
1735. 10. 14.	아메리카 선교사로 오글토프의 비서로 임명 받고 조지아 향해 출항
1736. 3. 9.	조지아 도착
1736. 7. 26.	1년 6개월 만에 조지아를 떠나 찰스톤과 보스턴 등 여행
1736. 10. 26.	1년 8개월 만에 영국을 향해 출항
1736. 12. 3.	영국 도착
1738. 2.	존 웨슬리, 조지아에서 귀국, 찰스와 함께 피터 뵐러 만남
1738. 5. 21.	리틀 브리튼에서(브레이의 집에서) 회심을 체험
1738. 5. 24.	존 웨슬리, 올더스게이트 거리에서 회심 체험
1738. 7.	뉴게이트 감옥 방문 시작
1738. 10. 20.	원고 없이 처음으로 설교
1739. 5. 29.	조지 휫필드의 권유로 첫 야외설교

1739.	첫 번째 찬송집 「찬송과 성서모음」 (Hymns and Sacred Poems) 출간
1739. 11.	맏형 사무엘 웨슬리 소천
1742. 7. 30.	모친 수산나 웨슬리 소천
1745.	「성만찬 찬송가」 (Hymns on the Lord's Supper) 출간
1747. 9. 9.~1748. 3. 20.	첫 번째 아일랜드 설교 여행
1749. 4. 8.	41세에 22세의 사라 권과 결혼
1751. 2.	존 웨슬리, 48세에 41세의 과부 메어리 바질과 결혼
1752. 8.	첫아들 찰스 출생
1753.	「시편과 영성 찬송」 (Psalms and Spiritual Songs) 출간
1756. 9.~10.	마지막 북부 설교 여행 후 순회설교 중단
1757. 12. 11.	둘째 아들 사무엘 출생
1759. 4. 1.	딸 살리 출생
1762.	「성경 요절 찬송」 (Short Hymns on Selected Passages of the Holy Scriptures) 출간
1770. 9. 30.	조지 휫필드 소천
1771.	런던으로 이사
1780.	「메도디스트들이라 불리는 사람들을 위한 찬송 모음집」 (The Collection of Hymns for the Use of the People Called Methodist) 출간
1784. 8. 4.	존 플레처, 56세로 소천
1784. 9.	존 웨슬리가 아메리카를 위해 토마스 코크와 다른 두 명에게 성직 안수
1788. 3. 29.	찰스 웨슬리, 향년 80세(80년 3개월)로 소천
1791. 3. 2.	존 웨슬리, 향년 88세(87년 9개월)로 소천
1810. 8.	찰스 웨슬리의 손자 사무엘 세바스찬 웨슬리(영국의 바흐) 출생
1822. 12. 28.	찰스의 미망인 사라 웨슬리 96세에 소천(찰스 죽은 지 34년 후)
1834. 5. 24.	맏아들 찰스 소천
1837. 10. 11.	둘째 아들 사무엘 소천
1876. 4.	사무엘 세바스찬 웨슬리 소천

■ 참고도서

1. 웨슬리 형제의 저작

1. Wesley, Charles and John, *The Poetical Works of John and Charles Wesleys*, ed by Dr. George Osborn, London: Wesleyan Conference Office, 1869.
2. _____, *The Collection of Hymns for the Use of the People Called Methodists*, London: John Mason, 1780.
3. _____, *Hymns and Sacred Poems*, Bristol: Felix Farley, 1739.
4. _____, *Psalms and Spiritual Songs*, Bristol: Felix Farley, 1753.
5. _____, *Hymns on the Lord's Supper*, Bristol: Felix Farley, 1745.
6. Jackson, Thomas, ed, *The Journal of the Rev. Charles Wesley*, M. A. 2 vols, London: Epworth, 1849.
7. _____, *The Life of the Rev. Charles Wesley*, M.A. 2 vols, London: Epworth, 1910.
8. Wesley, John, *The Works of John Wesley*, New York: G. Lane & P. P. Sandford, 1842.
9. _____, *The Standard Sermons*, 2 vols.
10. _____, *The Journal of the Rev. John Wesley*, Horsham, West Sussex: Foundery Press, 1901.
11. _____, *The Letters of the Rev. John Wesley*, Horsham, West Sussex: Foundery Press, 1923.

2. 찰스 웨슬리에 관한 저서

1. Baker, Frank, *Charles Wesley as Revealed by His Letters*, London: Epworth Press, 1948.
2. _____, *Charles Wesley's Verse: An Introduction*, London: Epworth Press, 1964.
3. _____, *The Representative Verse of Charles Wesley*, Nashville: Abingdon Press, 1962.
4. Best, Gary, *Charles Wesley A Biography*, London: Epworth Press, 2006.
5. Bett, Henry, *The Hymns of Methodism and their Literary Relations*, London: Epworth Press, 1945.
6. Brailsford, Mabel, *A Tale of Two Brothers*, London: Epworth Press, 1954.
7. Church, Leslie, F., *The Early Methodist People*, London: Epworth Press, 1948.
8. _____, *More About The Early Methodist People*, London: Epworth Press, 1953.
9. Clarke, Adam, *Memoirs of the Wesley Family: collected principally from original documents*, New York: J. Emory and B. Waugh, 1832.
10. Dallimore, Arnold, *A Heart Set Free: The Life of Charles Wesley*, Darlingon: Evangelical Press, 1988.
11. Dudley-Smith, Timothy, *A Flame of Love, A Personal Choice of Charles Wesley's Verse*, London: Triangle, 1987.
12. Flew, Newton, *The Hymns of Charles Wesley*, London: Epworth Press, 1953.
13. George, Stevenson, *Memorials of the Wesley Family*, London: J. S. Patridge, 1876.
14. Green, Richard J., *A Short History of English People*, London: Macmillan and Co., 1892.
15. Green, Vivian, *The Young Mr. Wesley: a study of John Wesley and Oxford*, London: Edward Arnold Ltd., 1961.
16. Gill, Frederick, *The Young Mr. Wesley*, London: Lutterworth Press, 1964.
17. Kimbrough, S. T. Jr, and Oliver Beckerlegge, eds, *The Unpublished Poetry of Charles Wesley*, 3 vols, Nashville, TN: Abindon/Kingswood Books, 1988.
18. Kimbrough, S. T. Jr, ed, *Charles Wesley: Poet and Theologian*, Nashville: Abingdon Press, 1992.
19. Lloyd, Gareth, *Charles Wesley and the Struggle for Methodist Identity*, New York: Oxford University Press, 2007.
20. Maldwin Edward, *Sons to Samuel*, London: Epworth Press, 1961.
21. Manning, Bernard, *The Hymns of Wesley and Watts*, London: Epworth Press, 1942.
22. Mitchell, T. Crichton, *Charles Wesley: Man with the Dancing Heart*, Kansas: Beacon Hill Press, 1994.

23. Newport, Kenneth G. C. and Ted A. Campbell, eds, *Charles Wesley Life, Literature and Legacy*, London: Epworth Press, 2007.
24. Outler, Albert C., ed, *The Works of John Wesley*, Nashville: Abingdon Press, 1985.
25. Rattenbury, Earnest, *The Conversion of Wesleys*, London: Epworth Press, 1938.
26. _____, *The Evangelical Doctrines of John and Charles Wesleys*, London: Epworth Press, 1941.
27. _____, *The Eucharistic Hymns of John and Charles Wesleys*, London: Epworth Press, 1948.
28. Ritson, Joseph, *The Romance of Primitive Methodism*, London: Edwin Dalton, 1909.
29. Routley, Erik, *The Musical Wesleys*, London: Jenkins, 1968.
30. Ruppert, Davies, *What Methodist Believes*, London: Epworth Press, 1988.
31. _____, *Methodism*, London: Epworth Press, 1983.
32. Tabraham, Barrie W., *Brother Charles*, London: Epworth Press, 2003.
33. Telford, John, *The Life of Rev. Charles Wesley*, London: The Religious Track Society, 1923.
34. _____, *The Methodist Hymn Book Illustrated*, London: Epworth Press, 1934.
35. _____, *The New Methodist Hymn Book Illustrated*, London: Epworth Press, 1938.
36. _____, *The Treasure House of Charles Wesley*, London: Epworth Press, 1933.
37. Temperley, Nicholas and Stenphen Banfield, eds, *Music and the Wesley*, Urbana: University of Illinois Press, 2010.
38. Tyerman, Luke, *Life and Times of the Rev. John Wesley*, M. A., Founder of the Methodists, London: Hodder and Stoughton, 1880.
39. Tyson, John, *Charles Wesley A Reader*, New York: Oxford University Press, 1989.
40. Underhill, Evelyn, *Worship*, New York: Harper & Brothers, 1937.
41. Vickers, John, *Charles Wesley*, Horsham, West Sussex: Foundery Press, 1886.
42. Wallace, Charles, ed, *Susanna Wesley: The Complete Writings*, New York: Oxford University Press, 1997.
43. Weyer, Van De Robert, *Celtic Fire: An Anthology of Celtic Literature*, London: Darton Longman and Todd, 1990.
44. Whitefield, George, *The Works of the Reverend George Whitefield*, M. A. vols I & II, London: Edward and Charles Dilly, 1771.
45. Wiseman, Frederick Luke, *Charles Wesley: Evangelist and Poet*, London: Epworth Press, 1933.
46. _____, *Charles Wesley and His Hymns*, London: Epworth Press, 1933.
47. Young, Carlton, *Music of the Heart: An anthology: John & Charles Wesley on music and musicians*, Carol Stream: Hope Publishing, 1995.

약어표

1. JCW: *The Journal of the Rev. Charles Wesley*

2. JJW: *The Journal of John Wesley*

3. LJW: *The Letters of John Wesley*

4. PW: *The Poetical Works of John and Charles Wesleys*

5. HLS: *Hymns on the Lord's Supper*

6. SS: *The Standard Sermons of John Wesley*

7. CHPCM: *The Collection of Hymns for the use of the People Called Methodists*

제1부 노래하는 전도자 - 생애

1) Bernard Manning, *The Hymns of Wesley and Watts* (London: Epworth Press, 1942), 14.
2) *PW*. 1, 91.
3) *CHPCM.*, 210.
4) 김진두, 「웨슬리의 뿌리」(서울: kmc, 2005), 47~48.
5) 사무엘 웨슬리에게 보낸 편지 1712. 12. 6, Wallace, Susanna Wesley, 79~81.
6) Frank Baker, *Charles Wesley as Revealed by His Letters* (London: Epworth Press, 1948), 39.
7) 'Letter to Sukey', *Headingly Manuscripts*, vol.c.f., 59, Wesley College, Bristol.
8) *JCW*. 2, 434.
9) Gary Best, *Charles Wesley: A Biography* (London: Epworth Press, 2006), 28.
10) Frank Baker, *Charles Wesley as Revealed by His Letters* (London: Epworth Press, 1948), 10.
11) Frank Baker(1948), *Ibid.*, 15.
12) 튜터(tutor)는 대학에서 학생들을 개인적으로 또는 그룹으로 학습지도를 하는 직무를 맡고 교수가 원하면 강의도 할 수 있었으며 일정한 급료를 받았다. - 필자 주.
13) Frank Baker(1948), *Ibid.*, 129.
14) Gary Best, *Charles Wesley: A Biography* (London: Epworth Press, 2006), 42.
15) Vivian Green, *The Young Mr. Wesley: a study of John Wesley and Oxford* (London: Edward Arnold Ltd, 1961), 162.
16) 중세기 가톨릭 성자와 수도자들에게 붙여진 이름으로서 그들의 거룩한 생활과 선행이 너무 많아서 흘러넘친다는 의미이며, 면죄부를 만들기 위해서 이러한 여공주의가 더욱 강조되었다. 김진두, 「존 웨슬리의 생애」(서울: kmc, 2007), 90.
17) Vivian Green, *The Young Mr. Wesley: a study of John Wesley and Oxford* (London: Edward Arnold Ltd, 1961), 198.
18) 빈민들이 모여서 잡노동을 하며 집단생활을 하는 일종의 슬럼가라고 할 수 있다. 여기에는 주로 집 없는 사람들과 걸인들과 병자들과 장애인들이 모였다. 김진두, 「웨슬리와 사랑의 혁명」(서울: 한들출판사, 2010) 참조.
19) 존 웨슬리의 설교 'The One Thing Needful', Albert C. Outler, *The Works Of John Wesley* (Nashville: Abingdon Press, 1985.)
20) Adam Clarke, *Memoirs of the Wesley Family: collected principally from original documents* (New York: J.

Emory and B. Waugh 1832), 218~219.
21) *JCW.* 1., 15.
22) *JCW.* 1, 15~16.
23) Gary Best, *Charles Wesley: A Biography* (London: Epworth Press, 2006), 91.
24) *JCW.* 1, 90.
25) *JCW.* 1, 90~92.
26) *Ibid.*
27) *Ibid.*
28) *Ibid.*
29) *JCW., Ibid.*
30) *PW.* 1, 91.
31) *PW.* 1, 105~106.
32) Frank Baker, *Charles Wesley as Revealed in His Letters* (London: Epworth Press, 1948), 33.
33) *JCW.* 1, 95.
34) *CHPCM.*, 123.
35) *CHPCM.*, 602.
36) *JCW.* 1, 158~159.
37) John Telford, *The Life of Rev. Charles Wesley* (London: The Religious Track Society, 1923), 74.
38) John Telford, *Ibid.,* 75.
39) *JCW.* 1, 132.
40) Luke Tyerman, *The Life and Times of the Rev. John Wesley M. A. Founder of the Methodists* (London: Hodder and Stoughton Ltd., 1880), 313.
41) *PW.* 1, 314.
42) *JCW.* 1, 247.
43) *WJW.* 1, 303.
44) *Works of George Whitefield* 1, 434.
45) *JCW.* 1, 267.
46) *JCW.* 1, 272.
47) Gareth Lloyd, *Charles Wesley and the Struggle for Methodist Identity* (New York: Oxford University Press, 2007), 142~146.
48) *JCW.* 2, 81.
49) *CHPCM.*, 482.

50) *PW.* 6, 71~72.
51) *PW.* 5., 274.
52) *JCW.* 1, 90.
53) *JCW.* 1, 219.
54) *JCW.* 1, 292.
55) *JCW.* 1, 375.
56) *JCW.* 1, 127.
57) *CHPCM.*, 447.
58) *PW.* 2, 24.
59) 이 이야기는 필자가 2009년도 영국의 최서남단 콘월지방을 방문하였을 때에 은퇴한 어느 감리교 평신도 설교자로부터 들은 증언이다. - 필자 주.
60) *CHPCM.*, 52.
61) *JCW.* 1, 459~460.
62) *JCW.* 1, 457.
63) *JCW.* 1, 458~459.
64) *CHPCM.*, 454.
65) John Telford, *The Life of Rev. Charles Wesley*, 142~143.
66) Gary Best, *Charles Wesley: A Biography* (London: Epworth Press, 2006), 234.
67) Gary Best, *Ibid.*, 235.
68) *PW.* 8, 403~404.
69) John Tyson, *Charles Wesley A Reader* (New York: Oxford University Press, 1989), 341~346.
70) *PW.* 5, 57.
71) 웨슬리는 충실한 속회 출석자들에게 3개월마다 회원표(ticket)를 주었고, 이것은 충실한 메도디스트의 표가 되었다. 또한 이 회원표는 회원의 자격을 조사하는 수단이었으며 3개월마다 열리는 애찬회에 들어갈 수 있는 자격이 되었다. 김진두, 「웨슬리의 실천신학」(서울: kmc, 2006), 172.
72) 웨슬리 가의 음악적 활동과 특별히 사무엘 세바스찬 웨슬리의 활동에 관하여는 Erik Routley의 *The Musical Wesleys* (London: Herbert Jenkins, 1968) 참조.
73) Gareth Lloyd, *Charles Wesley and the Struggle for Methodist Identity* (New York: Oxford University Press, 2007), 213~215.
74) *LJW.* 8, 36~46.
75) Thomas Jackson, *The Life of Rev. Charles Wesley* (New York: G. Lane & P. P. Sanford, 1842), 764~765.
76) *PW.*, 2, 34~35.

제2부 만인의 가슴속으로 – 찰스의 시와 찬송

1) Mabel Brailsford, *A Tale of Two Brothers* (London: Epworth Press, 1954), 30.
2) Bernard Manning, *The Hymns of Wesley and Watts* (London: Epworth Press, 1942), 5~31.
3) T. Crichton Mitchell, *Charles Wesley: Man with the Dancing Heart* (Kansas: Beacon Hill Press, 1994), 148~159.
4) Rupert E. Davies, *Methodism* (London: Epworth Press, 1983), 72~93.
5) Earnest Rattenbury, *The Evangelical Doctrines of John and Charles Wesley's Hymns* (London: Epworth, 1941), 86.
6) Earnest Rattenbury(1941), *Ibid.*, 48.
7) 1876년에 나온 영국감리교회 찬송가 *A Collection of Hymns for the People Called Methodists, with New Supplement*에는 총 1,026개의 찬송이 들어 있는데 그중에 725개가 찰스의 것이고, 현재 영국 감리교회 찬송가에 실린 888개 중에 찰스의 것은 156개다. 현재 미국 연합감리교회 찬송가에는 찰스의 찬송이 18개뿐이고 한국 찬송가에는 13개이다. – 필자 주.
8) Bernard Manning, *The Hymns of Wesley and Watts* (London: Epworth Press, 1942), 14.
9) Carlton Young, *Music of the Heart: An anthology: John & Charles Wesley on music and musicians* (Carol Stream: Hope Publishing, 1995), 8.
10) *CHPCM.*, 서문.
11) Frank Baker, *Charles Wesley's Verse: An Introduction* (London: Epworth Press, 1964), 96.
12) *JJW.* 3, 226.
13) John Telford, *The Methodist Hymn Book Illustrated* (London: Epworth, 1934), 142~143.
14) Frederick L. Wiseman, *Charles Wesley: Evangelist and Poet* (London: Epworth, 1933), 181~182.
15) John Telford, *The Treasure House of Charles Wesley* (London: Epworth Press, 1933), 88.
16) Leslie F. Church, *More About the Early Methodist People* (London: Epworth Press 1953), 80.
17) *CHPCM.*, 서문.
18) 김진두, 「웨슬리와 우리의 교리」(서울: kmc, 2009), 112.
19) *CHPCM.*, 171.
20) *CHPCM.*, 141.
21) *CHPCM,* No. 168.
22) 김진두, 「웨슬리의 실천신학」(서울: kmc, 1999), 418.
23) *CHPCM.*, 197.
24) *PW.* 11, 329~330.
25) *PW.* 11, 325.

26) John Tyson, *Charles Wesley: A Reader* (New York: Oxford University Press, 1989), 308.
27) *CHPCM.*, 33~34.
28) *CHPCM.*, 189.
29) *CHPCM.*, 197.
30) *CHPCM.*, 189.
31) *CHPCM.*, 143.
32) *PW.* 5, 30~32.
33) 필자는 영국 유학 시절부터 영국 웨슬리신학교 도서관에서 찰스의 시들을 직접 펜으로 써서 모았다. 당시 그 책은 대여나 복사가 허락되지 않았기 때문이다. 필자가 손으로 적어 보관했던 시들 중 어떤 것들은 찰스 시집의 몇 권 몇 쪽인지 정확히 찾지 못한 채 출판하게 되었다. 이후로 정확한 출처를 찾지 못한 시에는 *표를 달아놓았다. 이 부분에 있어 독자들에게 양해를 구한다. 앞으로 개정판이 나올 때에는 정확한 출처를 찾아 넣을 것이다. * *PW.*
34) John Telford, *The Treasure House of Charles Wesley* (London: Epworth, 1933), 19~20.
35) John Telford, *The New Methodist Hymn Book Illustrated* (London: Epworth, 1934), 180~181.
36) Crichton, Mitchell, *Charles Wesley Man with the Dancing Heart* (Kansan: Beacon Hill Press, 1994), 227.
37) *CHPCM.*, 50.
38) *CHPCM.*, 53.
39) *CHPCM.*, 51~52.
40) *PW.* 7, 361.
41) *PW.* 7, 362.
42) *PW.* 7, 369~370.
43) *PW.* 7, 371.
44) *PW.* 4, 272.
45) *CHPCM.*, 69.
46) *PW.* 7, 408.
47) *CHPCM.*, 130.
48) *CHPCM.*, 203~204.
49) *PW.* 4, 262.
50) Bernard Manning, *The Hymns of Wesley and Watts* (London: Epworth Press, 1942), 18.
51) * *PW.*
52) John Tyson, *Charles Wesley: A Reader* (New York: Oxford University Press, 1989), 294~295.
53) John Tyson(1989), *Ibid.*, 297~298.

54) John Tyson(1989), *Ibid.*, 306.
55) John Tyson(1989), *Ibid.*, 306~309.
56) Hymn 140 in *CHPCM.,* 140.
57) 이현주, "Come, O Thou Traveller Unknown", 감리교신학대학교 학보, 2013년 10월호.
58) Barrie Tabraham, *Brother Charles* (London: Epworth Press, 2003), 74~75.
59) John Telford, *The Methodist Hymn Book Illustrated* (London: Epworth Press, 1938), 180~181.
60) Frank Baker, *Charles Wesley's Verse: An Introduction* (London: Epworth Press, 1964), 42.
61) *CHPCM.*, 7~8.
62) E. Rattenbury, *The Evangelical Doctrines of John and Charles Wesleys* (London: Epworth Press, 1948), 107.
63) Richard J. Green, *A Short History of English People* (London: Macmillan and Co, 1892), 718.
64) *CHPCM.*, 197.
65) 김진두, 「웨슬리와 우리의 교리」(서울: kmc, 2009), 134~135.
66) *SS.* 2, 232~233.
67) *PW.* 5, 16.
68) *CHPCM.*, 1, 328.
69) 김진두, 「웨슬리와 실천신학」(서울: kmc, 1999), 416.
70) *PW.* 5, 363~365.
71) *PW.* 12, 20.
72) *PW.* 1, 267.
73) *PW.* 1, 308.
74) *PW.* 1, 165.
75) *PW.* 5, 329.
76) *PW.* 10, 12.
77) *PW.*, 5, 161~162.
78) * *PW.*
79) 김진두, 「웨슬리와 우리의 교리」(서울: kmc, 2009), 234~235.
80) *LJW.* 8, 252.
81) *PW.* 3, 156~157.
82) *Psalms and Spiritual Songs*, 211.
83) John Telford, *The Methodist Hymn Book Illustrated* (London: Epworth, 1938), 78~80.
84) *PW.* 1, 259~260.
85) 이현주, "Jesu, Lover of my soul", 감신대 학보, 2013년 9월호.

86) 퍼셀은 영국 역사상 최고의 음악가이며 오르간 연주자로서 웨스트민스터 사원과 로얄 채플의 전속 오르가니스트였다. 그의 음악은 선율이 샘물처럼 솟아나는 점에서 슈베르트와 비교되는 천재 음악가다. 그가 작곡한 많은 오르간 음악은 오늘날에도 자주 연주되고 있으며, 그의 음악은 아이작 왓츠와 찰스 웨슬리에 의해서 자주 사용되었다. - 필자 주.

87) 이현주, "Love Divine, All Loves Excelling", 감신대 학보 2013년 5월호.

88) 이현주, *Ibid.*, 이현주의 번역을 약간 수정하여 재인용하였음.

89) 이현주, *Ibid.*

90) Barrie Tabraham, *Brother Charles* (London: Epworth Press, 2003), 75.

91) John Telford, *The Methodist Hymn Book Illustrated* (London: Epworth Press, 1938), 224.

92) *CHPCM.*, 368~369.

93) John Telford, *The Treasure House of Charles Wesley* (London: Epworth Press, 1933), 38.

94) John Telford(1933), *Ibid.*, 48~49.

95) *Psalms and Spiritual Songs*, No. 59.

96) *Hymns and Sacred Poems*, No. 48.

97) *PW.* 5, 397~398.

98) John Telford, *The Methodist Hymn Book Illustrated* (London: Epworth, 1938), 371.

99) Robert Van de Weyer, *Celtic Fire: An Anthology of Celtic Christianity of Literature* (New York: Doubleday Dell Publishing Group Inc., 1991), 79~80.

100) * *Hymns and Sacred Poem*.

101) *CHPCM.*, 283.

102) *CHPCM.*, 459.

103) *CHPCM.*, 69~70.

104) Dr. Daniel Brevint는 옥스퍼드 대학교 교수였으나 크롬웰의 청교도 혁명으로 추방되어 프랑스 노르망디에서 목회하는 동안 1679년에 *The Christian Sacrament and Sacrifice*라는 제목의 책을 출판하였다. 이 책은 당시 프랑스 왕족들의 요청으로 지은 그리스도인의 경건 생활을 위한 소책자로 출판된 것이다. 웨슬리 형제는 이 책을 읽고 깊은 감화를 받았으며, 브레빈트 박사의 성만찬의 신학을 거의 그대로 따랐다. Eearnest. Rattenbury, *The Eucharistic Hymns of John and Charles Wesleys* (London: Epworth Press, 1948) 참조.

105) 웨슬리 형제의 「성만찬 찬송집」에는 다섯 가지의 성만찬의 의미가 정리되어 있다: 그리스도의 고난과 죽음에 대한 기념, 은혜의 방편과 표적, 천국의 보증과 표적, 그리스도의 희생 제사, 우리 자신의 희생 제사. - 필자 주.

106) *HLS.*, 61.

107) *HLS.*, 70.
108) *HLS.*, 77.
109) *HLS.*, 81.
110) Everlyn Underhill, *Worship* (New York: Harper & Brothers, 1937), 407.
111) *HLS.*, 90~91.
112) *HLS.*, 94.
113) *CHPCM.*, 576~577.
114) * *PW.*
115) *PW.* 3, 71~73.
116) *PW.* 4, 271~274.
117) *PW.* 6, 138.
118) *PW.* 7, 137.
119) *CHPCM.*, 441.
120) *CHPCM.*, 443.
121) *CHPCM.*, 443.
122) *PW.*, 441.
123) *CHPCM.*, 435~436.
124) *CHPCM.*, 437.
125) *CHPCM.*, 483~487.
126) *CHPCM.*, 21.
127) *CHPCM.*, 49.
128) 김진두, 「웨슬리의 실천신학」(서울: kmc, 1999), 188.
129) 김진두, 「웨슬리의 실천신학」(서울: kmc, 1999), 189.
130) John Telford, *Treasure House of Charles Wesley* (London: Epworth 1933), 130~131.
131) *PW.* 9, 60~61.
132) John Telford, *The Methodist Hymn Book Illustrated* (London: Epworth Press, 1938), 578.